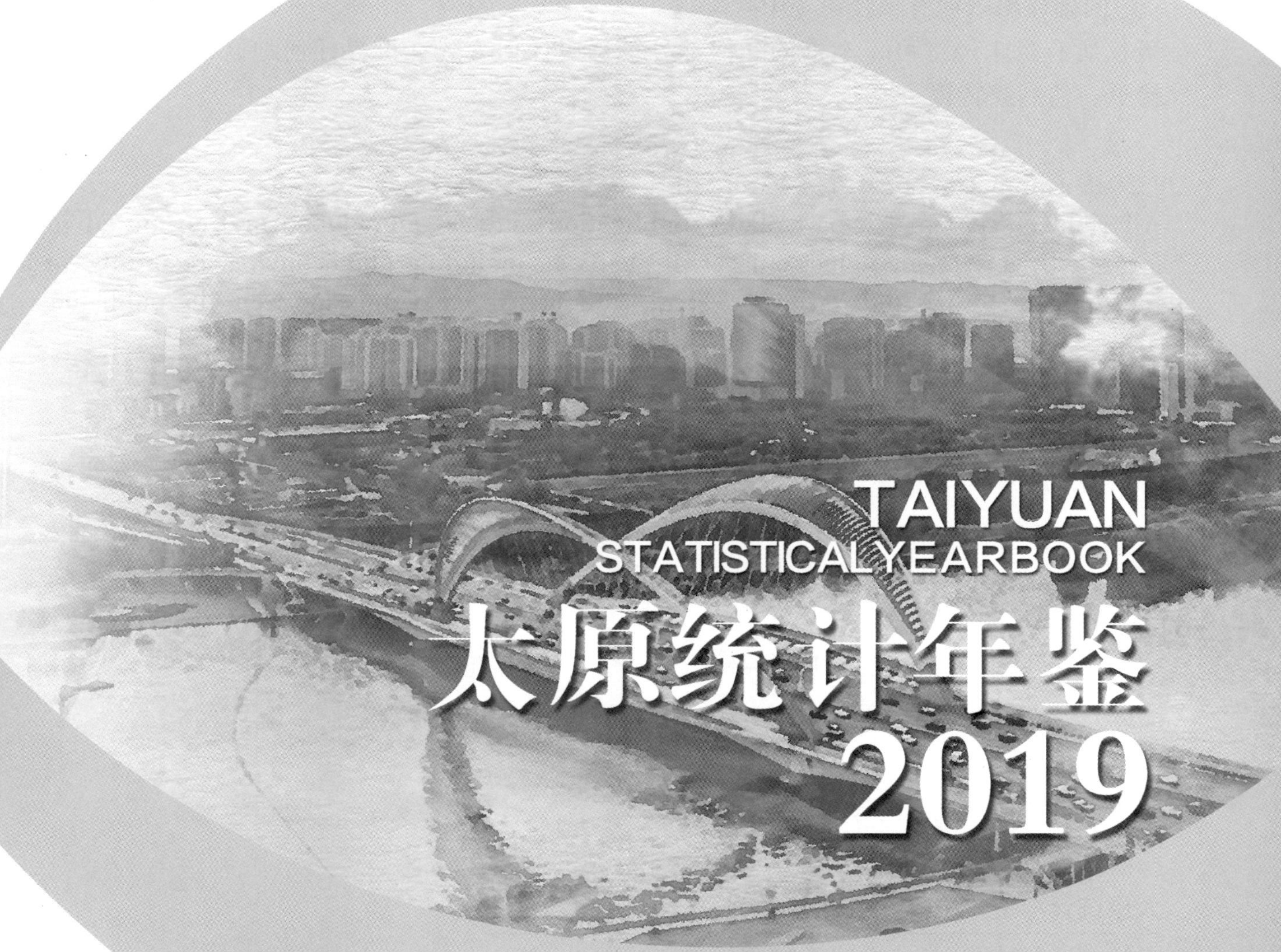

TAIYUAN STATISTICALYEARBOOK

太原统计年鉴 2019

太原市统计局 编

图书在版编目(CIP)数据

太原统计年鉴. 2019 / 太原市统计局编. -- 北京 : 中国统计出版社, 2019.7
ISBN 978-7-5037-8825-3

Ⅰ. ①太… Ⅱ. ①太… Ⅲ. ① 统计资料-太原-2019-年鉴 Ⅳ. ①C832.251-54

中国版本图书馆 CIP 数据核字(2019)第 122057 号

太原统计年鉴－2019

作　　者 / 太原市统计局
责任编辑 / 钟　钰
装帧设计 / 崔　晰
出版发行 / 中国统计出版社
地　　址 / 北京市丰台区西三环南路甲 6 号
邮政编码 / 100073
电　　话 / 邮购(010)63376909　书店(010)68783171
网　　址 / http://csp.stats.gov.cn
印　　刷 / 太原市中远新印刷有限公司
经　　销 / 新华书店
开　　本 / 890mm×1240mm　1/16
字　　数 / 1400 千字
印　　张 / 23.5 印张
版　　别 / 2019 年 7 月第 1 版
版　　次 / 2019 年 7 月第 1 次印刷
定　　价 / 400 元

如有印装差错，由本社发行部调换。

太原统计年鉴2019

编委会和编辑出版人员

Taiyuan Statistical Yearbook 2019

The Editorial Board And Staff

编 者 说 明

一、《太原统计年鉴》收录了全市和各县（市、区）经济、社会各方面的统计数据，是一部统计信息密集、综合性强、全面反映太原市国民经济和社会发展情况的资料性年刊。

二、全书内容共分13个篇章，即：1.综合；2.人口、计划生育和社会治安；3.从业人员和劳动报酬；4.固定资产投资、建筑业；5.能源消费与库存；6.物价指数；7.住户调查；8.农业；9.工业、交通运输和邮电；10.国内外贸易和旅游；11.财政、金融、税务和保险；12.科教、文卫、体育和民政；13.县（市、区）经济概况。

三、本年鉴总量指标计算所采用的价格，除注明外均为当年价格。

四、本年鉴资料主要来自年度统计报表、抽样调查和业务部门统计年报。

五、本年鉴表中符号使用说明：

“空格”表示该项统计数据不详、不足计量单位或无。

“#”表示其中主要项。

六、读者在使用历史资料时，凡与本年鉴有出入的，均以本年鉴为准。

七、本年鉴中部分数据合计数由于单位取舍不同而产生的计算误差，均未作机械调整。

八、本年鉴出版发行，受到社会各界的关心和支持，对此深表谢意，并欢迎提出宝贵意见。

Compiler´s Notes

Ⅰ. *Taiyuan statistical yearbook* 2019 covers major statistic data of Taiyuan society and economic in 2018.It is a reference book with sufficient and comprehensive information.

Ⅱ. The yearbook contains 13 chapters: 1. General Survey; 2. Population, Family Planning and Social Security; 3. Emplyment and Wages; 4. Investment in Fixed Assets and Construction; 5. Energy Consumption and Inventory; 6. Price Indicators; 7. Household Survey; 8. Agriculture; 9.Industry,Transportation and Telecommunications; 10. Domestic and Foreign trade , Tourism; 11. Finance, Banking, Taxation and Insurance; 12. Science, Education, Culture, Public health, Sports and Civil Affairs; 13.Basic Economic Statistics of at County Level(districts, counties and cities).

Ⅲ. The gross items in this yearbook are calculated at current prices unless otherwise specified.

Ⅳ. The data and materials in this yearbook are mainly obtained from annual statistical reports,the sample survey and the annual statistical bulletion of related department.

Ⅴ.Notation used in this yearbook :the mark of "blank" indicates that the figure is not large enough to be measured with the smallest unit or the data are not available .The mark of "#" indicates the major items of the total.

Ⅵ.If there is any discrepancy, when using the historical data, please refer to the newly pubished version of the yearbook.

Ⅶ.Statistical discrepancies on totals and relative figures due to rounding are not adjuested in the Yearbook.

Ⅷ. The publishing yearbook gets lots of care and support from the society.We express deeply gratitude to the attentions, and welcome providing valuable suggestions.

太原市概况

太原，古称晋阳、并州，是山西省的省会和全省的政治、经济、文化、教育、科技和交通中心。

地形地貌： 太原位于山西省境中央，太原盆地的北端，于华北地区黄河流域中部，黄河的第二大支流——汾河，自北向南横贯太原市全境。西、北、东三面环山，中、南部为汾河河谷平原。平原1240平方公里，占总面积的17.7%；山地3631平方公里，占52.0%；丘陵2117平方公里，占30.3%。

面积人口： 太原国土面积6988平方公里，占全省的4.5%。建成区面积382平方公里，2018年常住人口442.15万。现辖小店、迎泽、杏花岭、尖草坪、万柏林、晋源城六区，清徐县、阳曲县、娄烦县、古交市3县1市和山西转型综改示范区。

气候条件： 太原为四季分明的北温带大陆性季风气候。冬季，受西伯利亚冷空气的控制，夏季受东南海洋湿热气团影响。冬季干冷漫长，夏季湿热多雨，春季升温急剧，秋季降温迅速，春秋两季短暂多风，干湿季节分明的特点。

自然资源： 太原矿产资源、物产丰富，已探明具有工业开采价值的矿石有20多种。金属矿产主要有铁矿、铝土矿、锰铁矿、铜矿、铅锌矿等；非金属矿产有煤、石膏、硫磺、硝石、耐火粘土、明矾、白云石、石灰石、云母、石英、大理石等。特别是煤炭、铁矿、石膏，被称为太原三大矿产。

文化历史： 太原是国家历史文化名城，自古就有“锦绣太原城”之美誉，始建于公元前497年的春秋时期，具有2500多年建城史，素有“龙城”之美誉。悠久的历史孕育出太原深邃璀璨的晋阳文化，产生过李世民、武则天、狄仁杰等杰出的政治家和王之焕、元好问、罗贯中等伟大的文学艺术家。

旅游资源： 太原旅游资源丰富，悠久的历史给太原留下了众多的名胜古迹，较为著名的有晋祠、天龙山石窟、永祚寺、纯阳宫、崇善寺、窦大夫祠等国家级重点文物保护单位13处和省级重点文物保护单位32处，被称为中国的“地上文物宝库”。

经济建设： 2018年，市委、市政府团结带领全市人民，以习近平新时代中国特色社会主义思想为指导，深入学习贯彻党的十九大精神和习近平总书记视察山西重要讲话精神，按照省委“一个指引、两手硬”思路和要求，坚持稳中求进工作总基调，坚持新发展理念，坚持推动高质量发展，坚持推进创新驱动，转型升级，凝心聚力，攻坚克难，经济总体继续保持中高速发展，稳中有进的增长态势进一步巩固。2018年(全年完成地区生产总值3884.48亿元，增长9.2%，一般公共预算收入373.23亿元，增长19.7%)，人民生活水平稳步提高（城镇常住居民人均可支配收入33672元，增长7.0%，农村居民人均可支配收入16860元，增长8.1%)，城市建设管理力度加大，各项社会事业不断进步，为奋力谱写文明开放富裕美丽太原新篇章奠定了坚实基础。

政府工作报告

——2019 年 2 月 24 日在太原市第十四届人民代表大会第四次会议上

代市长　李晓波

各位代表：

现在，我代表市人民政府向大会报告工作，请予审议，并请政协委员和其他列席人员提出意见。

一、2018 年工作回顾

2018 年是全面贯彻党的十九大精神的开局之年，是谱写文明开放富裕美丽太原新篇章的起步之年，在市委坚强领导下，全市上下以习近平新时代中国特色社会主义思想为指导，深入贯彻党的十九大精神和习近平总书记视察山西重要讲话精神，认真落实党中央、国务院和省委、省政府以及市委决策部署，全力做好稳增长、促改革、调结构、惠民生、防风险工作，经济社会发展取得新进步。全市地区生产总值增长 9.2%，规模以上工业增加值增长 10.8%，一般公共预算收入增长 19.7%，固定资产投资增长 26.2%，社会消费品零售总额增长 8.1%，城乡常住居民人均可支配收入分别增长 7%和 8.1%，城镇新增就业 9.5 万人，农村劳动力转移就业 1.32 万人，城镇登记失业率 3.33%，居民消费价格涨幅 1.8%。空气质量优良天数比例、煤炭产业占比降低率两项省考核指标虽未完成年度目标任务，但也取得较好成绩。其他约束性指标都圆满完成了年度目标。

一年来，我们主要做了以下工作：

转型发展迈出坚实步伐。开展转型项目建设年活动，完成转型项目投资 772.61 亿元，占全市固定资产投资的 63.4%。大力实施工业强市战略，富士康产值迈上 800 亿元新台阶，太钢双相不锈钢筋在港珠澳大桥批量应用，阳煤化工新材料、比亚迪动力电池、江铃重汽宽体驾驶室整车、太钢碳纤维二期等项目建成投产，清徐精细化工循环产业园开工建设，战略性新兴产业增加值增长 16.6%。华润万象城正式开业，青龙古镇对外开放，太山和天龙山基本完成景区提升改造，华夏文明主题公园 9 个项目完成主体工程。加快发展会展经济、金融服务、现代物流、商业综合体、高端酒店，初步形成现代服务业集聚态势，太原成为全国流通领域现代供应链体系建设试点城市。推进农业供给侧结构性改革，南部城郊农业示范区建设进展顺利，设施蔬菜、葡果种植面积分别增至 11.88 万亩、25 万亩，玉米种植面积调减 25 万亩。永丰禽业等 9 家企业在省股权交易中心“农业板”正式挂牌。农村集体产权制度改革试点工作得到中央农办的肯定。

创新引领作用逐步增强。我市成为首批建设国家可持续发展议程创新示范区城市，在哥本哈根首届全球绿色目标伙伴 2030 峰会等国际平台介绍“太原经验”。成功举办全国首届军民融合发展高峰论坛，太原军民融合创新小镇揭牌。支持科研院所、高校和企业协同创新，智奇铁路、科达自控 2 家企业被列入国家智能制造试点，国家级企业技术中心达到 13 个，科技型中小企业、高新技术企业分别增至 1926 家、966 家。树立激励创新转型鲜明导向，设立 10 亿元科技创新资金和 10 亿元人才发展资金，重奖太钢 T800 研发团队、太原锅炉集团等，迁入各类人才及家属 4 万余人，新建院士工作站 14 个，引进两院院士 10 名，科技创新实力不断增强，科技支撑作用进一步显现。

城市功能品质持续提升。组织编制生态修复、城市修补专项规划和晋阳湖、西山、汾河等重点片区规划，在全省率先实施“五规合一”。加大城市路网改造力度，

“九河”快速化改造全面完成，天龙山路等59项207公里市政道桥工程基本完工，地铁2号线一期实现“洞通”。环卫产业基地餐厨垃圾处理等项目建成投运。青运村、滨河体育中心等9个二青会场馆基本完工。启动7个城中村改造，拆除旧村211万平方米。新开工棚户区安置房2.05万套，基本建成5.27万套。深入开展全国文明城市创建活动，“九乱”整治成效明显，整治背街小巷437条、老旧小区813个、集贸市场55个，城市更加宜居宜业，城市品质进一步彰显。

改革开放活力加快释放。综改示范区32条改革经验向全省复制推广。清徐经济开发区扩区、阳曲现代农业产业示范区获批。完成中央、省驻并国有企业“三供一业”分离移交。完成农村土地承包经营权确权颁证。国有土地二级市场改革试点通过国家验收。出台支持民营企业发展30条，实行市级领导干部联系民营企业工作制度，新增市场主体8.77万户，增长11.97%。组团参加“山西品牌丝路行”“津洽会”“海交会”等活动，建立10个海外工作联络站，与塔吉克斯坦胡占德市正式结为友好城市，与韩国顺天市签署友城意向书。成功举办城市能源低碳与可持续发展论坛、人民网2018大学校长论坛和2018《财富》CEO峰会。

三大攻坚战扎实推进。加强重大风险防范化解，坚决打击非法集资，守住不发生区域性金融风险的底线。决战决胜脱贫攻坚，深入开展对口帮扶，投入1.45亿元实施惠民项目516个，娄烦86.88兆瓦和阳曲10兆瓦光伏扶贫电站并网发电，惠及157个贫困村2487个贫困户，阳曲县脱贫成果不断巩固，娄烦县具备脱贫摘帽条件，社会扶贫“一网三超”经验在全省推广。持续改善省城环境质量，市区空气质量综合指数下降9.2%，$PM_{2.5}$浓度下降10.6%，建成区基本消除黑臭水体，地表水优良断面率达55.56%，营造林完成43.7万亩，建成区绿化率、绿地率、人均公园绿地面积分别增加1.4个百分点、1.35个百分点和1.88平方米。狠抓中央和省环保督察反馈意见整改，完成配合中央和省环保督察“回头看”，33批822件群众反映问题整改完毕。

在发展中保障和改善民生。推进教育均衡优质发展，五中、成成中学等新校区基本建成，新建扩建幼儿园21所。加快城乡义务教育一体化改革，缩小城乡义务教育差距。在全省率先实施学校内涵提升工程，建设高素质专业化教师队伍。持续实施公办小学免费托管服务，27.9万学生家庭受益。推进医疗基础设施建设，市中心医院、人民医院、妇幼保健院等新院区基本完工。县域综合医改“阳曲样板”在全国推广。提升社会保障水平，康宁医院、儿童福利院、救助站完成主体工程，城乡低保标准、人均补差额度全省最高。加快文化体育事业发展，推出《于成龙》《关公》等一批精品力作，举办“紫禁风华——2018太原·故宫文物展”。成功承办第十五届省运会，太原代表团取得历史最好成绩，圆满完成二青会“带妆彩排”。推进平安省城建设，“扫黑除恶”专项斗争成果显著，在全国省会城市位列先进。坚守安全红线不动摇，各类生产安全亡人事故起数和死亡人数分别下降31.6%和33.6%，社会大局保持稳定。

政府自身建设不断加强。自觉接受人大依法监督、政协民主监督，办理人大代表建议286件、政协提案518件。全面推行企业投资项目承诺制。不动产房产交易流程精简30%。营业执照实现“三十证合一”，企业开办时间压缩至5个工作日。深化拓展“13710”工作制度，行政效能持续提高。深入推进“两学一做”学习教育常态化制度化，坚决贯彻中央八项规定精神，驰而不息纠正“四风”，干部队伍作风进一步转变，干事创业氛围更加浓厚。

各位代表，过去一年取得的成绩，是我们坚持以习近平新时代中国特色社会主义思想为指导，坚决贯彻落实党中央、国务院决策部署的结果，是省委、省政府坚强领导、大力支持的结果，是市委直接领导、正确决策的结果，是全市上下团结一致、奋力拼搏的结果。在此，我代表市人民政府，向全市人民，向各民主党派、工商联和无党派人士，向各位人大代表、政协委员，向驻并部队、公安民警和中央、省驻并单位，向所有关心支持太原改革发展的各界朋友，表示崇高的敬意和衷心的感谢！

在肯定成绩的同时，我们也清醒地认识到，我市发展仍面临一些困难和挑战，主要表现为：新产业新动能支撑作用有待加强，转型创新步伐还需加快；引领性改革亮点不多，开放的步伐还不够大；城市管理精细化水平有待提高，文明城市创建任务艰巨；民生领域短板亟待补齐，人民群众关心的热点、难点问题还需进一步破解；污染防治压力较大，生态环境保护任重道远；营商环境有待进一步优化等。对此，我们要坚持问题导向，采取有力措施，切实加以解决。

各位代表，问题是时代的声音，发展是时代的要求。越有风险挑战,越需要坚定信心；越是任务艰巨,越需要斗志昂扬。我们坚信，只要高举习近平新时代中国特色社会主义思想伟大旗帜，调动一切可以调动的积极因素，凝聚一切可以凝聚的智慧力量，团结一心，众志成城，就一定能够走出一条富有太原特色的率先发展、振兴崛起之路！

二、2019年工作安排

2019年是中华人民共和国成立70周年，是全面建成小康社会关键之年。今年大事多、喜事多，特别是第二届全国青年运动会将在我市召开，做好今年工作意义重大。今年政府工作的总体要求是：**以习近平新时代中国特色社会主义思想为指导，全面贯彻党的十九大和十九届二中、三中全会精神，深入贯彻习近平总书记视察山西重要讲话精神，树牢“四个意识”，坚定“四个自信”，坚决做到“两个维护”，认真落实中央经济工作会议、省委十一届七次全会、省委经济工作会议和市委十一届六次全会暨经济工作会议精神，统筹推进“五位一体”总体布局，协调推进“四个全面”战略布局，坚持“一个指引、两手硬”的工作思路，落实省委对太原提出的“两个走在前列”“双提升”目标要求，在市委的坚强领导下，坚持稳中求进工作总基调，坚持新发展理念，坚持推动高质量发展，坚持把供给侧结构性改革与转型综改试验区建设相结合作为经济工作主线，坚持深化市场化改革、扩大高水平开放，加快构建现代产业体系，继续打好三大攻坚战，着力激发微观主体活力，统筹推进稳增长、促改革、调结构、惠民生、防风险工作，进一步稳就业、稳金融、稳外贸、稳外资、稳投资、稳预期，提振市场信心，保持经济持续健康发展和社会大局稳定，不断增强人民群众获得感、幸福感、安全感，在“两转”基础上全面拓展新局面，推动谱写文明开放富裕美丽太原新篇章取得新成效，为全面建成小康社会收官打下决定性基础，以优异成绩庆祝中华人民共和国成立70周年。**

主要预期指标是：地区生产总值增长8%左右，规模以上工业增加值增长10%，固定资产投资增长10%，社会消费品零售总额增长7.5%，一般公共预算收入增长8%，城乡常住居民人均可支配收入分别增长6.5%和6.5%以上，居民消费价格涨幅控制在3%左右，城镇新增就业8万人，城镇调查失业率、城镇登记失业率分别控制在6.5%和4.2%以内。不折不扣完成省下达约束性指标任务。

做好今年政府工作，要把握好“六个必须”：

必须坚持在党的领导下推动政府工作新发展。坚持把党对一切工作的领导贯彻到政府工作各方面全过程，全面贯彻落实党中央、国务院和省委、省政府以及市委的各项决策部署，聚焦“示范区”“排头兵”“新高地”三大目标，自觉将太原工作纳入全省大局，找准定位，主动沟通，获取支持，推动转型，全面拓展党的建设和各项事业新局面！

必须坚持在加快经济转型中抢抓新机遇。把“巩固、增强、提升、畅通”八字方针贯穿经济工作始终，正确处理规模与质量、速度与效益、增长与转型、生产与生态等关系，在新一轮科技革命和产业变革中勇立潮头，唱响工业强市主旋律，重塑太原产业竞争新优势！

必须坚持在加快创新发展中增添新动能。创新是引领发展的第一动力。要下好创新“先手棋”，发挥省城创新资源集聚优势，建立以企业为主体、市场为导向、产学研深度融合的技术创新体系，塑造更多依靠创新驱动的引领型发展模式，为高质量发展注入源源不断的动力！

必须坚持在深化改革开放中体现新担当。改革开放是“关键一招”。要以敢为人先的改革意识、兼收并蓄的开放胸襟、攻城拔寨的责任担当，进一步解放思想，以改革促发展，以开放增活力，坚决扛起“补考”的历史责任，坚决担好“赶考”的时代使命！

必须坚持在回应群众关切中展现新作为。百姓笑脸是最美的画面。保障和改善民生是经济社会发展的出发点和落脚点，是人民政府的职责所在。要把人民群众关注的热点作为政府工作的重点，把人民群众的小事当作政府工作的大事，让民生更好地顺应民心，让市民生活一年更比一年好！

必须坚持在提升行政效能中营造新环境。营商环境就是生产力。牢固树立为市场主体和纳税人服务的理念，把市场主体满意度作为政府工作的衡量标尺，在更大范围、更宽领域先行先试一批改革举措，不断提升制度环境软实力，努力打造营商环境新高地！

今年，要重点抓好以下工作：

（一）全力实施创新驱动战略，推动制造业高质量

发展。制造业是现代产业体系的支柱，也是推动实体经济高质量发展的关键。要深化转型项目建设年活动，以高端化、智能化、绿色化为方向，以推动集群化发展为路径，以转型综改示范区为主战场主引擎，持续引进和布局一批全局性、基础性、战略性、牵引性强的大项目好项目，全力提升制造业整体素质和竞争力。

打造新兴产业集群。按照龙头带动、链式布局、研发支撑、园区承载思路，推动产业规模化、集群化发展。**要推进阳煤太化尼龙66、银邦金属材料等项目建设，**确保太钢高端碳纤维千吨级三期项目年底前完成设备调试，镍基合金二期项目年内开工，打造以太钢、阳煤太化等为代表的新材料产业集群。**要推进东杰智能装备、京丰电务等项目建设，**确保明豪模具一期工程3月正式投产，加快推进二期建设，打造以太重、东杰、明豪等为代表的高端装备制造产业集群。**要加快推进比亚迪新能源动力电池及电动客车、江铃重汽新能源重卡、威马新能源汽车等项目建设，**积极对接宝能汽车板块和滴滴出行科技公司，推动宝能整车项目和滴滴共享汽车产业园尽快开工建设，打造以比亚迪、江铃重汽、威马等为代表的新能源汽车产业集群，初步形成新能源汽车研发、生产、销售完整产业链。**要推进中车太原公司大养机械、城轨车辆造修、铁路重载造修等项目建设，**支持晋西、智奇、太重轨道等企业提升车轴、高速轮对、齿轮箱及转向架等关键零部件研发能力，打造以中车、晋西、太重等为代表的轨道交通产业集群。**要支持龙芯安全可靠信息产业基地引入华为、神州数码、方正国际等企业关键技术，**集聚培育安全可靠信息产业生态。推进中科曙光先进计算中心二期、中电科电子信息产业园等项目建设，打造以富士康、龙芯等为代表的新一代信息技术产业集群。**要抓住我省成为国家通用航空产业发展示范省的新机遇，**推进飞机拆解基地项目建设，与中国商飞深度合作，积极引进国产大飞机完工中心，打造通用航空产业集群。此外，要积极推进高端柔性显示屏、中化国际新能源电池和膜材料等项目尽快落地建设，加快培育人工智能、大数据、物联网等产业集群，逐步成长为新的优势产业，形成支撑转型的新动能。

改造提升传统产业。落实省委、省政府产业竞争力提升和环保提标的工作要求，通过装备升级换代、工艺流程再造、产品结构优化、绿色循环提升，促进传统产业转型升级。**要加快推进太钢棒线材生产线、高端冷轧取向硅钢、中板生产线智能化升级改造等项目建设，**提升冶金钢铁行业精深加工水平。要推进全面满足特别排放限值的清徐精细化工循环产业园建设，形成“煤焦气化”高端产业链，实现清洁化、循环化、智能化转型发展。

提升科技创新能力。加快建设国家可持续发展议程创新示范区，推进水、大气环境治理领域标准化体系建设，初步构建“标准化+可持续”的“太原模式”框架。**要加强对内对外交流合作，**发挥山西煤化所、山西大学、太原理工大学等省城科技资源优势，加强与中科院、同济大学、中关村等省外科研院校、创新基地深度合作，加速产学研成果转化。扶持企业技术中心建设，谋划布局一批重点科技攻关项目，力争在氢能、碳材料等领域取得新突破。**要全面落实人才兴市战略，**用足用好专项资金，加快推进人才公寓、院士工作站、博士后流动站建设，激发引进一个高端人才、带来一个创新团队、做强一家企业、做大一个产业的链式效应。

加快军民融合发展步伐。习近平总书记把军民融合发展上升为国家战略，为我们加快高质量转型发展提供了新的历史机遇。**要认真落实省军民融合发展推进大会安排部署，**抓紧申报国家级军民融合创新示范区，打造特色鲜明的军民融合“太原模式”。**要加快筹备设立军民融合产业引导基金，**支持驻并银行设立军民融合专营支行，建立军民融合专家库，为军民融合技术成果转化和项目实施提供资金人才保障。**要加快“一区两园”基础设施建设，**推动总投资百亿元兵器集团国家级示范产业园签约落地，争取更多军民融合项目在太原布局建设。

（二）全力提升现代服务业有效供给，稳步扩大消费需求。习近平总书记指出，消费需求是国内最终需求，其规模扩大、质量提升将对投资需求起到引领和倍数作用。要紧紧抓住消费升级这一重要机遇，多渠道扩大服务供给，实现服务业整体提升，内需潜力持续释放。

进一步推动生活性服务业向便民化和高品质转变。要发挥食品街、中正天街、北美N1文创街等特色商业街引领作用，打造太原特色消费品牌。加快发展便利店、家政服务等社区商业，提升“十五分钟便民商圈”服务功能，让市民生活更加方便舒心。要发展数字商务，壮大贡天下、乐村淘等本土电商，推进学府园区国家级电商示范园、综保区跨境电商基地、小店区电子商务服务中心等发展。要培育中高端消费增长点，加快推进远大购物、苏宁广场、新城吾悦、宜家家居、奥特莱斯等城市综合体项目建设，满足多层次消费需求。

进一步推动生产性服务业向专业化和价值链高端延伸。要加快推进山西智用区块链中心、山西健康医疗云等数据中心建设，以大数据推动企业设计、生产、管理、服务全过程智能化。要加强消费品工业发展，推进益海嘉里项目建设，培育以锦波生物胶原蛋白为创新核心的生物和日化品产业，塑造消费品工业品牌。要加快发展金融科技、咨询中介、现代物流等高价值服务业，推进中海、信达、京东山西亚洲一号等项目建设，为实体经济提供质量更优、效率更高的服务支持。

进一步推动文化旅游深度融合发展。聚焦国家全域旅游示范区建设，参与全省三大旅游板块开发，整合文旅优质特色资源，推动康养产业发展，把文化旅游产业打造成战略性支柱产业。要加快“大景区”建设，以创建“晋祠——天龙山”国家5A级景区为重点，加快推进太原古县城、千年府衙、青龙古镇、华夏文明主题公园等项目建设。要高标准做好全省旅发大会配套服务，加强旅游公共服务设施建设，提升旅游服务质量和水平，扩大城市知名度。

（三）全力推动改革向纵深发展，持续提升对外开放水平。进一步推动四梁八柱性质的改革走深走实，以改革“一子落”带动转型“满盘活”，以高水平开放为转型发展提供强大动力，以改革铸就自信，以开放迎接未来。

进一步推进重点领域改革。要加快国资国企改革，推进混合所有制改革，做好“三供一业”分离移交后维修改造工作。要深化金融体制改革，加快资本市场发展，增加直接融资规模，完善普惠金融服务体系，推动更多企业上市挂牌。要深化财税体制改革，推进事权与支出责任划分改革，按照不低于5%的比例压减一般性支出，严格财政支出管理，用有限的财力办更多的民生实事。要全面完成机构改革，做好人员转隶、资产处置等工作，确保改革期间有条不紊、扎实推进，改革后激发活力、提高效率。要实质性推动阳曲、清徐撤县设区。

进一步加快开发区改革创新。全面深化“三化三制”改革，做好园区承载、项目集聚、企业引领这篇大文章，加快形成产业配套、资源共享、效率倍增的发展新格局。综改示范区要完成第三轮内部改革，调整优化机构职能设置，提升完善“一网通办”，建设高效政务服务体系，再形成一批可复制可推广的制度成果。加快推进不锈钢园区、清徐经济开发区、阳曲现代农业产业示范区、西山生态文化旅游示范区改革发展。

进一步构建对外开放新格局。深度融入“一带一路”建设，主动参与和承办“山西品牌丝路行”“山西品牌中华行”，变“交通走廊”为“经济走廊”。要落实对外贸易主体培育三年行动计划，支持特色优势外贸企业做大做强。全面实施准入前国民待遇加负面清单管理制度，推动更多外资项目落地。要认真落实出口退税和信保保费补助等政策，开拓东南亚等海外市场。要完善太原武宿综合保税区功能，申建进境水果、冰鲜指定口岸查验场，拓展保税加工、保税物流、检验维修、国际结算等新业务。积极创建国家跨境电商综合试验区。

进一步加大招商引资力度。要着眼招大引强，积极参加“进博会”“中博会”“厦洽会”等招商活动，瞄准世界500强，开展“点对点”精准招商。要持续补链延链，进一步细化完善招商图谱，引进关键环节、核心企业、上下游配套，形成协同发展的“雁阵效应”。要狠抓跟踪服务，落实好市领导对接服务转型项目坐班及协调例会制度，及时研究解决突出问题，加快项目进度。

进一步深化“放管服效”改革。以企业投资项目承诺制为牵引推进审批服务便民化，全面推开“证照分离”“多证合一”改革工作，完善推广“双随机、一公开”智慧综合监管平台。引深“互联网+政务服务”，重点领域和高频事项基本实现“一网一门一次”，市县两级审批服务事项80%以上可网上办理，打造“六最”营商环境，营商环境评估要走在全省前列。

进一步支持民营经济创新发展。要落实国家、省各项减税降费政策，坚决治理乱收费和乱罚款，让企业轻装上阵。要落实我市支持民营企业发展30条，完善配套举措，确保政策落地见效。要发挥好政银企合作平台作用，创新“助保贷”融资模式，切实解决民营企业融资难问题。要加大“小升规”培育力度，年内规上企业力争突破500家。引导中小企业走“专精特新”发展之路，打造一批民企“小巨人”。要依法保护民营企业、企业家的合法财产不受侵犯、合法经营不受干扰，设立

民营企业政策性救助专项资金，帮助重点民营企业纾困，让民营企业家吃下定心丸，安心谋发展。

各位代表，习近平总书记在庆祝改革开放40周年大会上的重要讲话，发出了新时代改革开放再出发的动员令。要进一步提高改革开放的本领和能力，谋划发展新思路，出台改革新举措，开辟改革开放新天地，让人民群众共享更多改革开放成果！

（四）全力建设高品质城市，以崭新形象迎接二青盛会。坚持走以质取胜的路子，坚持“内”“外”互动，创新手段与制度，打造功能完善、绿色智慧、管理科学的高品质城市。

以先进理念完善城市规划。实施城市“双修”战略，围绕建设富有特色的国家区域中心城市，提升太原都市区的吸引力和辐射力，高起点编制新一轮城市发展战略规划。进一步优化城市空间布局，拉大城市框架，推动产城融合，促进生产空间集约高效、生活空间宜居适度、生态空间山清水秀。加强城市设计，着力打造重点片区，建设汾河活力轴、西山文化带，复兴府城历史风貌区，塑造城市新地标。

以精品标准推进城市建设。推进交通基础设施建设，提升太原国家级枢纽城市地位。地铁2号线年内实现“轨通”“电通”，确保2020年底开通运营，加快1号、3号线前期工作，做好太原都市区轨道交通线网规划。要推进太焦铁路建设，尽快实现太原至郑州两小时交通圈，开展太原至绥德铁路项目前期研究。加快西北二环高速公路建设，建成后将现有环城高速作为快速路服务城市交通。6月底前，完成108国道、新店街快速化改造、通达桥、古城桥、迎宾桥等市政续建工程，高铁南站东广场、太原站东广场、汽车客运东南站投入运营，合理设置过街天桥和地下通道，方便市民出行。要加强公共服务设施建设，提高水电气热供应保障能力，加快东峰热源厂等项目建设，新增集中供热能力800万平方米，加快推进长风西街、钢园路供水加压站和呼延水厂二期等建设，推进燃气居民用户设施升级改造，完成太原北500千伏输变电等19项重大电网工程。加强通信设施建设，落实全省通信基础设施三年行动计划，加快5G布局和商用进程，在二青会上进行标志性体验。

以“绣花”功夫做好城市管理。坚持以创建全国文明城市为引领，进一步提升市政设施运行和公共空间、交通、环境、应急管理水平，推动“九乱”专项整治重心由点上示范转向面上治乱，成片区整治小街小巷，彻底清除卫生死角，打扫干净屋子迎宾客，展示美丽太原新形象。要统筹利用好地上与地下空间，推进海绵城市建设，加快晋源东区二期地下综合管廊建设。要推进“厕所革命”，抓好垃圾处理设施建设，解决停车难问题，加快老旧小区节能改造，持续改善居住环境。进一步提升市民文明素质，让“爱省会、建太原、树形象”成为全市人民的自觉行动。

以一流水平精心办好二青会。办好二青会，是省委、省政府交给太原的重大任务，我们要举全市之力、倾全城之情，既简约节约，又出彩出色，把二青会办成一届精彩、惠民、难忘的体育盛会。要加快比赛场馆建设收尾，完善场馆周边路网，做好配套设施安装调试，提前制定突发事件、应急救援、紧急避险等安全预案。要精心组织圣火采集、火炬传递、开闭幕式等大型活动，统筹做好参赛备战、竞赛组织、综合保障、青运村运营管理和志愿者服务等各项工作。要借势办好环太原国际公路自行车赛暨中国太原国际自行车周、太原国际马拉松赛、汾河龙舟公开赛等赛事，打造特色体育名片，积极创建全民运动健身模范市。

各位代表，城市是人民追求美好生活的有力依托，要以“功成不必在我”的精神境界和“功成必定有我”的历史担当，一张蓝图绘到底，一任接着一任干，更高起点、更高目标、更高层次绘好新时代“太原画卷”！

（五）全力实施乡村振兴战略，推动农业农村现代化。聚焦全面小康目标，统筹抓好“五个振兴”，突出城郊型地域特色，促进城乡融合发展。

大力发展城郊型都市现代农业。要全力推动南部城郊农业示范区、北部有机旱作特色农业示范区和西部特色农业示范区发展。要扶持壮大农业龙头企业，扩大清徐老陈醋、九牛鲜奶、晋源花卉、阳曲小米、古交榛子、娄烦马铃薯、晋祠大米等特色品牌市场影响力。加快发展“互联网+现代农业”，培植一批电商产业园示范村镇。要实施乡村旅游精品工程，积极发展农耕体验、农业创意、乡村手工艺等新产业，规范有序发展田园综合体，打响省城休闲农业品牌。要严格落实粮食安全责任制和“菜篮子”市长负责制，确保市场供应和价格稳定。

全面改善农村人居环境。要学习浙江“千村示范、万村整治”经验做法，全力做好村庄风貌管控、拆违治乱、垃圾处理、污水治理和农村“厕所革命”等五项重点工作，文明城市创建向农村延伸，改善农村面貌，打造美丽乡村。积极推进“四好农村路”建设，巩固提升饮水安全。要毫不松懈抓好非洲猪瘟疫情防控工作，防范疫情复发反弹。要深入开展“大棚房”专项整治行动，完善标本兼治长效机制，严防死灰复燃。

不断深化农村各领域改革。继续完善农村承包地“三权分置”改革。稳慎推进农村宅基地改革，适度放活宅基地和农民房屋使用权。扎实推进农村集体产权制度改革，6月前基本完成清产核资任务，年底完成身份确认。鼓励和支持人才、政策、资金等向乡村流动，促进更多工商资本、社会资本投资农业农村。继续深化林权、水权等制度改革。

（六）全力打好三大攻坚战，为决胜全面小康打下坚实基础。打好三大攻坚战，事关经济发展质量和小康社会建设全局，必须全力攻坚，扎实推进，务求实效。

坚决防范化解重大风险。落实省委坚持底线思维着力防范化解重大风险专题研讨班会议精神，主动扛起防范化解重大风险的政治责任，坚持底线思维，增强忧患意识，提高防控能力，守土有责、守土负责、守土尽责。要防范金融市场异常波动，深入推进防范和处置非法集资专项行动，扎实开展互联网金融和各类交易场所专项整治，严格规范小额贷款公司和融资性担保公司经营行为。要防范化解政府债务风险，强化预算约束，严格规范政府举债行为，不碰红线、不越底线，完善统计报告和动态监控预警机制，重大项目开工前必须进行财政承受能力评估论证，坚决遏制隐性债务。

巩固提升脱贫成效。坚持精准扶贫精准脱贫基本方略，焦点不散、靶心不变、力度不减，确保全面打赢脱贫攻坚战。要持续开展“城区包乡、单位包村”对口帮扶，巩固提升阳曲脱贫成效，实现娄烦高质量脱贫摘帽，确保2个贫困村800贫困人口全面脱贫。要研究解决收入水平略高于建档立卡贫困户的群体缺乏政策支持等问题，及早谋划脱贫攻坚目标实现后的政策配套、返贫预警等工作，减少和防止脱贫人口返贫。

持续改善环境质量。树牢绿水青山就是金山银山的理念，坚决扛起生态环境保护政治责任，推动省城环境质量改善取得更大成效。要坚决打赢蓝天保卫战，持续推进治污、控煤、管车、降尘。推进工业企业污染深度治理，坚决关停不符合环保标准的工业窑炉等生产设施，以环保倒逼产业升级，支持太钢率先完成超低排放改造，为全市工业企业减排树立标杆；实施农村清洁供暖改造3万户以上；持续提升铁路货运比例，开展油品质量专项整治；严格落实建筑工地“六个百分百”，抓好城乡结合部道路扬尘整治。要坚决打赢碧水保卫战，细化河（湖）长制六大任务，加快建成区雨污分流、老旧管网改造，汾东污水处理厂上半年投运，环卫产业示范基地污泥处理厂、垃圾焚烧电厂、污水处理厂8月投运，加强入河排污口监管，推动河湖水域环境持续好转。要坚决打赢净土保卫战，落实《土壤污染防治法》，加强农业面源污染防控，推进工业固废治理。要大力推进生态建设，汾河治理三期工程6月全段通航，打造河水清新明亮、景色美丽宜人、两岸绿树成荫的靓丽名片。加快东西北山造林绿化提档升级，积极推进晋阳湖景区、植物园、动物园、摄乐公园等公园绿地建设。要坚决打好秋冬防攻坚战，压实监管责任和属地责任，加强预警预判、精准治污，做好重污染天气应对，确保市区 $PM_{2.5}$ 平均浓度同比下降2.5%，坚决完成国家下达的改善任务。要以问题整改销号为最终目标，持续推进中央、省环保督察反馈问题整改。坚持环保倒逼转型不动摇，实现经济发展与环境保护协同共赢，努力让广大市民呼吸上新鲜空气、喝上干净的水，让绿色成为太原的底色！

（七）全力增进民生福祉，不断提升人民群众获得感幸福感安全感。坚持以人民为中心的发展思想，着力保障和改善民生，全力办好老百姓关心的事、身边的事。

实施就业优先政策。贯彻落实省政府《关于做好当前和今后一个时期促进就业工作的实施意见》及相关配套政策，积极争取和统筹使用好就业补助资金，确保新政策全面落地。完善稳就业的政策体系，扎实做好高校毕业生、就业困难人员、退役军人等重点群体就业工作。积极支持创业孵化基地和创业园区发展，鼓励以创业带动就业。开展全民技能提升工程，加强全方位公共就业服务，提高劳动力就业能力，确保零就业家庭动态清零。

办好人民满意教育。教育是民生，更是国计。要统筹推进各类教育协调发展，抓好五项重点工程。**学前教育普惠发展工程**，针对“公办园少、民办园贵”问题，

做好幼儿园配建工作，建成34所普惠性幼儿园，新建小区配套幼儿园要办成公办园或普惠性民办园，学前教育普惠率达到85%。**义务教育改革发展工程**，统筹配置城乡教育资源，推进城乡义务教育一体化发展，认真落实“局管校聘”改革任务，加快乡镇寄宿制学校建设，办好乡村小规模学校，大力推进办学模式改革，促进公办民办学校协调发展，持续增加优质学位，缩小城乡校际差距，着力化解“大班额”“择校热”难题。**普通高中提升发展工程**，积极推动高中特色化、多样化办学，加快推进新校建设，五中、成成中学等新校区9月投入使用，外国语学校、第二外国语学校新校区全面竣工。**职业教育整合发展工程**，结合太原产业发展和高技能人才需求，推进职业教育规模化发展，启动建设职教园区，大力培育实用技能型人才。**高等教育提速发展工程**，对标先进城市，加快市属高校建设步伐，推进太原学院专业优化调整，城市学院实训楼年内投入使用，提高本科教育水平。同时，持续加强教师队伍建设，不断提高教师待遇，让尊师重教蔚然成风。通过三年努力，加快教育现代化，建设教育强市。

提升全民健康水平。加快医疗卫生基础设施建设，市中心医院、妇幼保健院新院区7月投入运行，人民医院一期10月建成。深化医药卫生体制改革，持续推动县乡医疗机构一体化改革走在全省前列。加大高层次医疗卫生人才引进和专家队伍建设，开展改善医疗服务新三年行动计划，健全预约诊疗、远程诊疗、临床路径管理等制度，切实提升人民群众就医获得感。

提升公共文化服务水平。扎实推进媒体融合向纵深发展，不断提高太原媒体的传播力、引导力、公信力。加快推进丁果仙大剧院改扩建项目。深入推进文化惠民工程，继续做好文化消费试点工作，持续开展免费送戏下乡、农村电影放映、全民阅读等活动，丰富精神文化产品，满足人民美好生活需要。

健全住房保障体系。坚持房子是用来住的、不是用来炒的定位，构建多主体供给、多渠道保障、租购并举的住房制度。继续加大城中村、棚户区改造力度，新开工保障房5913套，加快回迁安置房建设和分配，持续改善市民居住条件。培育租赁市场，规范住房开发企业、中介机构销售行为，简化、优化流程，解决房产证办证难问题。

做好社会保障工作。继续实施全民参保计划，稳步提高各项社会保险待遇水平。研究出台加强城市特殊困难群众救助帮扶的政策措施，提高低保、特困人员供养标准，保障下岗失业、就业困难等群体基本生活。加快老年福利院建设，儿童福利院、康宁医院年内建成投用。持续引深全国居家和社区养老服务改革试点工作，全力打造以居家为基础、社区为依托、机构为补充、医养相结合的养老服务体系。深化双拥共建，加强退役军人的保障和服务工作，落实好接收安置、教育培训、抚恤优待等政策。严格落实治欠保支各项制度，保障劳动者合法权益。

抓好安全稳定工作。全面贯彻总体国家安全观，提高风险预知预警预判能力，紧盯重大敏感节点，做到“零懈怠”“零疏漏”“零失误”。要严格落实各类安全生产责任制，重点落实好省下放8座煤矿属地监管职责，抓好瓦斯和水害防治，建立安全生产长效机制，坚决遏制重特大事故。要深入开展扫黑除恶专项斗争，维护社会和谐稳定。要完善应急管理体制机制，不断增强应急保障和处置能力。要进一步强化市场监管，保障食品药品安全，让老百姓吃得放心、穿得称心、用得舒心。

各位代表，民之所盼，政之所向。要从人民群众关心的事情做起，从让人民满意的事情抓起，面对群众心声和美好期盼，真心回应，倾心投入，在发展中补齐民生短板、促进社会公平正义，努力交出一份群众满意的民生答卷！

三、全面加强政府自身建设

新时代政府工作要有新气象新作为。要把民心作为最大政治，把人民满意作为最高追求，不辱时代使命、不负人民重托，更加注重加强自身建设，提升政府治理能力现代化水平，打造为民务实清廉高效政府。

坚持正确政治方向。旗帜鲜明讲政治，树牢“四个意识”，坚定“四个自信”，坚决做到“两个维护”，自觉在政治立场、政治方向、政治原则、政治道路上同以习近平同志为核心的党中央保持高度一致。强化政府党组政治建设，严格执行新形势下党内政治生活若干准则，增强党内政治生活的政治性、时代性、原则性、战斗性。落实民主集中制，提高科学决策、民主决策水平。

全面加强依法行政。弘扬宪法精神，自觉运用法治思维、法治方式开展工作，努力把政府各项工作纳入法治化轨道。落实国家机关“谁执法谁普法”责任制，完善公共法律服务体系，建立健全行政规范性文件管理制度和合法性审查机制，依法办理行政复议和行政应诉案件。严格执行人大及其常委会的决议决定，认真办理人大代表建议、政协提案，自觉接受人大、政协监督以及社会、舆论监督。全面推进政务公开和政府信息公开，重点领域实现“应公开、尽公开，应上网、尽上网”，确保权力在阳光下运行。

提升政务服务水平。以本次机构改革为契机，优化政府机构设置和职能配置，形成职责明确、依法行政的政府治理体系，增强政府公信力和执行力。把“用户思维、客户体验”理念融入政府治理和服务全链条，更多地从群众和企业角度想问题、办事情、定政策、抓落实，不断提高市民对政府服务的认同度和美誉度。要发挥行政审批管理局“一局两中心”职能作用，实现“一枚印章管审批”，推动审批智能化、服务自助化、办事移动化。进一步整合各类政务服务热线，打造全国一流的12345热线便民服务平台。

持续推进廉政建设。全面落实从严治党主体责任，认真履行“一岗双责”，以自我革命的精神持续推动政府系统党风廉政建设。持之以恒落实中央八项规定精神，时刻防范“四风”问题隐形变异新动向，坚决破除形式主义、官僚主义。坚持用制度管权管事管人，加强党风廉政教育，推进廉政文化建设，坚持严字当头，全面从严、一严到底，让铁规铁纪成为政府工作人员的自觉遵循，以清正清廉为干事创业添锐气、增底气。

各位代表，一分部署，九分落实。要认真开展“不忘初心、牢记使命”主题教育，用党的创新理论武装头脑、指导实践、推动工作，努力打造忠诚干净担当的干部队伍。要扎实开展“改革创新、奋发有为”大讨论，按照省委、市委的部署要求，聚焦“六个破除”“六个着力”“六个坚持”，不断增强改革决不能落后的信念、创新驱动发展的理念和勇于担当作为的自觉，努力达到理念的大提升、本领的大提升、作风的大提升，带动整体工作取得“六个新突破”，在并州大地汇聚起追梦奋斗、振兴崛起的强大正能量。要保持斗争精神、增强斗争本领，不断在重大斗争中增强党性、磨练意志、砥砺品格，始终保持共产党人勇于斗争的风骨、气节、操守、胆魄。要增强抓落实的刚性，大力推行一线工作法，持续深化“13710”工作制度，坚持网络节点管理，构建横向到边、纵向到底的责任体系，紧盯重点领域和关键环节，以“钉钉子”精神，以“踏石留印、抓铁有痕”的韧劲，抓住不放、一抓到底、抓出成效，确保各项工作见根见果、见实见效。

各位代表，“我们都在努力奔跑，我们都是追梦人”。让我们更加紧密地团结在以习近平同志为核心的党中央周围，按照省委、省政府的决策部署，在市委的坚强领导下，迎难而上、锐意进取，只争朝夕、真抓实干，以新时代奋斗者的开拓精神，奋力谱写文明开放富裕美丽太原新篇章，以优异成绩庆祝中华人民共和国成立70周年！

太原市 2018 年国民经济和社会发展统计公报

太原市统计局　国家统计局太原调查队

2019 年 3 月 18 日

2018 年，市委、市政府团结带领全市人民，坚持以习近平新时代中国特色社会主义思想为指导，深入学习贯彻党的十九大精神和习近平总书记视察山西重要讲话精神，按照省委“一个指引、两手硬”思路和要求，坚持稳中求进工作总基调，坚持新发展理念，坚持推动高质量发展，坚持推进创新驱动、转型升级，凝心聚力，攻坚克难，经济总体继续保持中高速发展，稳中有进的增长态势进一步巩固，转型升级的发展趋势进一步提升，谱写文明开放富裕美丽太原新篇章步伐更加坚实。

一、综　合

人口：据 2018 年人口抽样调查，年末全市常住人口 442.15 万人，比上年末增加 4.18 万人。其中：城镇人口 375.27 万人，增加 4.31 万人；乡村人口 66.88 万人，减少 0.12 万人。城镇化率 84.88%，比上年提高 0.18 个百分点。男性人口 222.67 万人，女性人口 219.48 万人，性别比为 101.45:100。全年出生人口 4.58 万人，人口出生率 10.41‰。

经济增长：初步核算，全市实现地区生产总值(GDP) 3884.48 亿元，比上年增长 9.2%。其中：第一产业增加值 41.05 亿元，增长 0.7%；第二产业增加值 1439.13 亿元，增长 10.3%；第三产业增加值 2404.30 亿元，增长 8.8%。第三产业中，交通运输、仓储和邮政业增加值 191.57 亿元，增长 10.0%；批发零售和住宿餐饮业增加值 515.68 亿元，增长 5.4%；金融业增加值 522.52 亿元，增长 1.0%；房地产业增加值 210.99 亿元，增长 4.8%；营利性服务业增加值 576.94 亿元，增长 25.0%；非营利性服务业增加值 384.77 亿元，增长 5.0%。

人均地区生产总值 88272 元，比上年增长 8.2%，按 2018 年平均汇率计算达到 13339 美元。

图 1　2014-2018 年地区生产总值

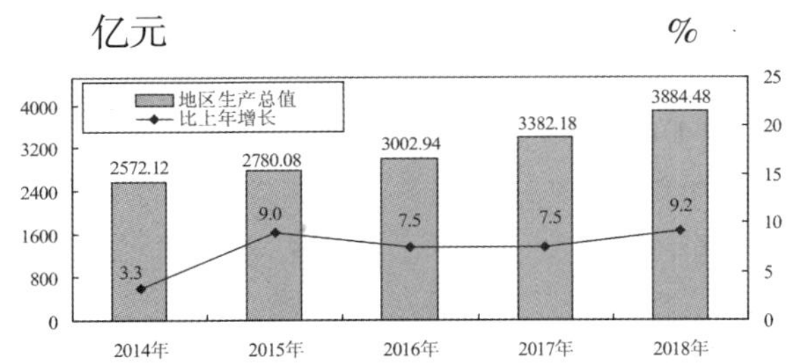

产业结构：三次产业比重为 1.1%、37.0%、61.9%，分别拉动经济增长 0.01、3.83 和 5.36 个百分点。

市场主体：新增市场主体 8.77 万户，增长 11.97%。

财政：一般公共预算收入 373.23 亿元，比上年增长 19.7%，其中：税收收入 296.93 亿元，增长19.8%。

图 2　2014-2018 年一般公共预算收入

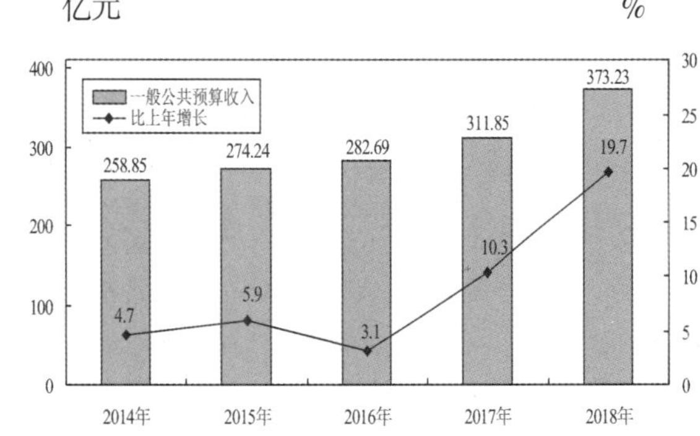

全年一般公共预算支出 542.53 亿元，比上年增长 13.2%。其中教育、医疗卫生、社会保障和就业、住房保障、交通运输、节能环保、城乡社区事务等民生支出 433.64 亿元，增长 11.2%。

物价：居民消费价格比上年上涨 1.8%。其中：居住类上涨 2.8%，教育文化和娱乐类上涨 2.2%，食品烟酒类上涨 2.0%，医疗保健类上涨 1.6%，交通和通信类上涨 1.5%，生活用品及服务类上涨 0.7%，其他用品和服务类上涨 0.4%，衣着类上涨 0.3%。工业生产者出厂价格上涨 1.0%。工业生产者购进价格上涨 8.2%。

图 3　2014-2018 年价格比上年涨跌幅度

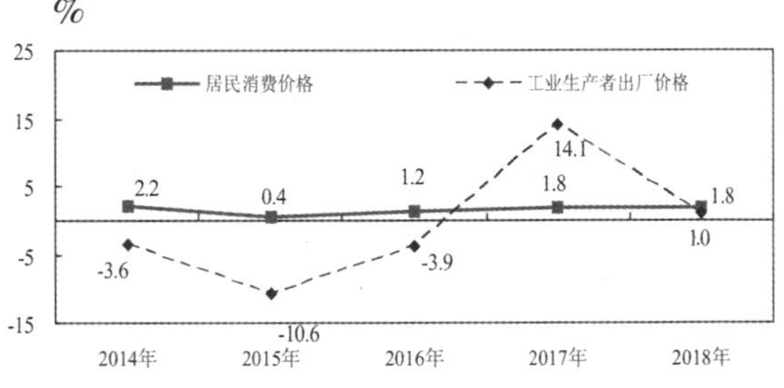

表 1　2018 年居民消费价格涨跌情况

指　　标	比 2017 年涨（跌）（%）
居民消费价格	1.8
食品烟酒	2.0
衣　着	0.3
居　住	2.8
生活用品及服务	0.7
交通和通信	1.5
教育文化和娱乐	2.2
医疗保健	1.6
其他用品和服务	0.4

就业：城镇新增就业 9.50 万人，其中创业带动就业 2.41 万人。4.53 万名城镇失业人员实现再就业，其中就业困难人员再就业 1.15 万人。年末城镇登记失业率 3.33%。

二、农　业

种植面积：全年农作物种植面积 82.53 千公顷。粮食种植面积 65.96 千公顷。其中：夏粮种植面积 0.07 千公顷，秋粮种植面积 65.89 千公顷。蔬菜种植面积 11.09 千公顷。药材种植面积 1.76 千公顷。

表 2　2018 年主要农产品产量

产品名称	产量（吨）	比 2017 年增长（%）
粮食	292283	-8.9
其中：夏　粮	406	-5.4
秋　粮	291877	-8.9
其中：小　麦	406	-5.4
玉　米	183449	-33.4
马铃薯	60445	-2.0
油　料	3404	162.0
蔬菜及食用菌	615322	4.6
水　果	68730	-23.8
药　材	5043	24.8

造林：全年造林面积 17.28 千公顷。零星植树 1259 万株。新增育苗面积 0.29 千公顷。

畜禽及水产品产量：年末大牲畜存栏 3.80 万头，猪出栏 32.29 万头。肉类产量 4.54 万吨，禽蛋产量 3.40 万吨，牛奶产量 9.43 万吨。水产品养殖面积 1.05 千公顷，水产品产量 2603 吨。

农机及化肥施用：年末全市农业机械总动力 46.21 万千瓦。全年农用化肥施用量(折纯)25527 吨。

三、工业和建筑业

工业：规模以上工业增加值比上年增长 10.8%。其中：中央企业增加值增长 9.9%；省属企业增加值增长 8.5%；市属及以下企业增加值增长 19.3%。从行业看，规模以上工业前 10 大行业增加值均实现增长。

图 4　2014—2018 年规模以上工业增加值增速

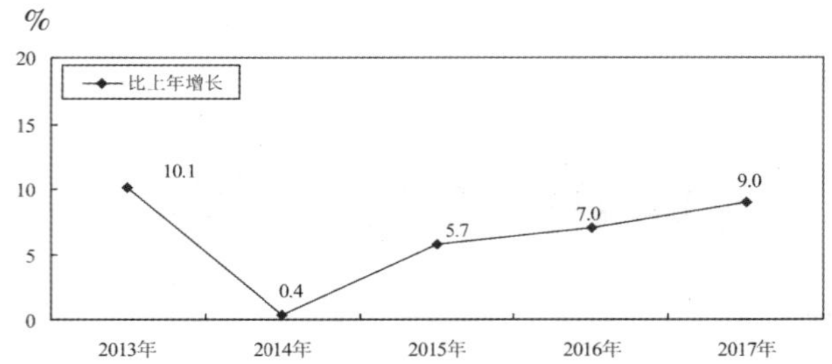

表3　2018年规模以上工业增加值分类

指　　标	比 2017 年增长（%）
规模以上工业	10.8
其中：轻工业	4.8
重工业	13.7
其中：国有控股企业	8.5
其中：国有企业	19.0
集体企业	6.5
股份合作企业	-27.1
股份制企业	11.0
外商及港澳台商投资企业	18.9
其他经济类型企业	13.4

表 4　2018 年规模以上工业十大行业增加值

行　　业	比 2017 年增长（%）
钢铁行业	10.0
通信及计算机设备制造业	20.8
煤炭开采和洗选业	4.1
燃气生产供应业	7.4
炼焦行业	12.7
烟草制品业	6.5
电力、热力生产和供应业	5.6
交通运输设备制造业	2.1
金属制品业	14.0
汽车制造业	155.2

战略性新兴产业增加值增长 16.6%，占全市规模以上工业增加值的比重为 14.9%。高技术产业增加值增长 19.2%，占全市规模以上工业增加值的比重为 11.3%。

非传统产业增加值增长 17.8%，其中：装备制造业增加值增长 19.8%，占全市规模以上工业增加值的比重为 31.8%。传统产业增加值增长 8.0%。

表 5　2018 年规模以上工业企业主要产品产量

产 品 名 称	单　位	产　量	比 2017 年增长（%）
原　煤	万吨	3345.76	13.9
洗　煤	万吨	2625.23	10.0
焦　炭	万吨	1150.46	8.7
发电量	亿千瓦小时	270.97	4.8

产品名称	单 位	产 量	比2017年增长(%)
生 铁	万吨	816.20	5.0
粗 钢	万吨	1250.11	5.7
不锈钢	万吨	416.62	0.7
钢 材	万吨	1185.27	7.5
水 泥	万吨	593.56	17.6
橡胶轮胎外胎	万条	78.47	8.9
采矿设备	万吨	7.98	4.4
金属轧制设备	万吨	2.59	5.4
起重机	万吨	4.21	82.2
移动通信手持机	万台	1979.40	-3.3
减速机	台	25873	90.1
铁路货车	辆	2070	-4.3
车 轮	万吨	12.42	4.7
卷 烟	亿支	149	-0.7
食 醋	万吨	41.63	-7.5
白酒(折65度)	千升	11148.79	-7.9
碳酸饮料	万吨	17.69	-15.7

规模以上工业主营业务收入3075.81亿元，增长9.4%。利税总额238.82亿元，增长8.5%。利润总额94.08亿元，增长12.5%。规模以上工业企业每百元主营业务收入中的成本84.65元，下降0.74元。

建筑业：具有建筑业资质等级的总承包和专业承包建筑业企业总产值2750.71亿元，增长12.7%。建筑业企业房屋建筑施工面积11066.65万平方米，竣工面积1923.71万平方米。

四、能源

能源生产：全市一次能源生产折标准煤2389.88万吨，比上年增长17.9%；二次能源生产折标准煤4066.30万吨，增长8.8%。

用电：全年全社会用电量291.50亿千瓦时，增长7.8%。其中：农业用电量2.25亿千瓦时，增长8.6%；工业用电量(含电厂自用电)186.07亿千瓦时，增长7.5%，其中：占工业用电量71.6%的煤炭、炼焦、化工、建材、冶金、电力等高耗能行业用电量133.16亿千瓦时，增长7.1%；建筑业用电量5.63亿千瓦时，增长31.3%；第三产业用电量52.99亿千瓦时，增长8.4%；城乡居民生活用电量40.31亿千瓦时，增长10.7%。

五、固定资产投资

固定资产投资：全年固定资产投资1217.82亿元，比上年增长26.2%。其中：中央项目投资64.04亿元，下降3.7%；省属项目投资160.92亿元，增长36.6%；市属及以下项目投资992.86亿元，增长27.2%。

图5 2014-2018年固定资产投资增速

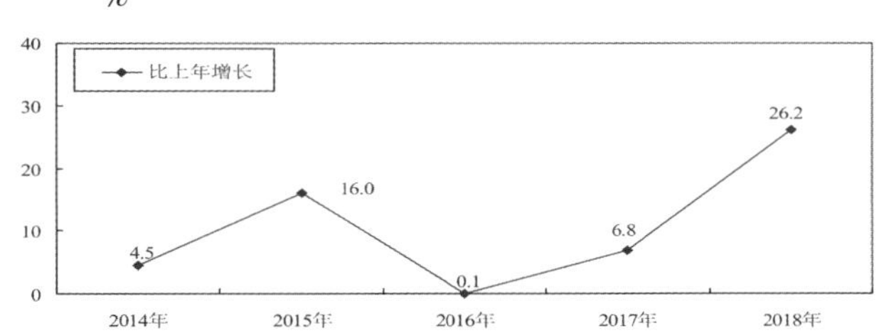

分产业看，第一产业投资9.04亿元，增长8.0%；第二产业投资204.80亿元，增长50.9%，其中：工业投资增长53.1%；第三产业投资1003.98亿元，增长22.3%。三次产业投资比重为0.8%、16.8%和82.4%。

分经济类型看，国有投资696.52亿元，增长33.2%；非国有投资521.30亿元，增长17.9%，其中：民间投资增长27.1%。

表6 2018年分行业固定资产投资

指 标	投资额(万元)	比2017年增长(%)
总 计	12178202	26.2
农、林、牧、渔业	90421	3.7
采矿业	218767	-16.8
制造业	1260510	137.5
电力、热力、燃气及水的生产和供应业	581304	5.3
建筑业	2338	-81.5
批发和零售业	37362	-60.6
交通运输、仓储和邮政业	354684	193.7
住宿和餐饮业	11853	-62.4
信息传输、软件和信息技术服务业	80679	3.1
房地产业	5622237	9.8
房地产开发	5317602	11.2
租赁和商务服务业	32092	52.3
科学研究和技术服务业	81304	25.1
水利、环境和公共设施管理业	3088748	35.3
居民服务和其他服务业	14377	424.9
教育	229570	91.1
卫生和社会工作	206027	106.2
文化、体育和娱乐业	213964	150.1
公共管理和社会组织	51965	-34.3

全年在建固定资产投资项目849个。其中：5亿元以上项目167个，完成投资441.90亿元，占全市固定资产投资的比重为36.3%；10亿元以上项目90个，完成投资338.55亿元，占全市固定资产投资的比重为27.8%。

转型项目建设：全年转型项目投资772.61亿元，占全市固定资产投资的比重为63.4%；增长23.7%，其中，新兴产业投资752.76亿元，增长22.8%；传统产业升级改造投资19.85亿元，增长 70.1%。

房地产开发：全年房地产开发投资 531.76 亿元，增长 11.2%。住宅投资 399.24 亿元，增长 19.1%，其中：90平方米以下住房投资 77.79 亿元，占住宅投资的比重为19.5%。商业营业用房投资 38.81 亿元。全年商品房竣工面积 383.61万平方米，商品房销售额 930.25 亿元。

六、国内贸易

消费品零售：全年社会消费品零售总额 1811.90亿元，比上年增长 8.1%。其中：城镇消费品零售额 1737.90亿元，增长 8.0%；乡村消费品零售额 74.00 亿元，增长11.4%。

表7　2018 年社会消费品零售总额

指　标	零售额（亿元）	比 2017 年增长（%）
社会消费品零售总额	1811.90	8.1
分地域：城 镇	1737.90	8.0
其中：城 区	1577.61	8.1
乡 村	74.00	11.4
限额以上消费品零售额	886.95	4.1
限额以下消费品零售额	924.95	12.3

图 6　2014—2018 年社会消费品零售总额

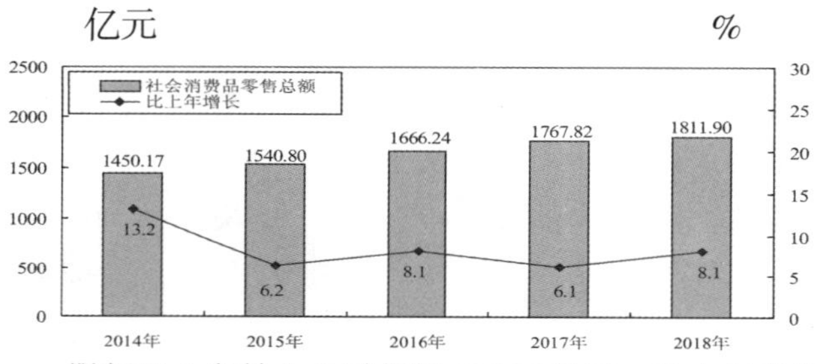

限额以上贸易企业零售额 886.95 亿元，比上年增长 4.1%，占社会消费品零售总额的 49.0%。限额以上批发零售业企业通过互联网实现商品零售额 33.23 亿元，增长30.9%。

表 8　2018 年限额以上批发零售业商品零售类值

指　标	零售额（万元）	比 2017 年增长（%）
汽车类	3120510.1	-8.7
石油及制品类	777333.5	15.3
文化办公用品类	39212.3	-3.9
通讯器材类	47072.4	12.6
家用电器和音像器材类	784213.1	60.6
中西药品类	378917.2	26.2
建筑及装潢材料类	29392.0	-22.7
日用品类	196136.9	8.4
家具类	56005.0	19.4
粮油、食品、饮料、烟酒类	1433674.7	4.4
服装类	779224.3	-1.8
化妆品类	182091.4	13.2
金银珠宝类	165354.1	6.0

七、对外经济

进出口贸易：全年外贸进出口总额 1086.29 亿元，比上年增长 18.7%。其中：出口额 663.25 亿元，增长 15.9%；进口额 423.04 亿元，增长 23.3%。

图 7　2014-2018 年外贸进出口总额

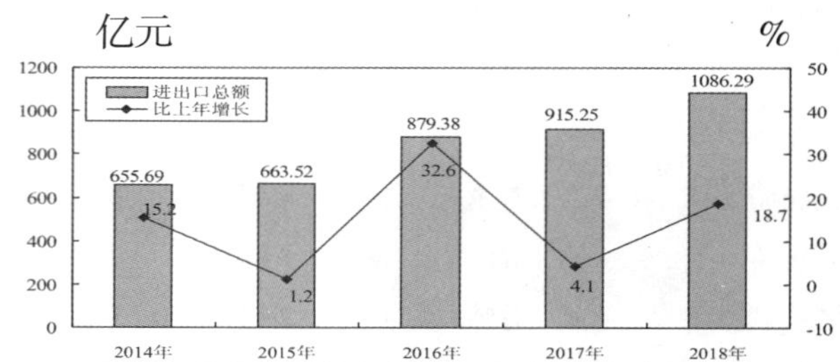

出口商品中，不锈钢材、机电产品分别为 121.68 亿元、512.61 亿元，占出口额的 95.6%。煤炭、焦炭、金属镁分别为 0.11 亿元、1.02 亿元、3.61 亿元，占出口额的0.7%。

表 9　2018 年外贸进出口总额

指　标	绝对数（亿元）	比 2017 年增长（%）
进出口总额	1086.29	18.7
出口额	663.25	15.9
其中：一般贸易	87.16	18.8
加工贸易	566.27	13.9
其中：机电产品	512.61	21.7
高新技术产品	478.23	21.6
其中：国有企业	135.76	1.0
外商投资企业	476.90	20.8
进口额	423.04	23.3
其中：一般贸易	71.00	46.9
加工贸易	347.03	19.4
其中：机电产品	281.60	10.5
高新技术产品	246.31	9.6
其中：国有企业	135.62	61.6
外商投资企业	276.55	12.4

注：高新技术产品和机电产品分类有交叉。

有贸易往来的国家和地区 161 个。年进出口额在千万美元以上的国家和地区 50 个，比上年增加 3 个。

招商引资：全年新设立外商投资企业 13 家。实际利用外商直接投资额 863.13 万美元。

八、交通、邮电和旅游

交通运输：年末全市公路线路里程累计达到7517 公里，其中高速公路 287 公里。公路密度 107.6公里/百平方公里。太原地区铁路客运量 2966.24万人次，增长 7.6%；铁路货运量 3596.82 万吨，增长5.3%。航空客运量 1358.84 万人次，增长 9.6%；航空货运量 5.34 万吨，增长 10.3%。

年末全市民用汽车保有量 155.30 万辆，比上年末增长 8.1%，其中私人汽车 138.78 万辆，增长 7.2%。本年新注册汽车

14.63 万辆，下降 20.8%。年末轿车保有量 96.48 万辆，增长 7.2%，其中私人轿车 89.72 万辆，增长 6.5%；本年新注册轿车 7.71 万辆，下降 23.2%。

邮电：全年邮政业务总量 36.90 亿元，比上年增长 51.4%；电信业务总量 152.46 亿元，增长 13.2%。年末市话到达 77.25 万户。农话到达 1.85 万户。移动电话用户 737.32 万户，其中：4G 移动电话用户为 594.29 万户。每百人拥有电话 185 部，其中：移动电话普及率达到 167 部/百人。计算机互联网宽带用户 197.08 万户。

旅游：全市接待海内外游客 8126.19 万人次，比上年增长 19.8%。其中：国内游客 8102.32 万人次，增长 19.9%；海外游客 23.88 万人次，增长 4.1%。海外游客中：外国人 16.88 万人次，香港同胞 3.89 万人次，澳门同胞 0.49 万人次，台湾同胞 2.62 万人次。全年旅游总收入 995.57 亿元，增长 21.1%。其中：国内旅游收入 985.30 亿元，增长 20.8%；旅游外汇收入 1.07 亿美元，增长 7.0%。

九、金融和保险

金融：年末全市金融机构本外币各项存款余额 12317.27 亿元，比年初增长 3.3%；本外币各项贷款余额 12684.21 亿元，增长 10.7%。人民币各项存款余额 12019.50 亿元，增长 3.4%，其中：住户存款余额 4767.46 亿元，增长 8.7%。人民币各项贷款余额 12491.74 亿元，增长 10.1%，人民币贷款中，中长期贷款余额 9106.93 亿元，增长 15.5%；短期贷款余额 2673.87 亿元，下降 6.1%。

年末上市公司达到 19 家，其中：主板 16 家，中小板 2 家，创业板 1 家。“新三板”挂牌企业达到 52 家。

保险：全年原保险保费收入 223.09 亿元，下降 4.7%。其中：寿险业务保费收入 126.30 亿元，下降 17.2%；健康险业务保费收入 24.65 亿元，增长 25.0%；意外伤害保险业务保费收入 6.46 亿元，增长 19.7%；财产险业务保费收入 65.67 亿元，增长 16.4%。

支付原保险赔款与给付 63.63 亿元，增长 11.3%。其中：寿险业务给付 27.72 亿元，增长 3.3%；健康险业务赔款及给付 5.74 亿元，增长 18.9%；意外伤害保险业务赔款 1.53 亿元，下降 0.6%；财产险业务赔款 28.65 亿元，增长 19.5%。

十、城市建设

基础设施建设：全年完工 41 项道桥工程建设，完工里程达 164.7 公里。小店桥、十号线桥、迎宾桥三桥建设快速推进，“网红路”天龙山旅游通道建成通车，西中环南延绵延蓄势、新店街五层立交四通八达，108 国道改造、滨河东路南延等道桥项目通车在即，轨道交通 2 号线一期工程有序推进。为了确保“二青会”胜利召开，太原学院足球场、旅游学院排球馆、国际体育交流中心、滨河体育中心、水上运动中心、沙滩排球场等新建场馆和旧馆改造项目紧抓有效工期，所有场馆全部建设完工。启动 7 个城中村改造，拆除旧村 211 万平方米。新开工棚户区安置房 2.05 万套，基本建成 5.27 万套。

2018 年末全市城镇燃气供应量 11.26 亿立方米。集中供热面积扩网 1089 万平方米。年末城市公交运营车辆 2521 辆。公交运营线路网长度 3376.8 公里，年客运量 36775.2 万人次。

城市绿化：迎泽公园提升改造、金桥公园、东篱公园、太山龙泉寺景区、和谐公园、小东流公园、桃杏园等 22 项新建、改造公园项目竣工并向社会开放；太原市植物园、动物园提质扩容、狄仁杰文化公园、牛驼寨景区、督军府景区建设加快推进，摄乐公园、太原海洋馆及游乐场、南寨公园、双塔景区 4 个公园项目前期工作顺利开展。创建省级园林单位 3 个，省级园林小区 4 个。全市共有综合性公园 51 个，专类公园 11 个，带状公园 6 个，街头游园 253 个，社区游园 53 个，街旁绿地 194 块。建成区绿化覆盖面积达到 15186.9 公顷，园林绿地面积 13397.7 公顷，公园绿地面积 4492.8 公顷。建成区绿化覆盖率 42.78%，绿地率 37.74%，人均公园绿地面积 12.48 平方米。

十一、教育和科学技术

教育：年末共有普通高等院校 46 所（其中高职院校 23 所），成人高等学校 7 所，中等职业教育学校 48 所，普通高中 90 所，普通初中 137 所，小学 441 所，幼儿园 724 所。

表 10　2018 年各类教育学生数

指　标	招生（人）	在校生（人）	毕业生（人）
高等教育	159121	532822	155565
研究生	10506	29004	7886
普通高等学校	128586	444121	122054
成人高等学校	20029	59697	25625
中等职业教育	21554	63421	23130
中等技术学校	14136	44066	16872
成人中等专业学校	4269	9957	3024
职业高中学校	3149	9398	3234
普通高中	23408	76883	27244
普通初中	41229	122367	35568
普通小学	57891	310437	45506
幼儿园	35745	112007	39541
特殊教育	286	1561	235

全市学前三年毛入园率 95.7%；小学学龄儿童入学率，初中生入学率、巩固率均达到国家标准；2018 年高考一本、二本达线率和录取率在全省继续名列前茅。

科学技术：全年技术市场登记技术合同 1449 项，成交金额 143.22 亿元。拥有国家级技术中心 13 家，省级技术中心 108 家。截止年末累计建成省级及以上重点实验室 76 个、省级工程技术研究中心 75 个、省级及以上科技企业孵化器 27 个、省级及以上众创空间 105 家，拥有院士工作站 68 个。年末累计认定高新技术企业 966 家，科技型中小企业 1926 家。1 个技术项目荣获国家科技进步二等奖。全年发明专利申请量 5087 件、授权量 1602 件，有效发明专利拥有量 8318 件。

年末转型综改示范区共有入区企业 11450 家，营业收入 3685 亿元。

十二、文化、卫生和体育

文化：扎实开展“奋斗幸福观”“担复兴大任，做时代新人”等主题活动，与人民网共同制作和开设“百集微党课”。年末全市共有各类专业院团及具备规模的民营艺术表演团体 21 个。群艺文化馆 12 个，博物馆 14 个。公共图书馆 12 个，馆藏图书 732.21 万册。国家综合档案馆 12 个，馆藏档案资料 210.51 万卷(件、册)。在全国首创马克思书房。成功举办城市能源低碳与可持续发展论坛、人民网 2018 大学校长论坛。举办“紫禁风华——2018 太原·故宫文物展”。广播人口覆盖率 100%，电视人口覆盖率 100%。新创晋剧剧本《公瑾祭》《使命》，首演历史题材晋剧《关公》，拍摄完成晋剧数字电影《于成龙》。市艺校《林冲夜奔》荣获第二十二届“中国少儿戏曲小梅花荟萃”地方戏专业组金花称号，晋剧《起风街》入选 2019 年度国家艺术基金资助项目，剧本《泥火情》入选文化和旅游部 2018 年度剧本孵化计划，《晋剧剧本集萃》入选文化和旅游部数字化扶持工程。年末列入国家级非物质文化遗产保护项目 17 项、省级保护项目 83 项、市级保护项目 195 项。

卫生：年末共有卫生机构 2748 个(不含村卫生室)，医疗床位 39917 张。每千人拥有医疗床位 9.0 张。各类卫生技术人员 61269 人，其中：执业(包括执业助理)医师 23018 人，注册护士 29489 人。每千人拥有医生 5.2 人。推进医疗基础设施建设，市中心医院、人民医院、妇幼保健院等新院区基本完工。在全国率先引入“PBM”慢病管理项目并在尖草坪区、万柏林区试点，在中部地区率先将乡村医生纳入社保体系，在全省率先成立社会心理服务专家团队。县域综合医改“阳曲样板”在全国推广。

体育：成功承办第十五届省运会开闭幕式及 11 个竞技体育项目、2 个群众体育项目的比赛，所获金牌数、奖牌数在 11 个参赛城市中位列第一。打造出“五张城市特色体育名片”，太原国际马拉松赛升级为国际田联银标赛事，荣获 2018 山西体坛风云年度十佳品牌赛事和十大体育新闻奖；龙城龙舟赛连续六年举办；成功申报环太原国际公路自行车赛；持续打造汾河体育健身长廊，汾河景区西岸中隔堤新建健身步道；作为全国十五个“篮球城市”之一，发挥 CBA、WCBA 联赛主场优势掀起全民篮球运动热潮。全年销售中国体育彩票 10.33 亿元，居全省第一。

十三、人民生活和社会保障

人民生活：全年居民人均可支配收入 31031 元，比上年增长 7.2%。按常住地分，城镇居民人均可支配收入 33672 元，增长 7.0%，城镇居民人均消费支出 19912 元，增长 9.2%；农村居民人均可支配收入 16860 元，增长 8.1%，农村居民人均消费支出 12365 元，增长 7.1%。城乡居民收入比为 2.00:1，比上年缩小 0.02 个百分点。

社会保障：全市企业职工参加养老保险（不含离退休人员）92.84 万人，参加基本医疗保险 359.54 万人，参加失业保险 97.62 万人，参加工伤保险 110.43 万人，参加生育保险 106.75 万人。年末城市低保覆盖人口 2.35 万人，农村低保覆盖人口 3.49 万人，3753 人纳入农村五保供养，全年发放最低保障资金 3.46 亿元。全市各类收养类单位 29 个，床位 5745 张，收养 4240 人。年内新建城乡日间照料中心 94 个。

十四、环境保护和安全生产

环境质量：市区全年空气质量二级以上天数 170 天，全年 $PM_{2.5}$ 达标 264 天，空气质量综合指数 7.07。全年 $PM_{2.5}$ 浓度下降 10.6%，市区空气质量综合指数下降 9.2%。集中式饮用水水源地水质达标率保持 100%，地表水国家和省考核断面水质优良比例 55.56%。市区区域环境噪声年均值 55.7 分贝、交通噪声年均值 69.7 分贝。

气温降水：全年平均气温 10.5℃，降水量 450.9mm。地下水水位平均上升 0.51 米。全社会用水量 7.82 亿立方米，其中：生活用水 2.98 亿立方米，农业灌溉用水 1.70 亿立方米，工业生产用水 2.73 亿立方米，生态用水 0.40 亿立方米。

安全生产：推进平安省城建设，“扫黑除恶”专项斗争成果显著，在全国省会城市位列先进。坚守安全红线不动摇，全年各类安全生产事故发生数比上年下降 31.6%，未发生较大及以上生产安全事故。

注：

1. 本公报数据为统计部门和其它相关部门初步统计数据。

2.地区生产总值、各产业(行业)增加值绝对数按现价计算，增长速度按不变价格计算。

3.部分数据因四舍五入的原因，可能存在分项合计不等的情况。

4.国家实施研发支出核算改革，地区生产总值为含研发支出数据。

5. 规模以上工业企业是指年主营业务收入在 2000 万元及以上的法人工业企业；固定资产投资统计起点为项目计划总投资 500 万元及以上；限额以上批发零售企业是指年销售额 2000 万元及以上的批发企业和年销售额 500 万元及以上的零售企业。

6.农业部分数据同比基数为依据第三次农业普查结果核定和修订的数据，与 2017 年公报对应数据不可比。

7.邮政业务总量按 2010 年不变价计算，电信业务总量按 2015 年不变价计算。

8.根据国家统计局规定，各省市节能降耗指标单独发布。

目　录

CONTENTS

一、综合

General Survey

二、人口、计划生育和社会治安

Population, Family Planning and Social Security

三、从业人员和劳动报酬

Emplyment and Wages

四、固定资产投资、建筑业

Investment in Fixed Assets and Construction

五、能源消费与库存

Energy Consumption and Inventory

六、物价指数

Price Indicators

七、住户调查

Household Survey

八、农业

Agriculture

九、工业、交通运输和邮电

Industry, Transportation and Telecommunications

十、国内外贸易和旅游

Domestic and Foreign trade , Tourism

十一、财政、金融、税务和保险

Finance, Banking, Taxation and Insurance

十二、科教、文卫、体育和民政

Science, Education, Culture, Public health, Sports and Civil Affairs

十三、县(市、区)经济概况

Basic Economic Statistics of at County Levell (districts, counties and cities)

第1篇

综合

General Survey

资料整理、审核

任永刚　　贾常晋　　刘建程　　崔　晰

张　琳　　常　铁　　王晋伟　　许丽娟

周丽丽　　曹孟洁

1-1 太原市县(市、区)及乡镇、办事处名称

Names of districts, counties, towns and subdistrict offices in taiyuan

县 级	乡 级
小店区	北格镇、刘家堡乡、西温庄乡、坞城街办、营盘街办、北营街办、平阳路街办、黄陵街办、小店街办、龙城街办
迎泽区	郝庄镇、迎泽街办、桥东街办、文庙街办、柳巷街办、老军营街办、庙前街办
杏花岭区	中涧河乡、小返乡、三桥街办、敦化坊街办、巨轮街办、涧河街办、鼓楼街办、杏花岭街办、坝陵桥街办、大东关街办、职工新街街办、杨家峪街办
尖草坪区	向阳镇、阳曲镇、马头水乡、柏板乡、西墕乡、汇丰街办、古城街办、柴村街办、迎新街街办、南寨街办、上兰街办、新城街办、光社街办、尖草坪街办
万柏林区	王封乡、化客头街办、东社街办、千峰街办、下元街办、和平街办、万柏林街办、兴华街办、南寒街办、杜儿坪街办、白家庄街办、长风西街街办、小井峪街办、西铭街办、神堂沟街办
晋源区	金胜镇、晋祠镇、姚村镇、义井街办、罗城街办、晋源街办
古交市	河口镇、镇城底镇、马兰镇、阁上乡、嘉乐泉乡、梭峪乡、岔口乡、常安乡、原相乡、邢家社乡、东曲街办、西曲街办、桃园街办、屯兰街办
清徐县	清源镇、徐沟镇、东于镇、孟封镇、马峪乡、柳杜乡、西谷乡、王答乡、集义乡
阳曲县	黄寨镇、大盂镇、东黄水镇、泥屯镇、高村乡、侯村乡、凌井店乡、西凌井乡、北小店乡、杨兴乡
娄烦县	娄烦镇、静游镇、杜交曲镇、庙湾乡、马家庄乡、盖家庄乡、米峪镇乡、天池店乡

1-2 行政区划

Administrative division

单位：个

指 标	街道办事处	社区居委会	乡政府	镇政府	村民委员会	自然村
总 计	**53**	**696**	**31**	**21**	**824**	**1424**
小店区	7	123	2	1	38	41
迎泽区	6	97		1	17	17
杏花岭区	10	120	2		28	36
尖草坪区	9	71	3	2	77	86
万柏林区	14	135	1		18	23
晋源区	3	45		3	77	94
清徐县		24	5	4	188	203
阳曲县		11	6	4	123	360
娄烦县		6	5	3	142	217
古交市	4	53	7	3	116	347
综改示范区		11				

1-3 自然资源
Natural resources

指　标	单 位	数 量
一、人口、土地		
全市户籍总人口	人	3767165
人口密度（按户籍人口计算）	人 / 平方公里	539
土地面积	平方公里	6988
二、气候		
平均气温	摄氏度	11.1
极端最低气温	摄氏度	−20.5
极端最高气温	摄氏度	37.2
日照时间	小时	2566.4
无霜期	天	197
总降水量	毫米	513.2
三、林地		
当年造林面积	千公顷	17.3
森林覆盖率	%	23.0
四、水利		
采用总量合计	万立方米	78222.54
地下水采用总量	万立方米	23045.92
地表水采用总量	万立方米	55176.62
五、矿产（保有量）		
煤矿	亿吨	145.7
铁矿	万吨	41385.2
铝土矿	万吨	1850.4
溶剂灰岩	万吨	7130.9
水泥灰岩	万吨	14539.3
石膏	万吨	12613.2

注：1.气候数据采用小店站数据（太原市代表站）。
2.矿产数据取自山西省矿产资源储量简表，截止到2017年年底数字。

1-4 土地状况
Land status

单位：平方公里

指　标	面 积	占总面积（%）
总面积	**6988**	**100.0**
按地形分		
平原	1240	17.7
丘陵	2117	30.3
山地	3631	52.0
按特征分		
农用地	**4350**	**61.8**
# 耕地	1158	16.5
园地	168	2.4
林地	2754	39.5
草地	0.3	…
建设用地	**798**	**11.8**
城镇村及工矿用地	720	10.2
交通运输用地	72	1.0
水域及水利设施用地	6	0.1
其他土地	**1830**	26.4

注：土地状况为2018年底数。

1-5 取水情况
Usage of water

单位：万立方米

指　标	2018	2017
总取水量	**78222.54**	**77733.01**
按取水用途分	**64740.54**	**64809.00**
生活	22996.00	21815.60
生产	38032.34	39562.40
生态	3712.20	3401.00
按水源分		
河川径流	41694.62	40118.18
河水	41304.51	40002.00
地下水	23045.92	24627.50
# 深层水	12959.89	15037.70
另：污水利用量	13482.00	12924.01

1-6 按行政区划分土地面积及人口密度
Land area and population density by administrative division

指　标	土地面积（平方公里）	常住人口（人）	人口密度（人/平方公里）
总　计	**6988**	**4421458**	**633**
市辖区合计	**1460**	**3616790**	**2477**
小 店 区	295	854330	2896
迎 泽 区	117	620957	5307
杏花岭区	170	673998	3965
尖草坪区	285	437193	1534
万柏林区	305	796629	2612
晋 源 区	288	233683	811
县（市）合计	**5528**	**804668**	**146**
清 徐 县	609	356318	585
阳 曲 县	2059	123851	60
娄 烦 县	1276	109136	86
古 交 市	1584	215363	136

注：常住人口为抽样人口数。

1-7 社会经济主要指标人均水平

Major Per capita Indicators economy

指 标	单位	1985	1990	1995	2000	2005	2010	2015	2017	2018
一、地区生产总值	**元**	**1905**	**3648**	**8364**	**13113**	**26600**	**46883**	**64521**	**77536**	**88272**
原煤	吨	9.92	11.03	11.2	8.36	13.17	9.8	9.26	6.5	7.6
发电量	千瓦小时	1075.96	1428.63	3122.47	3731.02	4671.15	5289.38	5975.68	5926.48	6157.57
粗钢	公斤	659.31	738.01	854.64	821.45	1037.05	2206.07	2503.25	2711.58	2840.77
成品钢材	公斤	361.98	384.54	575.72	841.16	1277.96	2199.58	2363.84	2527.25	2693.42
水泥	公斤	327.5	287.43	532.81	558.59	925.42	1511.81	1109.52	1075.08	1348.82
粮食	公斤	131.23	150.63	119.5	96.79	83.46	98.45	69.47	73.58	66.42
蔬菜	公斤	198.43	229.97	244.44	411.00	331.08	228.88	144.03	134.91	139.82
猪牛羊肉	公斤	5.17	6.65	12.02	15.64	17.25	11.28	11.13	10.75	8.7
奶	公斤	8.67	13.61	13.19	15.12	27.25	25.33	23.68	24.37	21.4
二、社会消费品零售总额	**元**	**771**	**1381**	**3111**	**6224**	**11282**	**20699**	**35759**	**40527**	**41174**
三、人民生活										
城镇居民可支配收入	元	646	1573	3939	6019	10476	17258	27727	31469	33672
城镇居民消费性支出	元	585	1357	3409	5341	7806	12106	15455	18234	19912
# 食品	元	308	653	1588	1750	2412	3710	3585	3783	4229
衣着	元	112	241	514	564	1050	1234	1589	1664	1617
居住	元		36	194	388	856	1172	3355	4530	5008
农村常住居民人均可支配收入	元	526	763	1444	2643	4402	7611	13626	15595	16860
城乡居民储蓄存款年末余额	元	486	1894	7064	13788	30110	61943	79654	86123	84663

注:2014 年以前农村常住居民人均可支配收入为农民人均纯收入。

1-8 国民经济主要比例关系

The main proportion of the national economy

单位：%

指 标	1985	1990	1995	2000	2005	2010	2015	2017	2018
一、地区生产总值三次产业增加值比例									
第一产业	6.5	6.3	5.0	3.9	2.2	1.7	1.4	1.2	1.1
第二产业	66.9	55.5	47.3	42.1	47.5	44.6	37.8	37.6	37.0
第三产业	26.6	38.2	47.7	54.0	50.3	53.7	60.8	61.2	61.9
二、工业总产值轻重比例（不变价）									
轻工业	25.8	25.0	20.7	18.7	7.6	7.9	6.8	6.0	4.6
重工业	74.2	75.0	79.3	81.3	92.4	92.1	93.2	94.0	95.4
三、农林牧渔总产值内部比例（不变价）									
农业产值	74.3	69.1	56.9	57.9	51.9	59.4	58.0	56.8	59.3
林业产值	6.2	2.7	3.6	2.2	1.5	8.9	9.4	10.3	10.7
牧业产值	19.3	27.5	38.7	39.2	39.8	27.7	27.4	27.6	24.4
渔业产值	0.2	0.7	0.8	0.7	0.8	0.7	0.4	0.4	0.4
农林牧渔服务业					6.0	3.3	4.8	4.9	5.2
四、固定资产投资三次产业比例									
第一产业	0.3	0.7	0.1	0.7	0.7	1.5	1.8	0.9	0.7
第二产业	61.9	74.2	52.9	48.9	72.5	28.4	22.5	14.1	16.8
第三产业	37.8	25.1	47.0	50.4	26.8	70.1	75.7	85.0	82.5
五、固定资产投资额占地区生产总值比例	**44.0**	**28.0**	**30.1**	**26.4**	**49.1**	**51.4**	**74.1**	**28.5**	**31.4**
六、地方财政收入占地区生产总值比例	**11.5**	**9.8**	**5.8**	**5.4**	**6.4**	**7.8**	**10.0**	**9.2**	**9.6**

注：1.2005 年起工业总产值轻重比例为规模以上工业按当年价格计算。

2.2009 年起农林牧渔总产值内部比例按当年价格计算。

1-9 人民物质文化生活提高情况

Conditions of People´s material and cultural life

指　　标	单位	1985	1990	1995	2000	2005	2010	2015	2017	2018
一、城乡居民收入										
农村居民人均可支配收入	元	526	763	1444	2643	4402	7611	13626	15595	16860
城镇居民人均可支配收入	元	646	1573	3939	6019	10476	17258	27727	31469	33672
城镇非私营单位在岗职工平均工资（含铁路驻并单位）	元	1199	2351	5538	8394	18547	38838	60515	72114	80827
二、每百户居民拥有耐用消费品（抽样）										
电冰箱										
城镇居民	台	2	52	68	90	96	98	93	99	96
农民	台		2	12	27	34	53	68	81	83
彩色电视机										
城镇居民	台	17	84	98	115	119	110	104	105	99
农民	台	3	9	36	65	85	105	105	104	101
洗衣机										
城镇居民	台	64	95	88	94	99	97	97	101	100
农民	台	12	33	50	59	64	89	91	97	98
三、每千人拥有卫生技术人员和医疗卫生床位数										
每千人拥有卫生技术人员	人	10.4	10.6	10.6	9.6	9.0	10.9	12.2	13.2	13.8
每千人拥有医疗卫生床位数	张	7.8	8.8	8.5	8.0	7.0	7.6	8.5	8.8	9.0
四、储蓄										
城乡居民储蓄存款年末余额	亿元	11.29	48.76	197.54	419.63	1183.95	2386.79	3432.12	3756.68	3725.67
平均每人储蓄存款余额	元	486	1894	7064	13788	30110	61943	79654	86123	84662

注：2014年以前农村居民人均可支配收入为农民人均纯收入。

1-10 主要年份地区生产总值(按当年价格计算)

Gross Domestic Product in Major years(At Constant Prices calculation)

年 份	地区生产总值(万元)	第一产业	第二产业	#工业	第三产业	人均GDP(元/人)
1952	23254	5462	8478	6693	9314	281
1957	56180	6503	31848	22952	17829	418
1962	57561	5693	32500	30383	19368	389
1965	90129	9243	63524	59517	17362	573
1970	112489	10879	83496	80874	18114	654
1975	143898	15360	102906	99874	25632	752
1978	186758	11036	140152	123482	35570	937
1980	222998	13961	156965	138361	52072	1075
1985	442126	28885	295782	239985	117459	1905
1990	939154	58755	520827	453958	359572	3648
1995	2339397	118405	1106205	923523	1114787	8364
1997	3287298	155584	1478052	1136329	1653662	11322
1998	3527937	162090	1556602	1200614	1809245	11980
1999	3668878	145302	1577735	1235645	1945841	12320
2000	3990686	154936	1679353	1319688	2156397	13113
2001	4547413	143440	1948184	1512627	2455789	13557
2002	5073073	175155	2114207	1609768	2783711	15039
2003	6193085	179952	2723846	2083588	3289287	18265
2004	7716550	209264	3601148	2757422	3906138	22655
2005	9100593	201903	4325421	3301355	4573269	26600
2006	10546080	194405	4864541	3797528	5487134	30696
2007	13097874	196389	6511846	5333996	6389639	37966
2008	15480891	229807	7552013	6113408	7699071	44687
2009	15659122	285603	6873002	5079825	8500517	44912
2010	18065086	302806	8051911	5941668	9710369	46883
2011	21146941	338486	9514942	6948347	11293513	50111
2012	23663011	360209	10345203	7616054	12957599	55732
2013	25020759	371617	10572451	7477069	14076691	58638
2014	25721209	388627	10431696	7300173	14900886	59980
2015	27800811	373954	10521400	7200419	16905457	64521
2016	30029419	387731	10990457	7358970	18651231	69327
2017	33821819	400191	12722181	8622303	20699447	77536
2018	38844778	410524	14391278	9613324	24042976	88272

注：1.2001 年起人均 GDP 为按抽样调查总人口计算，其余年份为按公安户籍人口计算。
2.2009 年至 2013 年为第三次经普调整后数据。
3.2013-2014 年地区生产总值数据执行《国民经济行业分类》（GB/T4754-2011）和《三次产业划分规定》（国统字【2012】108 号）。
4.2016 年 7 月国家统计局研发支出核算方法改革，根据新的核算方法修订了 1991 年以来的 GDP 数据。

1-11 主要年份地区生产总值构成
Composition of GDP in Major Years

单位：%

年 份	地区生产总值	第一产业	第二产业	# 工业	第三产业
1952	100.0	23.5	36.5	28.8	40.0
1957	100.0	11.6	56.7	40.9	31.7
1962	100.0	9.9	56.5	52.8	33.6
1965	100.0	10.3	70.5	66.0	19.2
1970	100.0	9.7	74.2	71.9	16.1
1975	100.0	10.7	71.5	69.4	17.8
1978	100.0	5.9	75.0	66.1	19.1
1980	100.0	6.3	70.4	62.0	23.3
1985	100.0	6.5	66.9	54.3	26.6
1990	100.0	6.3	55.5	48.3	38.2
1995	100.0	5.0	47.3	39.5	47.7
1997	100.0	4.7	45.0	34.6	50.3
1998	100.0	4.6	44.1	34.0	51.3
1999	100.0	4.0	43.0	33.7	53.0
2000	100.0	3.9	42.1	33.1	54.0
2001	100.0	3.2	42.8	33.2	54.0
2002	100.0	3.4	41.7	31.7	54.9
2003	100.0	2.9	44.0	33.7	53.1
2004	100.0	2.7	46.7	35.7	50.6
2005	100.0	2.2	47.5	36.3	50.3
2006	100.0	1.9	46.1	36.0	52.0
2007	100.0	1.5	49.7	40.7	48.8
2008	100.0	1.5	48.8	39.5	49.7
2009	100.0	1.8	43.9	32.4	54.3
2010	100.0	1.7	44.6	32.9	53.7
2011	100.0	1.6	45.0	32.9	53.4
2012	100.0	1.5	43.7	32.2	54.8
2013	100.0	1.5	42.3	29.9	56.2
2014	100.0	1.5	40.6	28.4	57.9
2015	100.0	1.4	37.8	25.9	60.8
2016	100.0	1.3	36.6	24.5	62.1
2017	100.0	1.2	37.6	25.5	61.2
2018	100.0	1.1	37.0	24.7	61.9

1-12 主要年份地区生产总值指数
Indices of Gross Domestic Product in Major Years

单位：%

年 份	地区生产总值	第一产业	第二产业	#工业	第三产业
1957	106.7	98.1	111.1	119.0	102.7
1962	92.5	86.6	90.3	94.2	98.8
1965	120.4	97.9	132.6	134.9	98.8
1970	164.3	110.0	198.0	202.1	109.9
1975	116.5	105.5	121.3	120.6	106.0
1978	128.9	89.7	134.2	124.0	126.7
1980	106.5	112.1	102.7	100.3	118.9
1985	105.4	91.7	105.5	106.4	108.2
1990	109.1	126.8	107.9	102.0	109.3
1995	113.1	102.6	113.5	116.2	113.3
1997	110.6	103.3	110.1	107.9	112.2
1998	108.9	105.0	110.2	109.8	106.5
1999	107.8	96.9	106.6	108.4	111.2
2000	109.1	106.8	108.2	108.9	111.1
2001	111.8	90.9	110.7	108.4	114.2
2002	112.0	121.0	112.3	111.5	111.3
2003	115.7	104.1	119.0	118.0	113.9
2004	116.0	102.7	119.7	117.9	113.8
2005	115.7	101.1	116.3	117.8	115.9
2006	112.1	93.8	110.6	111.6	114.4
2007	117.0	100.5	121.1	125.8	113.7
2008	108.5	101.4	103.1	101.5	114.0
2009	102.5	104.1	93.1	87.2	110.8
2010	111.4	104.9	111.5	111.2	111.4
2011	110.7	103.5	111.2	110.6	110.5
2012	111.0	105.5	109.5	111.4	112.4
2013	108.5	102.8	110.4	109.2	107.2
2014	103.3	104.3	101.2	101.0	105.1
2015	109.0	101.3	106.1	105.9	111.5
2016	107.5	103.2	107.0	106.2	107.8
2017	107.5	103.0	107.0	108.9	107.9
2018	109.2	100.7	110.3	110.7	108.8

1-13 地区生产总值及构成
Gross Domestic Product and composition

指 标	绝对额(万元)		构成(%)	
	2018	2017	2018	2017
地区生产总值	**38844778**	**33821819**	**100.0**	**100.0**
农林牧渔业	428818	417988	1.1	1.2
工业	9613324	8622303	24.7	25.5
建筑业	4777954	4099878	12.3	12.1
批发和零售业	3734897	3413543	9.6	10.1
交通运输、仓储和邮政业	1915698	1738843	4.9	5.1
住宿和餐饮业	1421883	1258773	3.7	3.7
金融业	5225162	4759554	13.5	14.1
房地产业	2109905	1873144	5.4	5.6
其他服务业	9617137	7637793	24.8	22.6
第一产业	**410524**	**400191**	**1.1**	**1.2**
第二产业	**14391278**	**12722181**	**37.0**	**37.6**
第三产业	**24042976**	**20699447**	**61.9**	**61.2**

注：按照国家统计局2012年制定的《三次产业划分规定》，第一产业农林牧渔业，不含农林牧渔服务业；农林牧渔服务业属于第三产业。

1-14 太原市主要年份国民经济主要指标
Main indicators of national economy in Major Year of Taiyuan

指 标	1985	1990	1995	2000	2005	2010	2015	2017	2018
年末户籍常住人口(人)	2344452	2612087	2827710	3087491	3403874	3654990	3673857	3691706	3767165
按性别分									
男性	1258322	1384876	1490281	1607655	1766902	1867963	1858619	1858108	1891805
女性	1086130	1227211	1337429	1479836	1636972	1787027	1815238	1833598	1875360
按城镇、乡村分									
城镇人口	1425235	1636344	1832597	2039240	2389268	2630159	2919276	2925693	2988468
乡村人口	919217	975743	995113	1048251	1014606	1024831	754581	766013	778697
社会从业人员(人)	1377500	1592200	1773000	1611200	1616195	1760476	2227500	2371200	2475600
按三次产业分									
第一产业	235500	248400	258000	276800	271587	242519	251700	248700	248100
第二产业	770000	853400	872000	611500	530983	569339	649200	658800	644200

1-14　续表1

指　　标	1985	1990	1995	2000	2005	2010	2015	2017	2018
第三产业	372000	490400	643000	722900	813625	948618	1326700	1463700	1583300
按职工、非职工分									
城镇非私营单位职工	989000	1111000	1124000	884117	757996	846286	1050453	1044066	1040361
#国有	756000	892000	919000	533148	458206	460685	462583	434969	316999
集体	233000	219000	205000	119411	62939	47730	34621	29553	29123
城镇私营企业和个体从业人员	8000	61000	127000	217056	355324	422952	682044	841834	694239
农村从业人员	351000	385000	434000	503753	502875	491238	495003	485300	471700
城镇非私营单位在岗职工工资总额(万元)	115920	257007	609421	724376	1378220	3147504	6229561	7269789	8228510
#国有单位职工	94900	220674	529353	441159	828598	1705528	3204005	3678961	2831299
城镇集体单位职工	21020	35909	67586	60029	54590	83962	122401	126719	136872
城镇非私营单位在岗职工年平均工资(元)	1199	2351	5538	8394	18547	38838	60515	72114	78904
#国有单位职工	1279	2510	5788	8460	18375	37684	71070	87636	89320
城镇集体单位职工	938	1696	3371	5285	9192	18255	37637	44704	46508
城镇居民人均可支配收入(元)	646	1573	3939	6019	10476	17258	27727	31469	33672
城镇居民人均消费性支出(元)	585	1357	3409	5341	7806	12106	15455	18234	19912
#食品	308	653	1588	1750	2412	3710	3585	3783	4229
衣着	112	241	514	564	1050	1234	1589	1664	1617
居住		36	194	388	857	1172	3355	4530	5008
农村常住居民人均可支配收入(元)	526	763	1444	2643	4402	7611	13626	15595	16860
农民人均生活消费支出(元)				1634	2601	3879	10124	11546	12365
#食品				696	909	1312	2578	2809	3105
衣着				204	350	493	893	941	962
居住				225	334	642	2787	3077	3091
地区生产总值(万元)	442126	939154	2339397	3990686	9100593	18065086	27800811	33821819	38844778
第一产业	28885	58755	118405	154936	201903	302806	373954	400191	410524
第二产业	295782	520827	1106205	1679353	4325421	8051911	10521400	12722181	14391278
工业	239985	453958	923523	1319688	3301355	5941668	7200419	8622303	9613324
建筑业	55797	66869	182682	359665	1024066	2110243	3320981	4099878	4777954
第三产业	117459	359572	1114787	2156397	4573269	9710369	16905457	20699447	24042976
人均生产总值(元/人)	1905	3648	8364	13113	26600	46883	64521	77536	88272

1-14 续表2

指　　标	1985	1990	1995	2000	2005	2010	2015	2017	2018
地区生产总值指数(%)	105.4	109.1	113.1	109.1	115.7	111.4	109.0	107.5	109.2
第一产业	91.7	126.8	102.6	106.8	101.1	104.9	101.3	103.0	100.7
第二产业	105.5	107.9	113.5	108.2	116.3	111.5	106.1	107.0	110.3
工业	106.4	102.0	116.2	108.9	117.8	111.2	105.9	108.9	110.7
建筑业	99.5	150.1	99.9	105.1	112.2	112.5	106.9	103.0	109.4
第三产业	108.2	109.3	113.3	111.1	115.9	111.4	111.5	107.9	108.8
全社会固定资产投资额(万元)	194510	262924	701894	1047702	4385077	9164811	20256080		
全社会竣工房屋面积(平方米)	3585900	2870100	2848000	4420700	6064048	7795531	7002156	4799700	4064832
全社会新增固定资产(万元)	126292	212335	517719	876782	1193234	4114718	9597538		
商品零售价格总指数(以上年价格为100)	112.0	100.7	114.5	96.0	100.2	102.6	98.6	101.7	101.7
食品类		99.7	124.2	93.8	103.7	108.2	100.3	99.2	101.9
服装鞋帽类		106.9	119.1	100.6	96.3	96.9	103.3	100.3	100.3
纺织品类		106.9	120.1	94.9	98.0	109.6	98.4	100.1	100.0
中西药品及医疗保健用品类		99.1	114.3	101.3	98.7	105.8	101.0	101.5	100.4
文化和体育用品类		93.3	104.0	99.3					
文化办公用品类					99.4	97.6	97.4	100.3	100.2
体育娱乐用品类					99.1	97.9	99.1	100.6	100.4
日用品类		99.8	109.0	98.0	100.7	99.0	99.4	100.1	103.0
家用电器类		93.1	102.2	95.6	97.3	92.6	97.6	96.7	96.7
燃料类		119.9	105.9	107.6	112.8	117.0	88.1	118.3	110.2
建筑装璜材料类	112.0	100.4	102.8	99.4	102.1	97.7	98.0	101.1	100.5
居民消费品价格总指数（以上年价格为100）		101.7	116.8	103.6	101.1	103.0	100.4	101.8	101.8
食品类		99.7	123.4	93.2	103.8	108.4	100.3		
衣着类		106.9	116.8	99.6	96.2	97.2	103.4		
家庭设备用品及维修服务类		99.8	106.5	98.6	100.0	100.8	100.0		
医疗保健和个人用品类		99.1	113.7	101.1	101.6	102.6	100.3		
交通和通讯类		147.7	94.9	97.8	96.3	97.7	98.7		
娱乐教育文化用品及服务类		93.3	112.3	96.4	101.9	101.8	100.4		
居住类		105.9	111.9	107.0	102.4	101.2	99.8		
食品烟酒								99.4	102.0

1–14 续表3

指 标	1985	1990	1995	2000	2005	2010	2015	2017	2018
衣着								100.4	100.3
居住								101.3	102.8
生活用品及服务								100.1	100.7
交通和通信								101.8	101.5
教育文化和娱乐								103.0	102.2
医疗保健								111.9	101.6
其他用品和服务								102.4	100.4
服务项目类价格总指数(以上年价格为100)		110.2	107.3	162.1	102.9	102.4	100.6	104.1	102.4
农林牧渔业总产值(万元,按当年价格计算)	38744	73925	193432	246156	344060	560634	739124	794015	795895
农业产值	28489	47608	120504	163107	199305	336794	428567	451016	472363
林业产值	2266	1877	4382	4020	12088	49426	69118	81492	85809
牧业产值	7942	22069	66859	77344	114172	154140	202345	219411	194261
渔业产值	47	662	1687	1685	2689	3063	3060	3097	3097
农林牧渔服务业产值					15806	17210	36035	39000	40365
农林牧渔业总产值指数(以上年价格为100)	99.6	108.3	102.2	106.9	101.3	104.9	101.8	103.0	100.8
农业产值		107.9	95.9	110.1	99.6	102.6	100.2	103.3	104.2
林业产值		93.0	106.8	102.4	74.7	105.5	103.4	109.7	105.3
牧业产值		110.8	112.8	102.8	104.9	106.9	103.9	102.2	91.5
渔业产值		116.5	103.6	103.7	107.6	119.7	99.3	103.6	96.6
农林牧渔服务业产值					100.8	127.0	106.5	102.6	103.5
主要农作物播种面积 (千公顷)	145.34	145.72	139.23	136.82	118.56	113.55	100.33	84.86	82.52
粮食	107.61	116.25	107.93	100.35	83.48	84.78	75.57	71.34	65.96
棉花	0.23	0.12	0.86	0.83	0.22	0.08	0.01	0.003	0.001
油料	22.70	13.52	13.90	11.05	5.05	3.11	2.31	0.95	1.76
主要农产品产量									
粮食 (吨)	304534	387806	334171	294557	291865	321585	299327	320963	292283
棉花 (吨)	133	96	849	998	276	105	14	6	1
油料 (吨)	16756	13882	6636	10557	3845	2721	2995	1299	3404
肉类 (吨)	12001	17109	33603	47606	65135	49975	56011	54859	45388
禽蛋 (吨)	7428	20003	35272	44361	43165	36412	29920	34256	33991

1-14　续表4

指　　标	1985	1990	1995	2000	2005	2010	2015	2017	2018
规模以上工业企业单位数 (个)	1560	1981	2033	383	489	480	408	376	436
按经济类型分									
国有经济	289	331	335	178	95	37	19	8	7
集体经济	1270	1638	1601	89	60	40	16	13	13
其他	1	12	97	116	334	403	373	355	416
按轻重工业分									
轻工业	713	877	727	128	111	107	81	83	88
重工业	847	1104	1306	255	378	373	327	293	348
主要工业产品产量									
原煤 (万吨)	2140	2840	3133	2544	4482	3775	3988.88	2837.11	3345.76
发电量 (万千瓦时)	347800	367800	873200	1135500	1594000	2038000	2574800	2586500	2709700
粗钢 (万吨)	152.73	190.24	238.82	249.90	353.34	850.00	1078.60	1182.81	1250.11
生铁 (万吨)	110.97	160.00	241.00	292.00	394.22	696.90	777.37	777.70	816.20
焦炭 (万吨)	152.56	386.33	893.24	836.00	1201.00	1268.00	1029.40	1057.98	1150.46
水泥 (万吨)	76.20	73.94	148.70	170.00	272.65	582.50	478.07	468.96	593.56
太原地区铁路货运量 (万吨)	2398	3295	3735	4278	6113	5064	4414	3415	3597
太原地区铁路客运量 (万人次)	814	878	992	864	1074	2210	2598	2756	2966
邮电业务总量 (万元)	1470	3890	36723	238105	540873	1452903	1072137	1430480	1524617
社会消费品零售总额 (万元)	229781	456637	1116123	1894200	3840302	8258458	15407962	16760964	18119042
外商直接投资 (万美元)	43	141	4500	7280	16490	58501	85049	10713	863
接待海外旅游人数 (人次)	9695	13519	23594	47886	100859	283194	210065	229451	238822
接待国内旅游人数 (万人次)	173	277	462	860	1408	1995	4892	6758	8126
一般公共预算收入 (万元)	50872	92130	134263	214828	569525	1384809	2742403	3118503	3732275
一般公共预算支出 (万元)	32519	61055	146653	245873	718390	1896358	4199913	4790558	5424589
# 基本建设支出	4657	4674	11529	5392	25197				
文教科卫支出	7645	15259	35510	53994	141640	532802	1086343	1341675	1681493
# 教育事业费支出				35688	92774	359491	620878	730005	808097
学校数 (所)	2057	2009	1967	1890	1400	1003	792	811	808
# 普通高等学校	9	12	13	12	32	42	43	44	46
中等专业学校	41	46	48	47	28	30	32	32	32

1-14 续表5

指 标	1985	1990	1995	2000	2005	2010	2015	2017	2018
普通中学	278	223	235	237	251	230	224	220	227
小学	1664	1646	1575	1503	1003	607	416	441	441
在校学生数（人）	451732	442897	518546	649236	980584	1154723	1158152	1149691	1151639
# 普通高等学校	26976	32463	44480	72689	265535	329712	546581	532209	532822
中等专业学校	17711	29323	43323	83107	53475	76540	56392	47725	44066
普通中学	151704	126591	131401	173635	222462	239953	206557	197281	199250
小学	241219	232653	269039	295062	317752	267325	275621	298725	310437
专任教师数（人）	31419	36427	39028	43109	55733	63377	65596	68255	70057
# 普通高等学校	4910	6031	6056	6669	16223	20912	23771	23903	24008
中等专业学校	2369	3221	3543	3373	1623	2266	2689	2670	2631
普通中学	10159	11203	11663	13775	16005	17134	18792	19365	19689
小学	12526	13415	14747	16637	17388	17079	16379	17810	19014
毕业生数（人）	96239	102370	111805	131606	223103	323154	313479	300437	301803
# 普通高等学校	4997	8088	12421	12572	53735	97398	151583	152757	155565
中等专业学校	4956	10037	11635	15027	16252	26875	24587	17505	16872
普通中学	36732	40519	32638	44537	64141	71310	73908	69343	62812
小学	45648	37058	45576	48260	49201	52792	36073	42852	45506
卫生机构数（个）	932	998	972	1002	1954	2527	2791	2779	2748
# 医院	194	220	221	131	194	191	185	175	163
卫生机构床位数（张）	18332	22944	24082	24817	23652	27771	36760	38318	39917
# 医院	16721	21248	22174	19317	21736	24703	34828	36566	37296
卫生技术人员（人）	24328	27780	30101	28418	29549	39930	52662	57348	61269
# 医院	15732	19429	21594	21855	22728	28529	39463	42915	43904

注：1.2015 年以前城镇、乡村人口数分别为农业、非农业人口数。
2.本表地区生产总值、社会消费品零售总额 2005 年至 2008 年为第二次经济普查调整后口径。
3.2014 年以前农村常住居民人均可支配收入为农民人均纯收入。
4.2016 年国家对城镇居民消费品价格指数八类指标进行调整。
5.工业企业单位数、工业企业总产值 2000 年以前为乡及乡以上口径，以后为规模以上工业口径，2005 年起为当年价。
6.2011 年起固定资产投资起点由计划总投资 50 万元以上的项目提高到 500 万元以上，且没有全社会固定资产统计指标；2017 年国家统计局确定山西为投资改革试点省份，固定资产投资额的统计方法由原来的以形象进度法为主改为以财务支出法为主。
7.2011 年起邮电业务总量采用新口径计算。
8.2005 年起社会消费品总额不含未通过市场直接向消费者出售的产品。
9.2005 年以前外商直接投资包括间接投资。
10.教育指标中不包括幼儿园。
11.卫生指标中不含村卫生室数。

第2篇

人口、计划生育和社会治安

Population, Family Planning and Social Security

资料整理、审核

刘利祯　　王翠莲　　刘红芳　　刘俊欢

张　炜　　常　轶

2-1 人口

Population

指　标	年末人口（人）	为上年（%）
户籍常住人口	**3767165**	**102.0**
按性别分		
男	1891805	101.8
女	1875360	102.3
按城镇和乡村分		
城镇人口	2988468	102.1
乡村人口	778697	101.7
按地区分		
市辖区	2934605	102.5
县(市)	832560	100.4
暂住人口	**1231635**	**83.6**

注：本表为公安数据。

2-2 户籍常住人口

Permanent resident population

单位：人、户

指　标	合　计	按城镇、乡村分		按性别分		性别比例(女=100)	总户数
		城镇人口	乡村人口	男性人口	女性人口		
总　计	**3767165**	**2988468**	**778697**	**1891805**	**1875360**	**100.9**	**1215303**
市辖区合计	**2934605**	**2664297**	**270308**	**1468043**	**1466562**	**100.1**	**894189**
小 店 区	665365	570987	94378	330973	334392	99.0	195908
迎 泽 区	540607	524590	16017	264039	276568	95.5	160020
杏花岭区	608534	591267	17267	305375	303159	100.7	186304
尖草坪区	331434	288915	42519	168029	163405	102.8	112606
万柏林区	577997	550789	27208	296719	281278	105.5	171943
晋 源 区	210668	137749	72919	102908	107760	95.5	67408
县（市）合计	**832560**	**324171**	**508389**	**423762**	**408798**	**103.7**	**321114**
清 徐 县	337134	128323	208811	166973	170161	98.1	124670
阳 曲 县	152402	38243	114159	77806	74596	104.3	63820
娄 烦 县	126057	32637	93420	65248	60809	107.3	53137
古 交 市	216967	124968	91999	113735	103232	110.2	79487

注：本表为公安数据。

2-3　人口自然变动情况

Natural change of population

单位：人、‰

指　标	年平均人数	出生人口合计	性　别		出生婴儿性别比（女=100）	出生率	死亡人口合计	性　别		死亡率	自然增加人数	自然增长率
			男	女				男	女			
总　计	**5575289**	**47818**	**24294**	**23524**	**103.27**	**8.58**	**10731**	**6377**	**4354**	**1.93**	**37087**	**6.66**
市辖区合计	**4329538**	**38059**	**19434**	**18625**	**104.34**	**8.79**	**7906**	**4546**	**3360**	**1.83**	**30153**	**6.96**
小店区	967965	11103	5648	5455	103.54	11.47	1144	683	461	1.18	9959	10.29
迎泽区	803147	6307	3237	3070	105.44	7.85	1206	656	550	1.50	5101	6.35
杏花岭区	900710	6695	3431	3264	105.12	7.43	2051	1113	938	2.28	4644	5.16
尖草坪区	493863	3589	1783	1806	98.73	7.27	1040	613	427	2.11	2549	5.16
万柏林区	854369	7353	3770	3583	105.22	8.61	1850	1165	685	2.17	5503	6.44
晋源区	309485	3012	1656	1356	122.12	9.73	615	316	299	1.99	2397	7.75
县（市）合计	**1245751**	**9759**	**4860**	**4899**	**99.20**	**7.83**	**2825**	**1831**	**994**	**2.27**	**6934**	**5.57**
清徐县	502221	4205	2021	2184	92.54	8.37	1307	784	523	2.60	2898	5.77
阳曲县	227430	1665	814	851	95.65	7.32	428	295	133	1.88	1237	5.44
娄烦县	189171	1408	711	697	102.01	7.44	436	307	129	2.30	972	5.14
古交市	326930	2481	1314	1167	112.60	7.59	654	445	209	2.00	1827	5.59

注：本表为公安数据。

2-4　人口机械变动情况

Demographic changes of population

单位：人

指　标	迁入人口合计	迁　入		迁出人口合计	迁　出		净增（+）净减（-）
		省内迁入	省外迁入		迁往省内	迁往省外	
总　计	**80369**	**67109**	**13260**	**40016**	**19286**	**20730**	**40353**
市辖区合计	**75397**	**62817**	**12580**	**33059**	**13922**	**19137**	**42338**
小店区	27435	23463	3972	10935	5513	5422	16500
迎泽区	13271	10482	2789	6335	2205	4130	6936
杏花岭区	13113	11012	2101	4605	1523	3082	8508
尖草坪区	4864	3985	879	3633	1623	2010	1231
万柏林区	13080	10791	2289	6627	2521	4106	6453
晋源区	3634	3084	550	924	537	387	2710
县（市）合计	**4972**	**4292**	**680**	**6957**	**5364**	**1593**	**–1985**
清徐县	2364	2104	260	1569	1138	431	795
阳曲县	1027	918	109	1017	798	219	10
娄烦县	688	581	107	1060	839	221	–372
古交市	893	689	204	3311	2589	722	–2418

注：本表为公安数据。

2-5 人口抽样调查
Population sampling survey

单位：人、‰

指 标	常住人口	出生人口	死亡人口	平均人口	出生率	死亡率	自增率	城镇人口	乡村人口	城镇化率(%)	男性人口	女性人口	性别比(女=100)
太原市	**4421458**	**45804**	**19378**	**6590429**	**10.41**	**4.40**	**6.01**	**3752724**	**668734**	**84.88**	**2226681**	**2194777**	**101.45**
小 店 区	854330	9430	2187	1270272	11.11	2.58	8.53	782566	71764	91.60	429923	424407	101.30
迎 泽 区	620957	6038	2471	925538	9.77	4.00	5.77	603508	17449	97.19	302272	318685	94.85
杏花岭区	673998	5991	3769	1005948	8.92	5.61	3.31	649195	24803	96.32	333956	340042	98.21
尖草坪区	437193	4413	2640	652524	10.13	6.06	4.07	410655	26538	93.93	222462	214731	103.60
万柏林区	796629	9630	3256	1185044	12.16	4.11	8.05	777510	19119	97.60	404780	391849	103.30
晋 源 区	233683	2277	996	348732	9.78	4.28	5.50	155297	78386	66.46	117481	116202	101.10
清 徐 县	356318	3607	2105	532835	10.15	5.92	4.23	125089	231229	35.11	181189	175129	103.46
阳 曲 县	123851	1207	700	185142	9.77	5.67	4.10	45529	78322	36.76	64592	59259	109.00
娄 烦 县	109136	1117	609	163217	10.26	5.59	4.67	44113	65023	40.42	57427	51709	111.06
古 交 市	215363	2094	645	321180	9.77	3.01	6.76	159262	56101	73.95	112599	102764	109.57

2-6 计划生育综合情况
Integrated of family planning

单位：人、%

指 标	育龄妇女人数(15-49)周岁	已婚育龄妇女人数					女性初婚			领取独生子女证	
		合 计	已婚未育	现有一孩	现有二孩	现有三孩以上	合 计	#23岁以上	晚婚率	人数	领证率
总 计	**1130410**	**730816**	**49500**	**455646**	**204618**	**21048**	**11336**	**9605**	**84.7**	**486120**	**39.5**
小 店 区	240459	144283	11898	91100	38690	2595	2669	2272	85.1	92882	44.2
迎 泽 区	170356	111596	12134	76725	21488	1247	3074	2932	95.4	81729	36.7
杏花岭区	149534	99053	6100	75670	16472	811	774	711	91.9	109457	45.2
尖草坪区	102139	65761	2836	44119	17834	970	719	588	81.8	48923	39.8
万柏林区	182949	126161	8043	86731	29712	1675	1064	942	88.5	86930	35.5
晋 源 区	56819	40426	2332	19770	16683	1641	842	616	73.2	21396	40.8
古 交 市	66849	42111	1755	21176	15826	3354	384	309	80.5	16033	32.0
清 徐 县	85623	57060	2503	21688	28687	4182	1261	830	65.8	15820	31.8
阳 曲 县	36625	22045	764	10309	9978	994	306	224	73.2	7943	35.3
娄 烦 县	39057	22320	1135	8358	9248	3579	243	181	74.5	5007	28.3

2-7 节育情况

Birth control

单位：例、人、%

指标	采取各种节育手术例数						采取各种节育措施人数									综合节育率
	小计	男性绝育	女性绝育	宫内节育器	人流	取环	小计	男性绝育	女性绝育	宫内节育器	皮下埋植	口服及注射避孕药	避孕套	外用药	其他	
总计	**10220**	**4**	**193**	**8896**	**18**	**1109**	**593231**	**1240**	**71212**	**476699**	**64**	**1347**	**36627**	**1**	**6041**	**81.17**
小店区	3067		99	2185	2	781	113661	156	13305	93249	4	87	4794		2066	78.78
迎泽区	303		5	281	8	9	85215	52	3202	68254	18	193	12587		909	76.36
杏花岭区	502	2	14	473	3	10	82709	75	2103	68743	8	348	9810		1622	83.50
尖草坪区	661		19	581		61	54113	39	6567	44632	4	62	2753		56	82.29
万柏林区	2323	2	48	2267		6	102954	104	9965	90222	9	81	2456	1	116	81.61
晋源区	763		4	615		144	32075	6	5717	24517	15	148	1062		610	79.34
古交市	42			39	1	2	34974	640	7021	26227	4	77	586		419	83.05
清徐县	2372			2318	4	50	51728	15	12506	37258	1	63	1879		6	90.66
阳曲县	139		4	133		2	17754	21	5188	12165	0	47	231		102	80.54
娄烦县	48			4		44	18048	132	5638	11432	1	241	469		135	80.86

2-8 生育情况
Fertility status

单位：人、%

指 标	年内出生人数									
	合 计	政策内出生人数				计划生育率	政策外出生人数			
		小计	一孩	二孩	三孩		小计	一孩	二孩	多孩
总 计	**39557**	**39099**	**21729**	**16895**	**475**	**98.84**	**458**	**18**	**3**	**437**
小 店 区	9244	9172	5331	3742	99	99.22	72	6	2	64
迎 泽 区	5746	5701	3376	2257	68	99.22	45	2		43
杏花岭区	4873	4852	2859	1946	47	99.57	21	4		17
尖草坪区	3360	3342	1786	1499	57	99.46	18	2		16
万柏林区	6321	6315	3519	2725	71	99.91	6	1		5
晋 源 区	2792	2735	1428	1271	36	97.96	57	1		56
古 交 市	1711	1658	830	816	12	96.90	53			53
清 徐 县	3383	3265	1572	1644	49	96.51	118	1		117
阳 曲 县	1211	1179	586	566	27	97.36	32	1		31
娄 烦 县	916	880	442	429	9	96.07	36		1	35

2-9　社会治安情况
Social security production

指　标	单　位	2018	2017
刑事案件立案数	起	28862	30981
刑事案件综合破案数	起	16760	15119
治安案件发现受理数	起	164344	143112
治安案件查处数	起	154085	133267
火灾发生数	起	986	1153
火灾受伤人数	人	3	5
火灾死亡人数	人	8	10
火灾损失折款	万元	618	1234
交通事故发生数	起	1463	798
交通事故受伤人数	人	1509	841
交通事故死亡人数	人	270	216
交通事故损失折款	万元	422	365

2-10　安全生产情况
Safety production

指　标	单　位	2018
生产安全事故发生数	**起**	**80**
1、采矿业	起	1
#煤矿	起	1
2、建筑业	起	13
3、交通运输和仓储业	起	62
4、其他行业	起	4
生产安全事故死亡人数	**人**	**85**
1、采矿业	人	1
#煤矿	人	1
2、建筑业	人	14
3、交通运输和仓储业	人	64
4、其他行业	人	6

第3篇

从业人员和劳动报酬

Emplyment and Wages

资料整理、审核

刘利祯　　卫　洁　　耿　洁　　张劭鹏

3-1 全社会从业人员
Total society employees

单位：万人

指　　标	2005	2009	2010	2014	2015	2016	2017	2018
总　　计	**161.62**	**167.33**	**176.05**	**217.47**	**222.75**	**232.22**	**237.12**	**247.56**
按三次产业分								
第一产业	27.16	24.75	24.25	24.64	25.17	25.04	24.87	24.81
第二产业	53.10	52.75	56.94	67.66	64.92	65.42	65.88	64.42
第三产业	81.36	89.83	94.86	125.17	132.66	141.76	146.37	158.33
按城乡分								
城镇	111.33	118.06	126.92	168.14	173.25	183.48	188.59	200.39
农村	50.29	49.27	49.13	49.33	49.50	48.74	48.53	47.17
按行业分								
农、林、牧、渔业	27.15	24.75	24.25	24.64	25.17	25.04	24.87	24.81
采矿业	7.93	7.92	8.63	10.41	9.94	9.26	9.15	8.61
制造业	32.71	32.00	35.22	31.44	30.00	31.94	32.63	31.50
电力、燃气及水的生产和供应业	1.89	1.67	1.66	2.87	2.85	3.56	3.76	3.78
建筑业	10.57	11.14	11.42	22.93	22.13	20.65	20.34	20.53
交通运输、仓储和邮政业	11.08	12.72	13.26	16.85	16.01	15.70	16.87	16.60
信息传输、计算机服务和软件业	1.44	1.89	2.33	6.78	6.58	6.83	6.48	5.08
批发和零售业	28.83	28.47	31.34	40.95	45.43	50.66	50.91	56.47
住宿和餐饮业	3.45	6.31	6.48	8.53	9.72	11.36	12.88	14.56
金融业	2.08	2.30	2.66	3.34	3.40	3.47	3.42	5.67
房地产业	0.78	0.96	1.05	2.20	2.30	2.45	2.62	3.15
租赁和商务服务业	2.51	2.97	3.33	6.41	7.78	8.33	8.51	9.69
科学研究、技术服务和地质勘查业	3.01	3.55	3.69	5.52	5.94	6.17	6.14	7.39
水利、环境和公共设施管理业	1.27	1.67	1.71	3.03	2.98	3.07	3.11	2.57
居民服务和其他服务业	3.13	4.61	4.89	4.89	5.59	6.65	8.19	8.93
教育	6.77	7.61	7.55	8.19	8.22	8.18	8.32	8.37

3-1 续表

单位：万人

指 标	2005	2009	2010	2014	2015	2016	2017	2018
卫生、社会保障和社会福利业	2.59	3.20	3.31	4.49	4.68	4.86	4.97	5.22
文化、体育和娱乐业	1.51	2.05	1.99	2.64	2.69	2.96	2.99	3.22
公共管理和社会组织	4.97	5.53	5.72	6.36	6.35	6.28	6.35	6.76
其他	7.95	5.98	5.54	4.99	5.00	4.80	4.61	4.65

3-2 城镇非私营单位按国民经济行业分组的单位从业人员

Urban Non private units in the unit of the national economy

指 标	总 计	单位从业人员年末人数（人）		
		国有	城镇集体	其他经济类型
总 计	**1040361**	**316999**	**29123**	**694239**
按企事业机关分组				
企业	784638	69029	23676	691933
事业	200457	193973	5447	1037
机关	53763	53691		72
民间非营利组织	420			420
其他	1083	306		777
按国民经济行业分组				
农、林、牧、渔业	1581	1578	3	
采矿业	84417	2106	12	82299
制造业	194620	4539	7877	182204
电力、热力、燃气及水生产和供应业	34440	6754	33	27653
建筑业	143348	2445	3921	136982
批发和零售业	48792	7803	2443	38546
交通运输、仓储和邮政业	125941	11211	789	113941
住宿和餐饮业	15854	5174	228	10452
信息传输、软件和信息技术服务业	20434	3748	14	16672
金融业	51485	12908	4467	34110
房地产业	14705	1615	178	12912
租赁和商务服务业	26227	9542	1170	15515
科学研究、技术服务业	42650	30995	54	11601

3-2 续表

指 标	总 计	单位从业人员年末人数（人）		
		国有	城镇集体	其他经济类型
水利、环境和公共设施管理业	20520	16060	4123	337
居民服务、修理和其他服务业	3997	845	670	2482
教育	82833	80169	586	2078
卫生和社会工作	46866	40799	2405	3662
文化、体育和娱乐业	14026	11110	138	2778
公共管理、社会保障和社会组织	67625	67598	12	15

注：1.根据国家统计局企业“一套表”制度，本表数据包含了铁路系统驻并单位。

2.从业人员包括在岗职工、劳务派遣人员和其他从业人员。

3-3 城镇非私营单位按国民经济行业分组的单位从业人员劳动报酬

Urban Non private units in the unit of the national economy by the unit of labor remuneration

指 标	总 计	单位从业人员劳动报酬（万元）		
		国有	城镇集体	其他经济类型
总 计	**8228510.2**	**2831299.3**	**136872.7**	**5260338.2**
按企事业机关分组				
企业	6004292.4	642786.5	115022.2	5246483.7
事业	1683691.9	1654248.7	21850.5	7592.7
机关	532130.8	531927.8		203.0
民间非营利组织	2602.9			2602.9
其他	5792.2	2336.3		3455.9
按国民经济行业分组				
农、林、牧、渔业	10351.7	10327.9	23.8	
采矿业	634150.8	20982.7	59.8	613108.3
制造业	1196377.2	17702.3	29016.0	1149658.9
电力、热力、燃气及水生产和供应业	258572.2	84549.6	155.8	173866.8
建筑业	892111.4	14183.3	11748.2	866179.9
批发和零售业	281655.3	55566.3	7644.1	218444.9
交通运输、仓储和邮政业	1443528.3	79311.9	3032.2	1361184.2
住宿和餐饮业	59672.1	23579.6	718.2	35374.3
信息传输、软件和信息技术服务业	194467.9	39880.8	60.8	154526.3
金融业	580215.5	191102.8	51166.7	337946.0
房地产业	109138.4	9973.1	323.0	98842.3

3-3 续表

指 标	总 计	单位从业人员劳动报酬（万元）		
		国有	城镇集体	其他经济类型
租赁和商务服务业	162466.7	53424.7	4152.3	104889.7
科学研究、技术服务业	374484.6	288198.0	367.4	85919.2
水利、环境和公共设施管理业	88429.1	76448.4	10537.1	1443.6
居民服务、修理和其他服务业	17066.3	5762.1	2373.1	8931.1
教育	806345.0	789813.4	3081.5	13450.1
卫生和社会工作	377417.2	344979.2	11760.1	20677.9
文化、体育和娱乐业	106865.4	90504.5	536.4	15824.5
公共管理、社会保障和社会组织	635195.1	635008.7	116.2	70.2

注：根据国家统计局企业“一套表”制度，本表数据包含了铁路系统驻并单位。

3-4 城镇非私营单位按国民经济行业分组的在岗职工(含劳务派遣人员)人数

Workers in the urban non private units grouped according to national industry (including dispatch personnel) number

指 标	总 计	在岗职工年末人数（人）		
		国有	城镇集体	其他经济类型
总 计	**990942**	**305899**	**26781**	**658262**
按企事业机关分组				
企业	744743	67018	21561	656164
事业	191610	185357	5220	1033
机关	53290	53218		72
民间非营利组织	420			420
其他	879	306		573
按国民经济行业分组				
农、林、牧、渔业	1525	1522	3	
采矿业	84201	2034	6	82161
制造业	192261	4292	7332	180637
电力、热力、燃气及水生产和供应业	34076	6490	33	27553
建筑业	135193	2425	2976	129792
批发和零售业	47769	7431	2351	37987
交通运输、仓储和邮政业	124082	10096	714	113272
住宿和餐饮业	12397	5002	228	7167

3-4 续表

指 标	总 计	在岗职工年末人数（人）		
		国有	城镇集体	其他经济类型
信息传输、软件和信息技术服务业	20305	3651	14	16640
金融业	31717	12908	4467	14342
房地产业	13190	1580	178	11432
租赁和商务服务业	24887	8791	903	15193
科学研究、技术服务业	41961	30705	54	11202
水利、环境和公共设施管理业	16720	12435	3952	333
居民服务、修理和其他服务业	3619	795	487	2337
教育	81696	79032	586	2078
卫生和社会工作	45304	39510	2350	3444
文化、体育和娱乐业	13467	10655	135	2677
公共管理、社会保障和社会组织	66572	66545	12	15

注：根据国家统计局企业“一套表”制度，本表数据包含了铁路系统驻并单位。

3-5 城镇非私营单位按国民经济行业分组的在岗职工（含劳务派遣人员）工资总额
Workers in the urban non private units grouped according to national industry (including dispatch personnel) total wages

指 标	总 计	在岗职工工资总额(万元)		
		国有	城镇集体	其他经济类型
总 计	**8042899.8**	**2799959.2**	**130767.0**	**5112173.6**
按企事业机关分组				
企业	5842639.4	634390.2	109309.9	5098939.3
事业	1661276.1	1632234.5	21457.1	7584.5
机关	531201.2	530998.2		203.0
民间非营利组织	2602.9			2602.9
其他	5180.2	2336.3		2843.9
按国民经济行业分组				
农、林、牧、渔业	10329.7	10305.9	23.8	
采 矿 业	633750.9	20853.9	31.2	612865.8
制 造 业	1188613.5	17454.1	26931.7	1144227.7
电力、热力、燃气及水生产和供应业	257837.5	84376.8	155.8	173304.9
建筑业	850888.7	13505.5	9375.3	828007.9

3-5　续表

指　标	总　计	在岗职工工资总额(万元)		
		国有	城镇集体	其他经济类型
批发和零售业	277798.3	54058.9	7487.0	216252.4
交通运输、仓储和邮政业	1432836.7	73961.6	2708.2	1356166.9
住宿和餐饮业	54081.6	23171.0	718.2	30192.4
信息传输、软件和信息技术服务业	194123.6	39635.4	60.8	154427.4
金融业	496738.2	191102.8	51166.7	254468.7
房地产业	105761.5	9902.3	323.0	95536.2
租赁和商务服务业	158234.9	50859.7	3756.9	103618.3
科学研究、技术服务业	371178.4	286859.6	367.4	83951.4
水利、环境和公共设施管理业	81995.1	70281.4	10278.3	1435.4
居民服务、修理和其他服务业	16193.3	5589.2	2026.2	8577.9
教育	803716.3	787184.7	3081.5	13450.1
卫生和社会工作	371445.2	339835.4	11628.9	19980.9
文化、体育和娱乐业	104833.8	88664.8	529.9	15639.1
公共管理、社会保障和社会组织	632542.6	632356.2	116.2	70.2

注：根据国家统计局企业“一套表”制度，本表数据包含了铁路系统驻并单位。

3-6　城镇非私营单位按国民经济行业分组的其他从业人员人数

The number of other employees in the urban non private units by the national economic sectors

指　标	总　计	其他从业人员年末人数(人)		
		国有	城镇集体	其他经济类型
总　计	**49419**	**11100**	**2342**	**35977**
按企事业机关分组				
企业	39895	2011	2115	35769
事业	8847	8616	227	4
机关	473	473		
民间非营利组织				
其他	204			204
按国民经济行业分组				
农、林、牧、渔业	56	56		
采矿业	216	72	6	138
制造业	2359	247	545	1567

3-6 续表

指 标	总 计	其他从业人员年末人数(人)		
		国有	城镇集体	其他经济类型
电力、热力、燃气及水生产和供应业	364	264		100
建筑业	8155	20	945	7190
批发和零售业	1023	372	92	559
交通运输、仓储和邮政业	1859	1115	75	669
住宿和餐饮业	3457	172		3285
信息传输、软件和信息技术服务业	129	97		32
金融业	19768			19768
房地产业	1515	35		1480
租赁和商务服务业	1340	751	267	322
科学研究、技术服务业	689	290		399
水利、环境和公共设施管理业	3800	3625	171	4
居民服务、修理和其他服务业	378	50	183	145
教育	1137	1137		
卫生和社会工作	1562	1289	55	218
文化、体育和娱乐业	559	455	3	101
公共管理、社会保障和社会组织	1053	1053		

注：根据国家统计局企业“一套表”制度，本表数据包含了铁路系统驻并单位。

3-7 城镇非私营单位按国民经济行业分组的其他从业人员工资总额
The total wages of other employees in the urban non private units in the national economy

指 标	总 计	其他从业人员工资总额(万元)		
		国有	城镇集体	其他经济类型
总 计	**185610.4**	**31340.1**	**6105.7**	**148164.6**
按企事业机关分组				
企业	161653.0	8396.3	5712.3	147544.4
事业	22415.8	22014.2	393.4	8.2
机关	929.6	929.6		
民间非营利组织				
其他	612.0			612.0
按国民经济行业分组				
农、林、牧、渔业	22.0	22.0		

3-7 续表

指 标	总 计	其他从业人员工资总额(万元)		
		国有	城镇集体	其他经济类型
采 矿 业	399.9	128.8	28.6	242.5
制 造 业	7763.7	248.2	2084.3	5431.2
电力、热力、燃气及水生产和供应业	734.7	172.8		561.9
建筑业	41222.7	677.8	2372.9	38172.0
批发和零售业	3857.0	1507.4	157.1	2192.5
交通运输、仓储和邮政业	10691.6	5350.3	324.0	5017.3
住宿和餐饮业	5590.5	408.6		5181.9
信息传输、软件和信息技术服务业	344.3	245.4		98.9
金融业	83477.3			83477.3
房地产业	3376.9	70.8		3306.1
租赁和商务服务业	4231.8	2565.0	395.4	1271.4
科学研究、技术服务业	3306.2	1338.4		1967.8
水利、环境和公共设施管理业	6434.0	6167.0	258.8	8.2
居民服务、修理和其他服务业	873.0	172.9	346.9	353.2
教育	2628.7	2628.7		
卫生和社会工作	5972.0	5143.8	131.2	697.0
文化、体育和娱乐业	2031.6	1839.7	6.5	185.4
公共管理、社会保障和社会组织	2652.5	2652.5		

注：根据国家统计局企业“一套表”制度，本表数据包含了铁路系统驻并单位。

3-8 城镇非私营单位按国民经济行业分组的从业人员年平均工资

Average annual wages of employees in non-private urban units grouped according to national economic industries

指 标	总 计	从业人员年平均工资(元)		
		国有单位	城镇集体单位	其他单位
总 计	**78904**	**89320**	**46508**	**43275**
按企事业机关分组				
企业	76181	91882	47850	43357

3-8 续表

指 标	总 计	从业人员年平均工资(元)		
		国有单位	城镇集体单位	其他单位
事业	84346	85629	40524	20500
机关	99271	99366		
民间非营利组织	68318			
其他	53483	76350		30000
按国民经济行业分组				
农、林、牧、渔业	65064	65037	79333	
采矿业	73650	96031	29900	18371
制造业	60157	37402	35933	36184
电力、热力、燃气及水生产和供应业	79475	129044	47212	51550
建筑业	62282	54488	29008	53276
批发和零售业	57359	70578	30503	33940
交通运输、仓储和邮政业	113486	68184	38141	69782
住宿和餐饮业	37135	44845	29678	15223
信息传输、软件和信息技术服务业	94682	106519	43429	23548
金融业	117114	147707	116235	46706
房地产业	72594	60333	18146	21997
租赁和商务服务业	60888	55668	35249	38762
科学研究、技术服务业	89876	93735	68037	50071
水利、环境和公共设施管理业	43164	47531	25820	20500
居民服务、修理和其他服务业	46100	68352	35525	28256
教育	97541	98669	52585	
卫生和社会工作	81286	85292	49103	31972
文化、体育和娱乐业	76311	81440	38870	24395
公共管理、社会保障和社会组织	94278	94288	96833	

注：根据国家统计局企业“一套表”制度，本表数据包含了铁路系统驻并单位。

3-9 城镇非私营单位按国民经济行业分组的在岗职工(含劳务派遣人员)年平均工资

Workers in the urban non private units grouped according to national industry (including dispatch personnel) the average annual wage

指 标	总 计	在岗职工年平均工资(元)		
		国有单位	城镇集体单位	其他单位
总 计	**80827**	**91554**	**48339**	**77200**
按企事业机关分组				
企业	77925	93636	49943	77241
事业	87015	88363	41543	73351
机关	99996	100094		28194
民间非营利组织	68318			68318
其他	58933	76350		49632
按国民经济行业分组				
农、林、牧、渔业	67294	67271	79333	
采 矿 业	73783	98275	52000	73164
制 造 业	60464	38821	35818	61995
电力、热力、燃气及水生产和供应业	79767	130817	47212	67066
建筑业	63048	54878	30469	63978
批发和零售业	57966	72748	31015	56790
交通运输、仓储和邮政业	114409	70675	37614	118907
住宿和餐饮业	43286	45549	29678	42139
信息传输、软件和信息技术服务业	95159	108679	43429	92256
金融业	156848	147707	116235	177578
房地产业	78365	61201	18146	81655
租赁和商务服务业	62462	57586	40792	66507
科学研究、技术服务业	90536	94145	68037	80152
水利、环境和公共设施管理业	49140	56415	26287	45138
居民服务、修理和其他服务业	48425	70482	41777	41519
教育	98578	99756	52585	66126
卫生和社会工作	82727	86719	49675	59273
文化、体育和娱乐业	77874	83253	39252	58420
公共管理、社会保障和社会组织	95400	95411	96833	46800

注：根据国家统计局企业“一套表”制度，本表数据包含了铁路系统驻并单位。

3-10 城镇私营单位按国民经济行业分组的从业人员年平均工资
Average annual wages of employees in urban and private units grouped according to the National Economic industry

指　标	从业人员年平均工资 (元)
总　计	**38718**
按国民经济行业分组	
农、林、牧、渔业	28695
采矿业	49415
制造业	38012
电力、热力、燃气及水生产和供应业	38413
建筑业	43307
批发和零售业	31293
交通运输、仓储和邮政业	54385
住宿和餐饮业	33991
信息传输、软件和信息技术服务业	42416
金融业	58464
房地产业	45620
租赁和商务服务业	37890
科学研究、技术服务业	39382
水利、环境和公共设施管理业	31411
居民服务、修理和其他服务业	31577
教育	35793
卫生和社会工作	51983
文化、体育和娱乐业	37701
公共管理、社会保障和社会组织	

3-11 基本养老保险情况
Basic endowment insurance

单位：人

指 标	参保职工	缴费人员	离休、退休、退职人员	实发养老金金额(万元)
总 计	**928387**	**868514**	**414606**	**1616058**
企业	778728	730282	379082	1506542
1.国有企业	334497	313999	273166	1136278
2.集体企业	63170	53636	82688	282255
3.其他企业	327446	311062	22278	83854
4.港澳台及外资企业	53615	51585	950	4155
其他	149659	138232	35524	109516

注：数据来源于市社保中心。

3-12 城镇失业人员情况
Urban unemployment

单位：人

指 标	2018	2017
期末失业人数	51429	50888
上期结转的失业人数	50888	49210
本期新登记的失业人数	45826	27312
# 本期由就业转失业人数	11622	7137
本期失业人员就业人数	45285	13916

注：数据来源于市人社局。

第4篇

固定资产投资、建筑业

Investment in Fixed Assets and Construction

资料整理、审核

苏人龙　　米俊峰　　王　敏　　陆慧敏

苏雯婷　　李　珊

4-1 固定资产投资增速
Scale of Fixed asset investment

单位：%

指　标	比上年增长(%)
总　计	**26.2**
按投资类型分	
投资项目完成投资	41.0
房地产开发项目完成投资	11.2
按隶属关系分	
中央项目	-3.7
省属项目	36.6
市属项目	42.3
县（市、区）项目	64.2
其他	13.6

注:2017 年国家统计局确定山西为投资改革试点省份,固定资产投资额的统计方法由原来的以形象进度法为主改为以财务支出法为主。

4-2 施工及竣工房屋建筑面积
Floor area of the buildings Construction and completed

单位：平方米

指　标	全年施工房屋面积	#住宅	全年竣工房屋面积	#住宅
总　计	**64703454**	**44578685**	**4064832**	**2986015**
按投资类型分				
投资项目	2846118	160417	228710	42040
房地产开发项目	61857336	44418268	3836122	2943975

4-3 固定资产投资额增速
Investment in fixed asset

单位：%

指 标	本年完成投资额增速	本年新增固定资产增速
总 计	**26.2**	**19.9**
#住宅	-88.1	
按登记注册类型分		
内资	27.2	22.4
国有	46.5	198.5
集体	621.0	
国有独资	25.2	-25.1
其他有限责任公司	32.9	56.0
股份有限公司	25.3	32.3
其他	-94.4	-95.8
港澳台商投资	-2.2	-52.3
#合资经营	4.8	-57.1
独资经营	-6.7	-11.9
外商投资	-36.4	2821.5
合资经营	125.0	
外资企业	-56.1	2078.7
个体经营	-37.2	-100.0
按隶属关系分		
中央项目	-3.7	-28.1
地方项目	28.4	28.6
省属	36.6	366.9
市属	42.3	28.6
县（市、区）属	64.2	29.0
其他	13.6	-27.0
按建设性质分		
#新建	57.5	43.3
扩建（改建）	74.3	-46.2
改建和技术改造	-38.0	-40.9
按构成分		
建筑工程	23.8	
设备工器具购置	53.0	
其他费用	24.7	
按国民经济部门（行业）分		
农、林、牧、渔业	3.7	-86.1
采矿业	-16.8	21.1
制造业	138.0	875.7
电力、热力、燃气及水的生产和供应业	5.3	56.4
建筑业	-81.5	-60.1
批发和零售业	-60.4	-48.0
交通运输、仓储和邮政业	193.7	54.2
住宿和餐饮业	-62.4	-100.0
信息传输、软件和信息技术服务业	3.1	7.2
金融业	-100.0	-100.0
房地产业	9.8	-41.8
租赁和商务服务业	52.3	-100.0
科学研究和技术服务业	25.1	104.4
水利、环境和公共设施管理业	35.5	-16.4
居民服务和其他服务业	424.9	-100.0
教育	91.1	332.4
卫生和社会工作	106.6	158.9
文化、体育和娱乐业	139.9	-53.2
公共管理和社会组织	-34.3	-81.1

4-4 固定资产投资资金来源情况
Source of funds for fixed asset investment

单位：万元

指标	投资项目	房地产开发项目
一、本年资金来源合计	**4118484**	**8745331**
1.上年末结余资金	596630	303869
2.本年资金来源小计	3521854	8441462
国内贷款	522519	817455
自筹资金	1843839	1930211
其他资金	1155496	5693796
二、本年各项应付款合计	**3159721**	**1241815**
#工程款	1613036	619567

4-5 房地产开发投资完成情况
Investment in real estate development

单位：万元

指标	单位	合计		按经济类型分		
			#住宅	国有	集体	其他
房地产开发投资	万元	5317602	3992414	1605352	15155	3697095
本年新增固定资产	万元	1635454		138688		1496766
施工面积	平方米	61857336	44418268	18683561	419108	42754667
竣工面积	平方米	3836122	2943975	412494		3423628
商品房屋销售面积	平方米	8425348	7743283	1625729	27076	6772543
商品房销售额	万元	9302496	8380015	1687537	33079	7581880

4-6 房地产开发资金来源情况
The source of funds for Real estate development

单位：万元

指标	合计	按经济类型分		
		国有	集体	其他
一、本年资金来源合计	**11480158**	**3283150**	**108831**	**8088177**
1.年末结余资金	3038696	1109843	63999	1864854
2.本年资金来源小计	8441462	2173307	44832	6223323
国内贷款	817455	598169		219286
自筹资金	1930211	511582		1418629
定金及预收款	3270799	693541	20748	2556510
个人按揭贷款	2060024	115592	24084	1920348
其他资金来源	362973	254423		108550
二、本年各项应付款	**1241815**	**621341**		**620474**
#工程款	619567	211798		407769

4-7 房地产开发单位生产和经营情况

Production and management of real estate development unit

单位：万元

指 标	总 计	按经济类型分		
		国有	集体	其他
一、实收资本合计	**6377386**	**2254719**	**9836**	**4112832**
二、年末资产负债情况				
资产总计	69831198	24117937	244910	45468351
固定资产累计折旧	262917	34853	1357	226707
# 本年折旧	58967	7044	183	51740
负债总计	60065994	18842396	155937	41067661
所有者权益合计	9765204	5275541	88973	4400690
三、损益及分配				
1.营业收入总计	6107986	2216526	8408	3883052
# 主营业务收入	4504459	1449262	8408	3046788
(1) 土地转让收入	547822	45392		502430
(2) 商品房屋销售收入	3738763	1253854	6427	2478482
(3) 自持物业收入	62256	20265	309	41682
# 房屋出租收入	50837	13563	309	36965
(4) 其他收入	155618	129751	1672	24195
2.营业成本	4516865	1781918	6139	2728808
# 主营业务成本	3310262	1015250	4671	2290341
3.营业税金及附加	367749	103121	253	264376
# 主营业务税金及附加	244503	69977	253	174273
4.其他业务利润	28179	7971		20209
5.销售费用	365040	42382	1076	321583
6.管理费及财务费用	552379	103479	933	447968
7.投资收益及营业外收入	63918	37432	28	26457
8.营业外支出	24073	3435	0	20638
9.利润总额	291697	247011	37	44649

4-8 房地产开发商品房销售与出租情况

Real estate development of commercial housing sales and rental

单位：平方米

指 标	实际销售	待售	出租	实际销售额(万元)
房屋面积	**8425348**	**1029274**	**6593**	**9302496**
1.住宅	7743283	635947		8380015
# 别墅、高档公寓	490489	55696		626625
2.办公楼	245590	87725		274923
3.商业营业用房	266520	216796	6593	494641
4.其他	169955	88806		152917

4-9 房地产开发施工、竣工面积及竣工价值

Floor space and value of buildings under construction and completed in real estate development

单位：平方米

指 标	施工面积	# 新开工	竣工面积	竣工房屋价值(万元)
房屋建筑面积	**61857336**	**12565404**	**3836122**	**1247182**
按用途分				
1.住宅	44418268	8530715	2943975	975758
# 别墅、高档公寓	1113561	296600	32493	14731
2.办公楼	3204092	325081	87873	26358
3.商业营业用房	5556852	935485	408849	132157
4.其它	8678124	1774123	395425	112909

4-10 建筑业主要经济指标

Major economic indicators of construction enterprises

指 标	单 位	2018	2017
施工单位	个数	1403	1349
施工产值	万元	28992769	25304036
# 建筑工程	万元	25345849	22473245
安装工程	万元	3037086	2389825
竣工产值	万元	9925293	8915859
房屋建筑施工面积	平方米	109958151	107732548
房屋建筑竣工面积	平方米	19457059	18824293
计算建筑业劳动生产率平均人数	人	723088	661891
从业人员期末人数	人	482826	478382
应付职工薪酬	万元		1454661
劳动生产率			
按施工产值计算	元/人	400958	382299
按房屋建筑竣工面积计算	平方米/人	26.9	28.4
资产合计	万元	42084986	38568218
负债合计	万元	32908778	30957790
所有者权益	万元	9176208	7610428
实收资本合计	万元	5948467	5413364
# 国家资本	万元	2246211	2333452
利润总额	万元	606836	760219
亏损企业个数	个	357	345
亏损企业亏损额	万元	70504	58805
利税总额	万元	1241343	131610

4-11 建筑施工企业生产完成情况
Completed production of construction enterprises

指　标	单位	总计	按经济类型分			按隶属关系分		
			国有	集体	其他	中央	省属	市属
企业个数	个	1295	137	20	1138	36	99	1160
建筑业总产值	万元	27658646	19006654	96697	8555295	11640227	7310404	8708015
1.建筑工程	万元	24011726	17180871	74309	6756546	10812000	6319775	6879951
2.安装工程	万元	3037086	1552204	16266	1468616	741175	865579	1430332
3.其它	万元	609834	273580	6122	330132	87052	125050	397732
竣工产值	万元	8591170	5046345	34490	3510335	2242642	2814984	3533544
房屋建筑施工面积	平方米	109958151	79459811	35737	30462603	39554857	42454652	27948642
#本年新开工面积	平方米	33771403	21830735	35737	11904931	12483799	11636873	9650731
房屋建筑竣工面积	平方米	19457059	12157235	11800	7288024	4441788	8101402	6913869
自有机械设备净值	万元	862098	679796	3829	178473	589893	76085	196120
自有机械设备年末总台数	台	91699	59156	679	31864	35921	21964	33814
自有机械设备年末总功率	千瓦	4803601	3986088	8751	808762	3142894	620721	1039986

4-12 建筑业财务状况
Financial situation of construction Enterprises

指　标	单位	总计	按经济类型分			按隶属关系分		
			国有	集体	其他	中央	省属	市属
一、年末资产负债								
流动资产合计	万元	32404066	25938018	124794	6341254	16299764	9519805	6584497
#应收工程款	万元	11656660	8446919	38109	3171632	5474341	3039760	3142559
#存货	万元	3315249	2416230	21508	877511	1070001	1362492	882756
固定资产合计	万元	1406	1228		178	469	504	433
固定资产减值准备		4453154	3666890	21370	764894	2791055	888753	773346
固定资产原价	万元	2371170	1999020	9521	362629	1750396	238566	382208
累计折旧	万元	445616	392171	1641	51804	363020	30284	52312
#本年折旧	万元	2075738	1662051	11849	401838	1034799	650227	390712
在建工程	万元	339687	277345	647	61695	43634	160927	135126
资产合计	万元	41780527	34386074	149383	7245070	20209040	14015389	7556098
流动负债合计	万元	29823594	25565704	119082	4138808	16162217	9366767	4294610

4-12 续表

指　标	单位	总计	按经济类型分			按隶属关系分		
			国有	集体	其他	中央	省属	市属
# 应付账款	万元	14647440	12109319	45564	2492557	8397946	3722963	2526531
非流动负债合计	万元	2683997	2578861	15	105121	270409	2266273	147315
负债合计	万元	32660645	28243603	120352	4296690	16530660	11634641	4495344
所有者权益合计	万元	9120052	6142471	29031	2948550	3678379	2380748	3060925
实收资本	万元	5904489	3600981	25313	2278195	2103852	1477160	2323477
国家资本	万元	2246211	2239008	303	6900	1147108	1035981	63122
集体资本	万元	72175	17427	24604	30144	8105	44904	19166
法人资本	万元	2103143	1245965	406	856772	948639	289236	865268
个人资本	万元	1482859	98482		1384377		106940	1375919
港澳台资本	万元	101	100		1		100	1
外商资本	万元	1			1			1
二、损益及分配								
营业收入	万元	28302896	19990781	111709	8200406	12851801	7035869	8415226
# 主营业务收入	万元	27950601	19836322	105704	8008575	12790311	6935075	8225215
营业成本	万元	26192321	18426445	100783	7665093	12006673	6359333	7826315
# 主营业务成本	万元	25876479	18304244	96187	7476048	11957774	6282405	7636300
营业税金及附加	万元	102962	55818	1273	45871	28255	28237	46470
# 主营业务税金及附加	万元	99437	53953	1196	44288	27345	27267	44825
其他业务利润	万元	31129	22458	991	7680	6597	19197	5335
销售费用	万元	33794	6072	799	26923	3951	2266	27577
管理费用	万元	1177684	865933	6092	305659	423503	420844	333337
财务费用	万元	185439	168667	11	16761	42783	124135	18521
# 利息收入	万元	129284	125938	1488	1858	78060	49603	1621
# 利息支出	万元	282278	272721	16	9541	111851	159873	10554
营业利润	万元	611256	469921	2964	138371	334949	125508	150799
营业外收入	万元	20130	17135	164	2831	8405	7318	4407
营业外支出	万元	35561	33192	53	2316	28712	4350	2499
利润总额	万元	595623	453928	3075	138620	314641	128540	152442
应交所得税	万元	72306	41450	664	30192	27191	13175	31940
三、人工成本及增值税								
应付职工薪酬	万元	1687289	1266422	15518	405349	880456	378466	428367
应交增值税		485221	267247	2896	215078	89783	170103	225335
四、亏损企业个数	**个**	**340**	**22**	**5**	**313**	**2**	**20**	**318**
五、亏损额	**万元**	**70247**	**39608**	**255**	**30384**	**29240**	**11283**	**29724**

4-13 劳务分包建筑企业生产经营情况

The production and operation situation of labor subcontracting construction enterprises

单位：万元

指 标	总 计	按经济类型分			按隶属关系分		
		国有	集体	其他	中央	省属	市属
一、产值完成情况							
建筑业总产值	1334123	539634	284	794205	284	437579	896260
二、年末资产负债							
固定资产原价	11780	1018	50	10712	50	1058	10672
本年折旧	2053	277	1	1775	1	276	1776
资产总计	304459	71930	211	232318	211	39547	264701
负债合计	248133	66458	144	181531	144	34452	213537
实收资本	43977	4568	67	39342	67	4368	39542
三、损益及分配							
营业收入	1523296	707511	284	815501	284	605456	917556
#主营业务收入	1523089	707308	284	815497	284	605253	917552
营业成本	1499630	701428	206	797996	206	600537	898887
#主营业务成本	1495233	698353	206	796674	206	597462	897565
营业税金及附加	6993	2898	1	4094	1	2115	4877
#主营业务税金及附加	6331	2898	1	3432	1	2115	4215
销售费用	210			210			210
管理费用	10734	2187	82	8465	82	2004	8648
财务费用	509	389		120		390	119
营业利润	11404	1453	-5	9956	-5	1253	10156
利润总额	11213	1424		9789		1225	9988
三、人工成本及增值税							
应付职工薪酬	87784	1057	38	86689	38	1020	86726
应交增值税	43519	21852		21667		18789	24730

第5篇

能源消费与库存

Energy Consumption and Inventory

资料整理、审核

李　晶　　郭　波　　侯媛媛　　闫潇宁

5-1 一、二次能源生产量及构成

Production and composition of primary and secondary energy

指　标	2018	2017
一次能源产量(万吨标准煤)	**2389.88**	**2026.55**
主要能源品种占一次能源产量(%)		
原煤	100.0	100.0
二次能源产量(万吨标准煤)	**4066.30**	**3736.81**
主要能源品种占二次能源产量(%)		
火电	8.1	8.5
洗精煤	37.9	38.5
焦炭	27.5	27.4

5-2 煤炭、石油制品及焦碳消费量

Coal, petroleum products and coke consumption

单位：万吨

指　标	2018	2017
煤炭	**6440.79**	**5572.40**
#工业生产消费	6440.03	5570.88
#发电	881.09	778.95
炼焦	1517.89	1396.23
#非工业生产消费	0.76	1.51
工业石油制品(标准煤)	**11.2**	**9.59**
焦炭	**421.05**	**382.20**
工业生产	421.05	382.20

5-3　全社会用电量

Total social electricity consumption

单位：万千瓦时

指　标	2018	2017
全社会用电量总计（包含省返线损、省调厂用电）	**2915041.25**	**2705499.79**
省返线损	123418.64	129939.65
省调厂用电	228287.76	216620.00
全社会实用电总计	**2630404.15**	**2418027.51**
A.全行业用电合计	2227343.91	2053888.02
第一产业	10338.38	8852.36
第二产业	1687128.61	1556364.94
第三产业	529876.91	488670.73
B.城乡居民用电合计	403060.24	364139.48
城镇居民	354052.94	322415.93
乡村居民	49007.31	41723.55
全行业用电分类	**2227343.91**	**2053888.02**
一、农、林、牧、渔业	**22480.51**	**20699.98**
1.农业	6594.03	5397.30
2.林业	1193.95	1032.23
3.畜牧业	2424.23	2283.69
4.渔业	126.17	139.14
5.农、林、牧、渔专业及辅助性活动	12142.13	11847.62
其中：排灌	11821.47	11547.37
二、工业	**1632390.49**	**1514463.27**
(一)采矿业	243072.76	198755.89
1.煤炭开采和洗选业	192569.38	155466.53
2.石油和天然气开采业	39.17	212.44
3.黑色金属矿采选业	43724.23	39606.15
4.有色金属矿采选业	414.65	375.01
5.非金属矿采选业	2434.55	1655.13
6.其他采矿业	3890.77	1440.62
(二)制造业	1230075.80	1160672.10
1.农副食品加工业	4354.59	4567.90
2.食品制造业	8676.43	12718.54
3.酒、饮料及精制茶制造业	3270.67	300.31
4.烟草制品业	2024.17	21.93
5.纺织业	2460.88	2428.49

5-3 续表 1

单位：万千瓦时

指 标	2018	2017
6.纺织服装、服饰业	193.21	187.76
7.皮革、毛皮、羽毛及其制品和制鞋业	23.38	20.51
8.木材加工和木、竹、藤、棕、草制品业	697.05	1111.20
9.家具制造业	1221.70	636.80
10.造纸和纸制品业	2575.15	3123.14
11.印刷和记录媒介复制业	1965.84	1740.17
12.文教、工美、体育和娱乐用品制造业	167.51	127.82
其中：体育用品制造	61.55	55.25
13.石油、煤炭及其他燃料加工业	62581.35	57954.25
其中：煤化工	59030.05	32253.23
14.化学原料和化学制品制造业	67053.06	42103.00
其中：氯碱	0.81	0.75
电石		0.27
黄磷		
肥料制造	43.07	63.13
15.医药制造业	2794.71	2597.97
其中：中成药生产	208.43	97.05
生物药品制品制造	139.48	31.49
16.化学纤维制造业	220.51	197.95
17.橡胶和塑料制品业	8281.16	7791.15
其中：橡胶制品业	5708.93	5273.73
塑料制品业	2572.23	2517.41
18.非金属矿物制品业	60595.70	51607.06
其中：水泥制造	46256.60	32866.96
玻璃制造	50.27	14.44
陶瓷制品制造	948.40	259.32
碳化硅	93.71	27.10
19.黑色金属冶炼和压延加工业	729395.08	699661.29
其中：钢铁	729327.08	699511.67
铁合金冶炼	68.00	149.62
20.有色金属冶炼和压延加工业	99458.38	118829.91
其中：铝冶炼	90864.23	109483.60
铅锌冶炼		2.00
稀有稀土金属冶炼	1161.10	398.01
21.金属制品业	36808.69	27806.51
其中：结构性金属制品制造	8644.76	5313.83

5-3 续表 2

指 标	2018	2017
22.通用设备制造业	28383.32	44296.81
其中：风能原动设备制造		55.84
23.专用设备制造业	16667.53	1226.11
其中：医疗仪器设备及器械制造	20.71	5.38
24.汽车制造业	746.93	68.89
其中：新能源车整车制造	70.42	33.98
25.铁路.船舶.航空航天和其他运输设备制造业	13231.78	68228.14
其中：铁路运输设备制造	11228.03	8174.30
城市轨道交通设备制造	0.58	3.22
航空、航天器及设备制造	0.83	
26.电气机械和器材制造业	4202.14	996.49
其中：光伏设备及元器件制造		21.14
27.计算机、通信和其他电子设备制造业	60675.05	504.29
其中：计算机制造	11.69	0.07
通信设备制造	**3.83**	**2.57**
28.仪器仪表制造业	206.45	6.98
29.其他制造业	2636.76	2326.25
30.废弃资源综合利用业	6948.12	6517.86
31.金属制品、机械和设备修理业	1558.51	966.61
(一)电力、热力、燃气及水生产和供应业	159241.93	155035.28
1.电力、热力生产和供应业	119959.73	117311.44
其中：电厂生产全部耗用电量	19245.09	18499.46
线路损失电量	79064.74	82753.89
抽水蓄能抽水耗用电量		
2.燃气生产和供应业	11624.88	12618.98
3.水的生产和供应业	27657.32	25104.85
三、建筑业	**56296.63**	**42868.29**
1.房屋建筑业	35895.37	34644.65
2.土木工程建筑业	5924.68	2255.88
3.建筑安装业	4335.12	1610.74
4.建筑装饰、装修和其他建筑业	10141.46	4357.01
四、交通运输、仓储和邮政业	**96710.88**	**99351.01**
1.铁路运输业	35225.02	20676.26
其中：电气化铁路	15697.64	10483.03

5-3 续表 3

指 标	2018	2017
2.道路运输业	4333.84	3338.26
其中：城市公共交通运输	892.49	202.50
3.水上运输业		0.44
其中：港口岸电		
4.航空运输业	3257.28	20.29
5.管道运输业	32858.91	41471.48
6.多式联运和运输代理业	378.36	196.17
7.装卸搬运和仓储业	18699.73	31575.47
8.邮政业	1957.73	2072.65
五、信息传输、软件和信息技术服务业	**29938.46**	**25460.09**
1.电信、广播电视和卫星传输服务	20496.81	22923.76
2.互联网和相关服务	6650.66	738.34
其中：互联网数据服务	568.05	8.19
3.软件和信息技术服务业	2791.00	1797.99
六、批发和零售业	**122308.82**	**87231.68**
其中：充换电服务业	18954.46	480.53
七、住宿和餐饮业	**35457.08**	**31223.51**
八、金融业	**6853.70**	**7499.34**
九、房地产业	**30794.18**	**28935.09**
十、租赁和商务服务业	**34004.43**	**65113.96**
其中：租赁业	261.26	640.80
十一、公共服务及管理组织	**160108.73**	**131041.81**
1.科学研究和技术服务业	10547.93	9089.54
其中：地质勘查	510.70	463.80
其中：科技推广和应用服务业	1995.64	35.25
2.水利、环境和公共设施管理业	26204.14	23569.00
其中：水利管理业	4339.70	3801.68
其中：公共照明	10962.03	8258.77
3.居民服务、修理和其他服务业	19576.17	5485.93
4.教育、文化、体育和娱乐业	49001.82	42965.79
其中：教育	33568.02	31715.35
5.卫生和社会工作	21672.65	20558.65
6.公共管理和社会组织、国际组织	33106.01	29372.89
补充指标		
开采专业及辅助性活动	3890.77	1440.62

5-4 规模以上工业企业
Energy purchasing, consumption and inventory

指 标	单 位	年初库存量	购进量	
				#购自省外
原煤	吨	732927.71	20406878.95	1450357.81
1.无烟煤	吨	440.54	57844.21	57844.21
2.炼焦烟煤	吨	93071.55	6520788.07	223942.28
3.一般烟煤	吨	639415.62	13815453.67	1168571.32
4.褐煤	吨		12793.00	
洗精煤（用于炼焦）	吨	656439.37	12954349.40	
其他洗煤	吨		5583717.23	
煤制品	吨		16.00	
焦炭	吨	39652.81	1090170.50	9972.00
其他焦化产品	吨	15638.99	260509.95	
焦炉煤气	万立方米		49693.75	
高炉煤气	万立方米			
转炉煤气	万立方米			
天然气	万立方米	180.43	115905.97	
液化天然气	吨	64.17	1120.08	
煤层气	万立方米			
汽油	吨	158.75	6649.58	52.12
煤油	吨	346.08	2778.12	
柴油	吨	2667.57	61314.90	591.35
燃料油	吨	482.24	1715.26	
液化石油气	吨		2.00	
润滑油	吨	1.02	27.98	
石蜡	吨	48.27	2237.38	2237.38
石油沥青	吨		5225.01	
其他石油制品	吨	299.00	5855.66	
热力	百万千焦		5412915.02	
电力	万千瓦时		1005397.12	
煤矸石（用于燃料）	吨			
生物燃料	吨标准煤		93.30	
余热余压	百万千焦		239393.55	
其他燃料	吨标准煤		623.62	
能源合计	吨标准煤			

能源购进、消费与库存情况
of Industrial Enterprises above Designated Size

合计	消费量				期末库存量
	1.工业生产消费	用于原材料	2.非工业生产消费	合计中：运输工具消费	
43480006.15	43472395.47	643540.66	7610.68		850048.34
57486.54	57486.54	57486.54			798.21
27608968.09	27608968.09				114974.36
15800758.52	15793147.84	586054.12	7610.68		734275.77
12793.00	12793.00				
15178871.09	15178871.09				624847.01
5749049.29	5749049.29				
16.00	16.00				
4210451.72	4210451.72				79746.59
261571.52	261571.52				14577.42
262151.88	261287.96		863.92		
1513858.40	1513858.40				
88638.00	88638.00				
124366.80	123630.42		736.38	65.30	75.47
1119.58	733.76		385.82	470.94	0.50
6691.23	2915.78	252.67	3775.45	5217.91	56.14
3076.58	3066.53	0.93	10.05		47.62
61654.16	58227.94	1798.68	3426.22	33627.06	2317.98
1649.66	1649.66	219.09			547.84
2.00			2.00		
26.84	26.84	2.00			2.16
2205.86	2205.86	2205.86			79.79
5179.68	5179.68	5179.68			45.33
5561.97	5561.97	5532.11			592.69
23955791.52	22606526.61		1349264.91		
1742099.97	1727181.56		14918.41	141.88	
270443.27	270443.27				
93.30	93.30				
14791992.45	14791992.45				
623.62	495.62		128.00		
61348538.41	61254346.66		94191.75		

5-5 规模以上工业企业能源加工转换投入产出情况

Energy conversion and output of Industrial Enterprises above Designated Size

指标	单位	工业生产消费量	加工转换投入合计	火力发电	供热.	原煤入洗	炼焦	制气	能源加工转换产出	回收利用
原煤	吨	41592912.65	39649366.15	4590547.36	1691520.24	33367298.55				
1.无烟煤	吨									
2.炼焦烟煤	吨	27608968.09	27602669.09			27602669.09				
3.一般烟煤	吨	13971151.56	12033904.06	4590547.36	1691520.24	5751836.46				
4.褐煤	吨	12793.00	12793.00			12793.00				
洗精煤（用于炼焦）	吨	15178871.09	15178871.09				15178871.09		16041308.06	
其他洗煤	吨	5749049.29	5541828.06	4220326.54	1321501.52				10211034.34	
煤制品	吨									
焦炭	吨	4197084.60							11504630.18	
其他焦化产品	吨	261571.52							449515.55	
焦炉煤气	万立方米	245794.29	27455.00	5629.00	4164.00			17662.00	304568.51	
高炉煤气	万立方米	1513858.40	429557.00	329105.00	100452.00					1582809.00
转炉煤气	万立方米	88638.00	16373.00	8717.00	7656.00					88638.00
天然气	万立方米	113200.29	100256.95	66973.31	33283.64				8183.00	
煤层气	万立方米									
汽油	吨	1280.32								
煤油	吨	3020.92								
柴油	吨	27297.94								
燃料油	吨	1415.07	1415.07	1243.19	171.88					
其他石油制品	吨	10.56								
热力	百万千焦	21264896.13							64388220.71	
电力	万千瓦时	1363977.74							2681413.51	
煤矸石（用于燃料）	吨	270443.27	270443.27	190554.03	79889.24				270443.27	
余热余压	百万千焦	14791992.45	14732639.45	14732639.45						28311670.42
能源合计	吨标准煤	59111596.51	47914064.24	7395111.25	2531417.72	23688681.08	14194146.79	104707.40	40662957.80	2937794.29

5-6 规模以上工业企业主要能源按工业行业分组消费量(一)
Above scale industrial enterprises, the main energy consumption in the industrial sectors(1)

指　标	原煤(吨)	无烟煤(吨)	炼焦烟煤(吨)	一般烟煤(吨)	褐煤(吨)
规模以上工业企业	**43480006**	**57487**	**27608968**	**15800759**	**12793**
B.采矿业	31477127		25745325	5719009	12793
06.煤炭开采和洗选业	31477127		25745325	5719009	12793
07.石油和天然气开采业					
08.黑色金属矿采选业					
C.制造业	7808714	57487	1863643	5887584	
13.农副食品加工业	1225			1225	
14.食品制造业	126			126	
15.酒、饮料及精制茶制造业					
16.烟草制品业					
17.纺织业					
18.纺织服装、服饰业					
21.家具制造业					
22.造纸和纸制品业					
23.印刷和记录媒介复制业					
24.文教、工美、体育和娱乐用品制造业					
25.石油、煤炭及其他燃料加工业	2122255		1863643	258611	
26.化学原料和化学制品制造业	450			450	
27.医药制造业					
29.橡胶和塑料制品业					
30.非金属矿物制品业	543739			543739	
31.黑色金属冶炼和压延加工业	3420687			3420687	
32.有色金属冶炼和压延加工业					
33.金属制品业	70007	57487		12520	
34.通用设备制造业					
35.专用设备制造业					
36.汽车制造业					
37.铁路、船舶、航空航天和其他运输设备制造业					
38.电气机械和器材制造业					
39.计算机、通信和其他电子设备制造业					
40.仪器仪表制造业					
41.其他制造业	1650226			1650226	
42.废弃资源综合利用业					
43.金属制品、机械和设备修理业					
D.电力、热力、燃气及水生产和供应业	4194165			4194165	
44.电力、热力生产和供应业	4194165			4194165	
45.燃气生产和供应业					
46.水的生产和供应业					
46.水的生产和供应业					

5-6　规模以上工业企业主要能源按工业行业分组消费量(二)

Above scale industrial enterprises, the main energy consumption in the industrial sectors(2)

指　　标	洗精煤(用于炼焦)(吨)	其它洗煤(吨)	煤制品(吨)	焦炭(吨)	其它焦化产品(吨)
规模以上工业企业	**15178871**	**5749049**	**16**	**4210452**	**261572**
B.采矿业	1129150	165332			
06.煤炭开采和洗选业	1129150	165332			
07.石油和天然气开采业					
08.黑色金属矿采选业					
C.制造业	14049721	207221	16	4210452	261572
13.农副食品加工业					
14.食品制造业			16	698	
15.酒、饮料及精制茶制造业					
16.烟草制品业					
17.纺织业					
18.纺织服装、服饰业					
21.家具制造业					
22.造纸和纸制品业					
23.印刷和记录媒介复制业					
24.文教、工美、体育和娱乐用品制造业					
25.石油、煤炭及其他燃料加工业	10043192				
26.化学原料和化学制品制造业					261572
27.医药制造业					
29.橡胶和塑料制品业					
30.非金属矿物制品业					
31.黑色金属冶炼和压延加工业	4006529	207221		4197085	
32.有色金属冶炼和压延加工业					
33.金属制品业				12653	
34.通用设备制造业					
35.专用设备制造业				15	
36.汽车制造业					
37.铁路、船舶、航空航天和其他运输设备制造业					
38.电气机械和器材制造业					
39.计算机、通信和其他电子设备制造业					
40.仪器仪表制造业					
41.其他制造业					
42.废弃资源综合利用业					
43.金属制品、机械和设备修理业					
D.电力、热力、燃气及水生产和供应业		5376496			
44.电力、热力生产和供应业		5376496			
45.燃气生产和供应业					
46.水的生产和供应业					
46.水的生产和供应业					

5-6 规模以上工业企业主要能源按工业行业分组消费量(三)

Above scale industrial enterprises, the main energy consumption in the industrial sectors(3)

指 标	焦炉煤气(万立方米)	高炉煤气(万立方米)	转炉煤气(万立方米)	天然气(万立方米)	液化天然气(吨)
规模以上工业企业	**262152**	**1513858**	**88638**	**124367**	**1120**
B.采矿业	17662			9695	
06.煤炭开采和洗选业	17662			9695	
07.石油和天然气开采业					
08.黑色金属矿采选业					
C.制造业	240127	1513858	88638	21517	1120
13.农副食品加工业				288	
14.食品制造业	16			1283	
15.酒、饮料及精制茶制造业	52			53	
16.烟草制品业				326	
17.纺织业					
18.纺织服装、服饰业					
21.家具制造业				8	
22.造纸和纸制品业	1113			47	282
23.印刷和记录媒介复制业				13	
24.文教、工美、体育和娱乐用品制造业					
25.石油、煤炭及其他燃料加工业	96316				
26.化学原料和化学制品制造业	3857			27	360
27.医药制造业				159	
29.橡胶和塑料制品业	1712			354	
30.非金属矿物制品业	2050			469	458
31.黑色金属冶炼和压延加工业	124252	1513858	88638	12370	
32.有色金属冶炼和压延加工业	2804			309	
33.金属制品业	6			618	
34.通用设备制造业	133			248	16
35.专用设备制造业	6021			698	
36.汽车制造业	53			134	
37.铁路、船舶、航空航天和其他运输设备制造业	1562			2318	
38.电气机械和器材制造业				30	3
39.计算机、通信和其他电子设备制造业	179			393	
40.仪器仪表制造业				40	
41.其他制造业				1272	
42.废弃资源综合利用业				60	
43.金属制品、机械和设备修理业					
D.电力、热力、燃气及水生产和供应业	4363			93155	
44.电力、热力生产和供应业	4363			93135	
45.燃气生产和供应业				20	
46.水的生产和供应业					
46.水的生产和供应业					

5-6　规模以上工业企业主要能源按工业行业分组消费量(四)

Above scale industrial enterprises, the main energy consumption in the industrial sectors(4)

指　　标	汽油(吨)	煤油(吨)	柴油(吨)	燃料油(吨)	液化石油气(吨)
规模以上工业企业	**6691**	**3077**	**61654**	**1650**	**2**
B.采矿业	1584	2999	7367		
06.煤炭开采和洗选业	1584	2999	7081		
07.石油和天然气开采业					
08.黑色金属矿采选业			286		
C.制造业	4560	77	53963	235	2
13.农副食品加工业	544				
14.食品制造业	257		214		
15.酒、饮料及精制茶制造业	62		228		
16.烟草制品业	17		24		
17.纺织业	7				
18.纺织服装、服饰业					
21.家具制造业	45		3		
22.造纸和纸制品业	11		24		
23.印刷和记录媒介复制业	172		532		
24.文教、工美、体育和娱乐用品制造业	6		2		
25.石油、煤炭及其他燃料加工业	55	22	3029		
26.化学原料和化学制品制造业	89		1999		
27.医药制造业	50		5		
29.橡胶和塑料制品业	62	2	99		
30.非金属矿物制品业	332		22075	219	
31.黑色金属冶炼和压延加工业	510		18191		
32.有色金属冶炼和压延加工业	25	4	75		2
33.金属制品业	575		212		
34.通用设备制造业	305	10	94	16	
35.专用设备制造业	386	5	313		
36.汽车制造业	7				
37.铁路、船舶、航空航天和其他运输设备制造业	87	33	232		
38.电气机械和器材制造业	118	1	24		
39.计算机、通信和其他电子设备制造业	331		110		
40.仪器仪表制造业	301				
41.其他制造业	74		6480		
42.废弃资源综合利用业					
43.金属制品、机械和设备修理业	129				
D.电力、热力、燃气及水生产和供应业	547		325	1415	
44.电力、热力生产和供应业	130		282	1415	
45.燃气生产和供应业	344				
46.水的生产和供应业	73		42		
46.水的生产和供应业		56			

5-6 规模以上工业企业主要能源按工业行业分组消费量(五)

Above scale industrial enterprises, the main energy consumption in the industrial sectors(5)

指　　标	润滑油 (吨)	石蜡 (吨)	石油沥青 (吨)	其它石油制品 (吨)	热力 (百万千焦)
规模以上工业企业	**27**	**2206**	**5180**	**5562**	**23955792**
B.采矿业	2				5801909
06.煤炭开采和洗选业	2				5801909
07.石油和天然气开采业					
08.黑色金属矿采选业					
C.制造业	25	2206	5180	5562	18153883
13.农副食品加工业					
14.食品制造业					67971
15.酒、饮料及精制茶制造业					146733
16.烟草制品业					
17.纺织业					
18.纺织服装、服饰业					
21.家具制造业					
22.造纸和纸制品业					
23.印刷和记录媒介复制业					7550
24.文教、工美、体育和娱乐用品制造业					
25.石油、煤炭及其他燃料加工业				11	305898
26.化学原料和化学制品制造业					176987
27.医药制造业					20869
29.橡胶和塑料制品业					
30.非金属矿物制品业		2206	3644		699
31.黑色金属冶炼和压延加工业					16307418
32.有色金属冶炼和压延加工业					
33.金属制品业			1536	5532	469588
34.通用设备制造业					
35.专用设备制造业					33591
36.汽车制造业					14500
37.铁路、船舶、航空航天和其他运输设备制造业					
38.电气机械和器材制造业					3937
39.计算机、通信和其他电子设备制造业				19	597827
40.仪器仪表制造业					316
41.其他制造业	25				
42.废弃资源综合利用业					
43.金属制品、机械和设备修理业					
D.电力、热力、燃气及水生产和供应业					
44.电力、热力生产和供应业					
45.燃气生产和供应业					
46.水的生产和供应业					
46.水的生产和供应业					8528

5-6　规模以上工业企业主要能源按工业行业分组消费量(六)

Above scale industrial enterprises, the main energy consumption in the industrial sectors(6)

指　　标	电力(万千瓦时)	煤矸石(用于燃料)(吨)	生物燃料(吨标准煤)	余热余压(百万千焦)	其他燃料(吨标准煤)
规模以上工业企业	**1742100**	**270443**	**93**	**14791992**	**624**
B.采矿业	201671	270443		59353	624
06.煤炭开采和洗选业	195353	270443		59353	624
07.石油和天然气开采业	1303				
08.黑色金属矿采选业	5015				
C.制造业	1319634		93	14732639	
13.农副食品加工业	1681				
14.食品制造业	5040				
15.酒、饮料及精制茶制造业	2036				
16.烟草制品业	1656				
17.纺织业	1793				
18.纺织服装、服饰业	16				
21.家具制造业	79				
22.造纸和纸制品业	1646				
23.印刷和记录媒介复制业	1583				
24.文教、工美、体育和娱乐用品制造业	37				
25.石油、煤炭及其他燃料加工业	43510			1095467	
26.化学原料和化学制品制造业	8320			997516	
27.医药制造业	1541				
29.橡胶和塑料制品业	7513				
30.非金属矿物制品业	55366			882867	
31.黑色金属冶炼和压延加工业	908228			11756789	
32.有色金属冶炼和压延加工业	94036				
33.金属制品业	9489				
34.通用设备制造业	2435				
35.专用设备制造业	25166				
36.汽车制造业	4050				
37.铁路、船舶、航空航天和其他运输设备制造业	12733				
38.电气机械和器材制造业	5011				
39.计算机、通信和其他电子设备制造业	62184		93		
40.仪器仪表制造业	590				
41.其他制造业	60678				
42.废弃资源综合利用业	3127				
43.金属制品、机械和设备修理业	90				
D.电力、热力、燃气及水生产和供应业	220795				
44.电力、热力生产和供应业	210726				
45.燃气生产和供应业	414				
46.水的生产和供应业	9655				
46.水的生产和供应业					

5-7 2006年以来节能减排情况

Energy saving and emission reduction since 2006

年 份	单位GDP能耗(吨标准煤/万元)	当年单位GDP能耗下降幅度(%)	完成目标进度(%)	累计下降幅度(%)
2006	2.29	2.62	8.44	2.62
2007	2.15	6.02	28.17	8.48
2008	1.96	8.93	57.89	16.65
2009	1.83	6.73	80.03	22.26
2010	1.71	6.28	100.64	27.15
2011	1.18	3.52	20.53	3.52
2012	1.13	5.01	49.99	8.35
2013	1.08	4.21	74.63	12.21
2014	1.05	2.71	90.38	14.59
2015	0.99	6.02	125.96	19.73
2016	0.91	5.42	34.30	5.14
2017	0.86	3.96	59.11	9.17
2018	0.83	3.20	79.19	12.08

注：1.2010年以前年份GDP以2005年价格计算，2011-2015年按2010价格计算。
2.“十一五”节能降耗目标单位GDP能耗累计下降27%，“十二五”节能降耗目标单位GDP能耗累计下降16%。
3.根据第三次经济普查，对2011-2014年的数据进行了调整。

5-8 1949年以来能源工业固定资产投资及构成

Energy industry fixed assets investment and composition since 1949

年 份	全社会固定资产投资(万元)	能源工业投资				能源工业投资构成(%)		
		合 计	#煤炭	电力	焦炭	煤炭	电力	焦炭
1949	43							
1950	1278	14	13		1	92.86		7.14
1952	6335	215	129	69	17	60.00	32.09	7.91
1953	13861	1383	115	1258	10	8.32	90.96	0.72
1954	19852	5296	857	4421	18	16.18	83.48	0.34
1955	13878	3203	768	2264	171	23.98	70.68	5.34
1956	32901	4928	1810	3118		36.73	63.27	
1957	37299	5612	1891	3721		33.70	66.30	
1958	62552	7116	5177	1870	69	72.75	26.28	0.97
1959	62839	6369	5283	932	154	82.95	14.63	2.42
1960	55929	8253	4884	3358	11	59.18	40.69	
1961	16865	4380	3305	1075		75.46	24.54	
1962	7854	2190	1883	307		85.98	14.02	
1963	10807	2368	1673	695		70.65	29.35	
1964	14095	2504	1706	797	1	68.13	31.83	
1965	18622	1348	666	682		49.41	50.59	
1966	28255	2140	358	1780	1	16.73	83.18	
1967	10855	1140	80	1049	11	7.02	92.02	0.96
1968	17788	1870	88	1776	6	4.71	94.97	0.32
1969	11546	384	123	253	8	32.03	65.89	2.08
1970	20218	1009	52	957		5.15	94.85	
1971	25293	2291	1174	1117		51.24	48.76	
1972	23480	2212	927	1285		41.91	58.09	
1973	26636	2532	1276	1256		50.39	49.61	
1974	19757	2260	1604	656		70.97	29.03	
1975	16884	1820	1018	802		55.93	44.07	
1976	15310	1417	1034	383		72.97	27.03	

5-8 续表

年 份	全社会固定资产投资（万元）	能源工业投资				能源工业投资构成(%)		
		合 计	#煤炭	电力	焦炭	煤炭	电力	焦炭
1977	20398	2622	1889	723	10	72.04	27.57	0.38
1978	38930	4759	3794	965		79.72	20.28	
1979	49443	8264	7657	504	81	92.65	6.10	0.98
1980	61316	10609	9942	604	51	93.71	5.69	0.48
1981	66329	15640	13867	1710	52	88.66	10.93	0.33
1982	88769	18878	17746	1088		94.00	5.76	
1983	108722	32438	27433	1420	3492	84.57	4.38	10.77
1984	147907	50138	41994	2796	5331	83.76	5.58	10.63
1985	194510	52750	46010	3086	3617	87.22	5.85	6.86
1986	212774	64087	58409	3180	2422	91.14	4.96	3.78
1987	228535	47454	40854	4065	2535	86.09	8.57	5.34
1988	250602	63606	42294	19768	1489	66.49	31.08	2.34
1989	242409	84093	55145	26041	2771	65.58	30.97	3.30
1990	262924	98809	61195	35944	1566	61.93	36.38	1.58
1991	309434	104534	70720	32012	1402	67.65	30.62	1.34
1992	460913	139321	71679	57846	8336	51.45	41.52	5.98
1993	672115	182333	80821	88639		44.33	48.61	
1994	731619	143252	66561	67258	1305	46.46	46.95	0.91
1995	701894	139667	98796	23911	5076	70.74	17.12	3.63
1996	823902	193105	132367	33933	5587	68.55	17.57	2.89
1997	977429	270884	137407	120027	7477	50.73	44.31	2.76
1998	1093638	261055	95856	147601	4215	36.72	56.54	1.61
1999	917167	150674	35082	87721	1659	23.28	58.22	1.10
2000	1047702	140866	48973	87320	2315	34.77	61.99	1.64
2001	1227804	247617	57132	112246	45836	23.07	45.33	18.51
2002	1475955	249245	46749	120320	50786	18.76	48.27	20.38
2003	2044542	362697	112859	78596	95343	31.12	21.67	26.29
2004	3476681	687685	126505	216218	293877	18.40	31.44	42.73
2005	4385077	713589	267156	280121	123924	37.44	39.26	17.37
2006	5011273	787176	355268	298134	98559	45.13	37.87	12.52
2007	5767355	1064025	437367	289922	146505	41.10	27.25	13.77
2008	7022072	1320743	493574	656202	21776	37.20	49.70	1.70
2009	7820157	853252	312664	394037	41184	36.60	46.20	4.80
2010	9164811	871847	462297	274024	135526	53.03	31.43	15.54
2011	10241444	937383	671330	185035	81018	71.62	19.74	8.64
2012	13206257	1573142	896885	195623	48085	57.01	12.44	3.06
2013	16707390	1728739	975403	211450	16974	56.42	12.23	0.98
2014	17460868	1774826	812348	639702	9653	45.77	36.04	0.54
2015	20256080	1971010	527717	622754	6169	26.77	31.60	0.31
2016	20277123	1570711	569017	516299	1000	36.23	32.87	0.06
2017	–	744388	238483	275892	23459	32.04	37.06	3.15
2018	–	681651	193301	314620	399	28.36	46.16	0.06

注：2011 年起，投资统计制度进行改革，用“固定资产投资额”代替了“全社会固定资产投资”统计口径。

第6篇

物价指数

Price Indicators

资料整理、审核

李玉琴　　焦昱红

6-1 城镇居民消费价格指数(以上年同期为 100)

Consumer price index for urban residents (100) in the same period last year

指　标	2018	2017
居民消费价格总指数	**101.8**	**101.8**
一、食品烟酒	**102.0**	**99.4**
1.食品	102.3	98.7
(1)粮食	100.5	102.6
(2)薯类	107.2	99.9
(3)豆类	100.4	99.4
(4)食用油	100.3	100.3
(5)菜	107.3	93.5
(6)畜肉类	97.6	97.5
(7)禽肉类	106.7	98.6
(8)水产品	100.2	100.7
(9)蛋类	117.4	95.9
(10)奶类	99.1	100.6
(11)干鲜瓜果类	105.2	101.3
(12)糖果糕点类	101.9	99.6
(13)调味品	99.7	100.4
(14)其他食品类	101.7	95.8
2.茶及饮料	102.7	101.2
3.烟酒	103.0	100.9
(1)烟草	100.6	99.8
(2)酒类	106.4	102.4
4.在外餐饮	100.8	101.0
二、衣着	**100.3**	**100.4**
1.服装	100.9	101.2
2.服装材料	102.5	101.8
3.其他衣着及配件	103.1	99.6

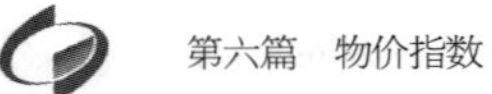

6-1 续表

指 标	2018	2017
4.衣着加工服务费	100.4	100.7
5.鞋类	97.9	97.8
三、居住	**102.8**	**101.3**
1.租赁房房租	107.5	103.6
2.住房保养维修及管理	100.3	100.4
3.水电燃料	100.5	101.8
4.自有住房	103.8	101.0
四、生活用品及服务	**100.7**	**100.1**
1.家具及室内装饰品	101.3	101.9
2.家用器具	97.6	97.7
3.家用纺织品	99.7	99.8
4.家庭日用杂品	102.7	100.7
5.个人护理用品	100.5	100.6
6.家庭服务	105.8	102.3
五、交通和通信	**101.5**	**101.8**
1.交通	102.8	102.5
2.通信	99.1	100.4
六、教育文化和娱乐	**102.2**	**103.0**
1.教育	102.9	102.7
2.文化娱乐	101.2	103.3
七、医疗保健	**101.6**	**111.9**
1.药品及医疗器具	100.4	101.5
2.医疗服务	102.4	119.6
八、其他用品和服务	**100.4**	**102.4**
1.其他用品类	100.7	99.5
2.其他服务类	100.2	104.5

6-2 商品零售价格指数(以上年同期为100)

Commodity retail price index (100) in the same period last year

指　　标	2018	2017
商品零售价格指数	**101.7**	**101.7**
一、食品	**101.9**	**99.2**
1.粮食	100.5	102.6
2.薯类	107.2	99.9
3.豆类	100.4	99.4
4.食用油	100.3	100.3
5.菜	107.3	93.5
6.畜肉类	97.6	97.5
7.禽肉类	106.7	98.6
8.水产品	100.2	100.7
9.蛋类	117.4	95.9
10.奶类	99.1	100.6
11.干鲜瓜果类	105.2	101.3
12.糖果糕点类	101.9	99.6
13.调味品	99.7	100.4
14.其他食品类	101.7	95.8
15.在外餐饮	100.8	101.0
二、饮料、烟酒	**102.9**	**100.9**
1.茶及饮料	102.7	101.2
2.烟草	100.6	99.8
3.酒类	106.4	102.4
三、服装、鞋帽	**100.3**	**100.3**
1.服装	100.9	101.2
2.鞋帽袜	98.2	98.0
3.其他衣着配件	105.3	99.0
四、纺织品	**100.0**	**100.1**
1.服装材料	102.5	101.8
2.床上用品	99.6	99.8
五、家用电器及音像器材	**96.7**	**96.7**
1.家庭设备	97.6	97.6
2.文娱用耐用消费品	93.6	93.7
3.专业音像器材	97.5	97.4

6–2 续表

指 标	2018	2017
六、文化办公用品	**100.2**	**100.3**
七、日用品	**103.0**	**100.1**
1.日用百货	103.1	100.9
2.厨具餐具茶具	99.2	100.3
3.清洗用品	110.6	100.2
4.其他日用品	99.9	99.0
八、体育娱乐用品	**100.4**	**100.6**
1.体育户外用品	98.4	99.9
2.娱乐用品	100.7	100.7
九、交通、通信用品	**98.6**	**99.6**
1.交通运输机械	98.7	99.3
2.通信器材	97.8	101.3
十、家具	**101.5**	**102.1**
十一、化妆品	**100.6**	**100.7**
十二、金银饰品	**99.2**	**100.4**
十三、中西药品及医疗保健用品	**100.4**	**101.5**
1.医疗卫生器具	102.7	99.9
2.中药	103.5	105.3
3.西药	99.0	99.0
4.保健器具及用品	100.0	105.8
十四、书报杂志及电子出版物	**109.1**	**101.0**
1.教材及参考书	110.5	101.9
2.书报杂志	111.7	100.0
3.计算机办公软件	100.6	100.3
十五、燃料	**110.2**	**118.3**
1.煤炭及制品	111.6	148.1
2.石油及制品	109.6	108.4
十六、建筑材料及五金电料	**100.5**	**101.1**
1.建筑装璜材料	100.8	100.9
2.五金水暖	99.4	101.9

6-3 工业生产者出厂价格指数(以上年价格为100)

Industrial producer price index (with a price of 100 last year)

指　　标	2018	2017
全部工业品	**101.0**	**114.1**
(1)轻工业	99.9	100.5
1.以农产品为原料	99.9	99.8
2.以非农产品为原料	99.9	102.5
(2)重工业	101.1	115.1
1.采掘	102.2	116.0
2.原材料	110.1	126.2
3.加工	97.8	111.4
按行业分		
煤炭开采和洗选业	108.7	135.7
石油和天然气开采业	100.0	100.0
黑色金属矿采选业	96.3	115.0
农副食品加工业	94.2	97.5
食品制造业	99.7	99.0
酒、饮料和精制茶制造业	107.8	99.6
烟草制品业	100.0	99.8
纺织业	96.2	102.3
纺织服装、服饰业	100.0	105.0
家具制造业	104.9	103.2
造纸和纸制品业	124.9	130.8
印刷和记录媒介复制业	100.1	111.0
文教、工美、体育和娱乐用品制造业	90.8	91.0
石油加工、炼焦和核燃料加工业	116.5	155.1
化学原料和化学制品制造业	119.3	133.1
医药制造业	109.9	110.8
橡胶和塑料制品业	75.5	99.0
非金属矿物制品业	112.3	112.4
黑色金属冶炼和压延加工业	99.9	119.1
有色金属冶炼和压延加工业	115.3	105.3
金属制品业	93.7	87.1
通用设备制造业	101.6	99.3
专用设备制造业	101.5	103.6
汽车制造业	100.0	100.0
铁路、船舶、航空航天和其他运输设备制造业	100.8	104.9
电气机械和器材制造业	102.8	111.3
计算机、通信和其他电子设备制造业	94.7	102.5
仪器仪表制造业	100.1	100.1
其他制造业	100.0	100.0
电力、热力生产和供应业	100.8	103.5
燃气生产和供应业	106.9	100.1
水的生产和供应业	100.2	100.2

6-4 工业生产者购进价格指数(以上年价格为100)

Industrial producer price index (the price of the previous year was 100)

指 标	2018	2017
全部原材料	**108.2**	**116.6**
(1)燃料、动力类	108.3	127.0
(2)黑色金属材料类	109.6	112.7
1.钢材	111.6	116.7
2.其它	104.0	101.2
(3)有色金属材料及电线类	121.3	116.1
(4)化工原料类	101.9	101.7
(5)木材及纸浆类	107.8	108.3
(6)建筑材料及非金属类	113.8	107.8
(7)其它工业原材料及半成品类	105.1	109.7
(8)农副产品类	94.3	95.6
(9)纺织原料类	105.3	102.8
按行业分		
农业	101.1	99.1
林业	83.6	124.1
畜牧业	76.3	81.1
煤炭开采和洗选业	105.5	161.0
石油和天然气开采业	100.3	102.1
黑色金属矿采选业	101.8	100.0
有色金属矿采选业	89.3	100.9
非金属矿采选业	117.7	112.5
农副食品加工业	98.3	102.9
食品制造业	103.2	97.4
酒、饮料和精制茶制造业	100.1	113.4
烟草制品业	106.8	109.3
纺织业	105.3	102.8
木材加工和木、竹、藤、棕、草制品业	100.0	100.0
造纸和纸制品业	112.7	113.2
石油加工、炼焦和核燃料加工业	121.1	122.8
化学原料和化学制品制造业	101.9	101.5
医药制造业	112.6	143.0
橡胶和塑料制品业	98.3	113.4
非金属矿物制品业	109.7	103.4
黑色金属冶炼和压延加工业	111.8	116.0
有色金属冶炼和压延加工业	121.3	116.1
金属制品业	103.4	113.2
通用设备制造业	100.3	100.9
专用设备制造业	100.1	100.0
汽车制造业	100.0	100.0
铁路、船舶、航空航天和其他运输设备制造业	100.8	102.2
电气机械和器材制造业	101.9	102.5
计算机、通信和其他电子设备制造业	96.9	102.7
仪器仪表制造业	100.0	99.9
废弃资源综合利用业	108.5	113.8
电力、热力生产和供应业	100.4	98.3
燃气生产和供应业	106.2	100.2
水的生产和供应业	110.7	101.2

第7篇

住户调查

Household Survey

资料整理、审核

李　琰　　祁　静　　李　鹏

7-1 城镇居民家庭生活基本情况
Basic conditions of the urban residents

项　　目	单 位	2018	2017
调查户数	户	760	625
平均每户家庭人口	人	2.75	2.81
平均每户就业人口数	人	1.2	1.3
平均每一个就业者负担人数	人	2.25	2.16
平均每人全年可支配收入	元	33672	31469
人均月可支配收入	元	2806	2622
平均每人全年消费性支出	元	19912	18234
人均月消费性支出	元	1659	1520

7-2 城镇住户基本情况
Basic situation of Urban Households

项　　目	单 位	2018	2017
调查户数	**户**	**760**	**625**
家庭人口数	**人**	**2089**	**1756**
(一)有收入者人数	**人**	**1339**	**1162**
1.就业人口数	人	927	813
国有经济单位职工人数	人	284	308
个体经营者人数	人	140	89
离退休再就业者人数	人	0	1
其他就业者人数	人	503	415
2.离退休者人数	人	412	349
(二)无收入者人数	**人**	**750**	**594**

7-3 城镇居民家庭年末居住情况

Urban residents living in the end of the year

项　目	单 位	2018	2017
一、现住房房屋来源			
租赁公房	%	2.63	1.76
租赁私房	%	8.95	4.48
自建住房	%	13.55	23.04
购买商品房	%	37.48	29.76
购买房改住房	%	15.53	24.96
购买保障性住房	%	6.32	6.56
拆迁安置房	%	6.71	4.64
继承或获赠住房	%	1.45	0.8
免费借用房	%	2.24	0.32
其他来源	%	2.25	2.72
雇主提供免费住房	%	2.89	0.96
二、住户居住空间样式			
1.单栋楼房	%	3.42	11.36
2.单栋平房	%	12.24	11.84
3.四居室及以上单元房	%	1.84	3.04
4.三居室单元房	%	28	29.6
5.二居室单元房	%	44.5	36.8
6.一居室单元房	%	6.18	3.2
7.筒子楼或连片平房	%	3.82	3.68
8.其他	%		0.48
三、住户主要饮用水来源情况			
1.经过净化处理的自来水	%	90	84.32
2.受保护的井水和泉水	%	9.74	12.48
3.不受保护的井水和泉水	%	0.26	3.2
4.江河湖泊水	%		
四、住宅有管道供水情况			
1.管道供水入户	%	97.87	99.84
2.管道供水至公共取水点	%	2.13	0.16
五、住户厕所类型			
1.水冲式卫生厕所	%	85	86.4
2.水冲式非卫生厕所	%	0.13	0.16
3.卫生旱厕	%	1.58	1.76
4.普通旱厕	%	13.29	10.72
5.无厕所	%		0.96
六、住户厕所使用情况			
1.本住户独用	%	93.95	92.64

7-3 续表

项 目	单 位	2018	2017
2.几户合用	%	4.21	6.88
3.公用厕所	%	1.84	0.48
七、住户洗澡设施情况			
1.统一供热水	%	5.92	8.16
2.家庭自装热水器	%	74.08	68.16
3.其他	%	2.89	1.92
4.无洗澡设施	%	17.11	21.76
八、住户主要取暖设备状况			
1.由市政或小区集中供暖	%	92.5	88.64
2.自行供暖	%	7.37	10.4
3.无取暖设备	%	0.13	0.96
九、主要炊用能源状况			
1.柴草	%	0.13	0.8
2.煤炭	%	4.08	5.28
3.罐装液化石油气	%	2.89	3.68
4.管道液化石油气	%	0.26	0.96
5.管道煤气	%	13.8	12
6.管道天然气	%	67.13	56.96
7.电	%	10	14.4
8.其他	%		0.32
9.无炊用行为	%	1.71	5.6
十、信息化调查			
(1)接入互联网的移动电话	部/百户	162	141
(2)接入有线电视网络的电视机	部/百户	45	66
(3)接入互联网的计算机	台/百户	46	67

7-4 城镇居民人均可支配收入
Annual per capita disposable income of Urban Households

单位：元

项 目	2018	2017
城镇居民人均可支配收入	**33672**	**31469**
(一)工薪收入	19531	18480
(二)经营净收入	3056	2930
(三)财产性收入	3620	3697
(四)转移性收入	7465	6362

7-5 城镇居民家庭年人均消费性支出情况

Annual per capita consumption expenditure of urban residents

单位：元

项　目	2018	2017
消费性支出	**19912**	**18234**
一、食品	4229	3783
二、衣着	1617	1664
三、家庭设备用品及服务	1245	1199
四、医疗保健	1971	1625
五、交通和通讯	2490	2412
六、教育文化娱乐服务	2791	2526
七、居住	5008	4530
八、其它商品和服务	561	495

7-6 城镇住户每百户期末主要消费品拥有量

Urban households per household consumption of major consumer goods

项　目	单　位	2018	2017
调查户数	**户**	**760**	**625**
摩托车	辆	3	4
助力车	辆	33	32
家用汽车	辆	45	37
洗衣机	台	100	101
电冰箱	台	96	99
彩色电视机	台	99	105
家用电脑	台	62	83
照相机	架	23	34
其他中高档乐器	件	11	5
微波炉	台	51	61
空调器	台	41	39
淋浴热水器	台	80	75
洗碗机	台	1.3	1.1
健身器材	套	5	6
固定电话	部	23	38
移动电话	部	219	229

7-7 农村住户人口与就业情况
Population and employment of rural household

指　标	单 位	2018	2017
一、调查户数	**户**	**230**	**394**
二、家庭常住人口	**人**	**637**	**1271**
三、整半劳动力数	**人**	**486**	**922**
#整劳动力	人	196	468
四、劳动力文化程度			
1.不识字或识字很少	人	20	32
2.小学程度	人	125	172
3.初中程度	人	234	493
4.高中程度	人	60	149
5.大专及以上	人	47	76
五、劳动力就业情况			
1.第一产业	人	209	214
2.第二产业	人	72	109
(1)采矿业	人	35	30
(2)制造业	人	15	37
(3)电力、势力、燃气及水生产和供应业	人	9	12
(4)建筑业	人	13	30
3.第三产业	人	101	347
#(1)交通运输、仓储和邮政业	人	25	82
(2)批发和零售业	人	8	37

注：2018年由于我市六城区样本不足，未布点抽样。全市口径仅为三县一市的范畴，故2018年数据与2017年差距较大。

7-8 农村居民人均可支配收入
Per capita disposable income of rural residents

单位：元

指　标	2018	2017
农民居民人均可支配收入	**16860**	**15595**
工资性收入	9626	9056
经营净收入	3497	3201
财产净收入	605	595
转移净收入	3132	2743

7-9 农村居民人均消费支出
Per capita consumption expenditure of rural households

单位：元

指　　标	2018	2017
生活消费支出	**12365**	**11546**
食品烟酒消费	3105	2809
衣着消费	962	941
居住消费	3091	3077
生活用品及服务消费	552	503
交通通讯消费	1774	1712
教育文化娱乐消费	1387	1334
医疗保健消费	1326	1025
其他用品和服务消费	168	145

7-10 农民家庭平均每人主要粮食消费品消费量
Per capita consumption of major consumer goods of rural households

单位：公斤

指　　标	单位	2018	2017
粮食（原粮）	公斤	124	123.5
蔬菜	公斤	71	70.3
食油	公斤	11	6
肉禽及其制品	公斤	15	12
# 家禽	公斤	2	1
蛋类	公斤	8	7
水产品	公斤	2	1
食糖	公斤	1	1
酒	公斤	5	3

7-11 每百户农民主要耐用消费品拥有量
Mainly consumer goods per 100 rural households

指　　标	单　位	2018	2017
家用汽车	辆	36	34
摩托车	辆	15	19
助力车	辆	50	49
电脑	台	44	44
彩电	台	101	104
热水器	台	42	39
照相机	架	12	12
空调	台	8	8
电冰箱	台	83	81
固定电话	部	18	20
手机	部	216	216
洗衣机	台	98	97

第8篇

农业

Agriculture

资料整理、审核

李建华　　姜　颖　　张妙莲　　丁永仙

冀晓洁　　武卫东　　张　静

8-1 农村基本情况
Basic situation of rural

指　　标	单位	1995	2000	2005	2010	2015	2016	2017	2018
农村基层组织									
乡镇政府	个	83	83	79	52	52	52	52	74
# 镇政府	个	22	24	21	21	21	21	21	21
村民委员会	个	1285	1287	1017	965	931	925	926	883
乡村户数、人口、劳动力									
乡村户数	户	267535	289188	305763	337761	374352	369886	368429	358178
乡村人口	人	1004788	1056552	1060881	1037667	1050038	1034676	1027610	1007437
乡村从业人员数（实有劳动力）	人	454648	481186	502875	491238	495003	487422	485314	471654
男劳动力	人	250465	266935	278965	269930	273189	270450	269285	264577
女劳动力	人	204183	214251	223910	221308	221814	216972	216029	207077
按行业分									
农林牧渔业	人	251582	271173	260224	233253	239151	237033	235119	233320
工业	人	92130	78455	82464	78812	75069	73755		
建筑业	人	12394	15903	20951	23708	25657	26010		
交通运输、仓储、邮电通信、信息传输、计算机业	人	39266	42795	52039	55320	58618	55302		
批发和零售贸易业、住宿及餐饮业	人	18125	29092	40666	44792	46642	47548		
其他行业	人	41151	43768	46531	55353	49866	47774		

注：2009 年以后乡镇政府口径与此前不同，不包括农业街办。

8-2 农业

Conditions of

指 标	单位	合计	小店区	迎泽区	杏花岭区
一、农村基层组织情况					
乡镇个数	个	74	6	1	3
1.镇	个	21	1	1	
#城关镇	个	3			
2.乡	个	31	2		2
3.涉农街办	个	22	3		1
村委会个数	个	883	37	18	32
二、农村基础设施					
自来水受益村数	个	853	37	9	32
通汽车村数	个	883	37	18	32
通电话村数	个	883	37	18	32
三、乡村人口与从业人员					
乡村户数	户	358178	46013	5366	7806
乡村人口数	人	1007437	130277	15766	22364
1.男	人	516341	65157	7841	11104
2.女	人	491096	65120	7925	11260
乡村劳动力资源数	人	564966	78837	10283	13660
1.男	人	313627	42620	6755	6984
2.女	人	251339	36217	3528	6676
乡村从业人员数	人	471654	66980	8235	11950
1.男	人	264577	38425	5731	6189
2.女	人	207077	28555	2504	5761
#农业从业人员	人	233320	34766	703	2237
四、农业主要能源及物耗					
1.农村用电量	万千瓦时	56423.2	5416.3	2071.8	4555.5
2.农用化肥施用(实物量)	吨	75175.0	7320.0	6.7	66.5
#(1)氮肥	吨	29525.1	2720.0	2.5	28.5
(2)磷肥	吨	14944.0	1016.0	1.7	4.0
(3)钾肥	吨	3067.8	210.0		
(4)复合肥	吨	27638.1	3374.0	2.5	34.0
3.农用化肥施用量(折纯量)	吨	25527.3	2675.0	2.3	26.3
#(1)氮肥	吨	7198.7	720.0	0.6	6.8
(2)磷肥	吨	2494.4	180.0	0.3	0.7
(3)钾肥	吨	1516.6	95.0		
(4)复合肥	吨	14317.6	1680.0	1.4	18.7
4.农用塑料薄膜使用量	吨	3844.1	145.5		1.9
#地膜使用量	吨	2388.1	33.8		1.9
地膜覆盖面积	公顷吨	26329.1	496.9	0.2	19.5
5.农用柴油使用量	吨	12775.9	2596.5	6.3	25.3
6.农药使用量	吨	640.1	50.9		7.2

生产条件
agricultural production

尖草坪区	万柏林区	晋源区	清徐县	阳曲县	娄烦县	古交市
11	6	6	9	10	8	14
2		3	4	4	3	3
			1	1	1	
3	1		5	6	5	7
6	5	3				4
78	42	76	188	124	142	146
78	39	76	188	124	142	128
78	42	76	188	124	142	146
78	42	76	188	124	142	146
36846	12699	43455	99883	39508	32947	33655
110172	34755	139487	269504	97516	99146	88450
58432	17642	69005	135368	50920	52262	48610
51740	17113	70482	134136	46596	46884	39840
61915	19554	82466	148648	56623	54530	38450
34265	10568	44849	77125	34233	32718	23510
27650	8986	37617	71523	22390	21812	14940
52339	15241	63564	130736	48278	44749	29582
29991	8470	36338	67854	28032	25570	17977
22348	6771	27226	62882	20246	19179	11605
17697	2498	25429	70713	32349	31787	15141
8069.6	2551.0	5570.9	19592.9	4491.4	688.8	3415.0
2727.5	75.0	2939.3	36111.0	21374.0	2209.0	2346.0
1462.9		1487.3	12922.0	8240.0	1062.0	1600.0
306.2		648.1	8797.0	3436.0	326.0	409.0
78.3		99.5	1288.0	1070.0	146.0	176.0
880.2	75.0	704.4	13104.0	8628.0	675.0	161.0
871.5	40.0	822.5	11752.0	7876.5	766.0	695.2
359.2		341.5	3101.0	1977.6	254.0	438.0
36.8		109.9	1407.0	618.5	68.0	73.2
35.3		45.3	644.0	535.0	67.0	95.0
440.2	40.0	325.9	6600.0	4745.4	377.0	89.0
379.0	0.8	139.5	1609.1	1347.0	71.3	150.0
112.8	0.8	60.0	746.5	1235.0	71.3	126.0
754.1	8.2	479.7	7286.8	15807.9	532.8	943.0
457.3	17.5	163.4	5530.0	2706.0	147.6	1126.0
73.9	1.0	45.7	358.3	72.7	7.6	22.8

8-3 主要农业

Main agricultural

指 标	单 位	太原市	小店区	迎泽区	杏花岭区
一、农业机械总动力	**千瓦**	**462068**	**52407**	**507**	**5540**
柴油发动机	千瓦	342566	39800	344	3040
汽油发动机	千瓦	3093	107		1700
电动机	千瓦	116189	12500	163	800
二、耕作机械					
大中型拖拉机	台	2557	179	2	6
动力	千瓦	131207	16116	74	334
小型拖拉机	台	5373	363	19	160
动力	千瓦	55478	2442	270	1390
三、拖拉机配套农具		**10408**	**395**	**35**	**182**
其中:58.8千瓦及以上拖拉机配套	部	2159	150		
四、收获机械					
联合收获机	台	819	158		1
脱粒机	台	612	34		
五、农田基本建设机械	**台**	**501**	**16**		**1**

注：2016年农机报表取消农用运输车和三轮汽车，农用类汽车已交由公安交警部门管理。

机械拥有量
machinery

尖草坪区	万柏林区	晋源区	清徐县	阳曲县	娄烦县	古交市
8785	**800**	**40354**	**156528**	**117411**	**26454**	**53282**
7988	697	16842	115766	106561	19896	31632
		79		40	978	189
797	103	23433	40542	10810	5580	21461
54	7	122	732	1064	312	79
2922	278	5331	41572	47569	13093	3918
105	16	174	460	3235	366	475
1707	223	1300	5062	34208	3454	5422
537	29	435	1445	5246	1135	969
	2	256	985	550	102	114
9	1	11	352	273	2	12
34	1	34	51	400	35	23
44		**65**	**261**	**56**	**31**	**27**

8-4 农作物
Sown Areas of

指 标	合计	小店区	迎泽区	杏花岭区
农作物总播种面积	**82525.0**	**7356.1**	**127.2**	**504.2**
一、粮食作物	**65960.4**	**4204.3**	**120.9**	**453.5**
(一)夏收粮食	**65.8**	**46.5**		
#冬小麦	65.8	46.5		
(二)秋收粮食	**65894.6**	**4157.8**	**120.9**	**453.5**
(一)谷物	53931.8	2957.7	78.5	300.8
1.稻谷	138.4			
2.玉米	33187.9	363.3	24.0	75.5
3.谷子	8279.1	0.1	18.3	72.0
4.高粱	8867.7	2547.8	9.2	15.2
5.秋杂谷物	3392.9		27.0	138.1
#燕麦	413.1		1.3	1.8
荞麦	1456.0		20.7	110.7
6.小麦	65.8	46.5		
(二)豆类合计	5554.4	1246.6	18.4	95.3
1.大豆	4354.4	1236.6	13.0	67.1
2.秋杂豆	1200.0	10.0	5.4	28.2
#绿豆	220.4		0.7	4.0
红小豆	599.4		1.1	3.4
(三)薯类(折粮)	6474.2		24.0	57.4
1.马铃薯	5960.4		22.0	46.3
2.红薯	513.8		2.0	11.1
二、油料作物	**1764.0**	**270.9**	**0.4**	**3.1**
1.花 生	16.9			
2.油菜籽				
3.芝麻				
4.胡麻籽	435.4			
5.葵花籽	1020.3	259.7	0.4	3.1
6.其他油料	291.4	11.2		
三、棉花	**0.5**			
四、药材类合计	**1757.2**		**0.3**	
五、蔬菜及食用菌	**11086.6**	**1601.7**	**5.6**	**47.6**
六、瓜果类	**145.2**	**1.6**		
#西瓜	31.9			
甜瓜	64.7			
七、其他农作物	**1811.1**	1277.6		
#青饲料	1646.0	1271.0		

播种面积
Farm Grops

单位：公顷

尖草坪区	万柏林区	晋源区	清徐县	阳曲县	娄烦县	古交市
4838.3	**318.4**	**2844.3**	**23534.6**	**24883.5**	**10174.7**	**7943.7**
4127.3	**289.1**	**1338.1**	**17631.0**	**22364.3**	**8690.0**	**6741.9**
			19.3			
			19.3			
4127.3	**289.1**	**1338.1**	**17611.7**	**22364.3**	**8690.0**	**6741.9**
3724.9	166.8	1223.4	17189.2	20845.0	4235.4	3210.1
		138.4				
3190.6	79.6	1005.9	11814.6	13816.4	1440.0	1378.0
320.1	57.2		18.1	5524.8	1434.5	834.0
70.7	1.0	79.1	5337.2	563.9	213.6	30.0
143.5	29.0			939.9	1147.3	968.1
					250.0	160.0
9.2	0.3			267.8	897.3	150.0
			19.3			
289.3	59.7	87.0	27.2	954.6	1176.3	1600.0
228.2	17.0	87.0	20.5	728.5	642.5	1314.0
61.1	42.7		6.7	226.1	533.8	286.0
	0.9		4.0	10.8	185.0	15.0
	0.7			5.4	348.8	240.0
113.1	62.6	27.7	414.6	564.7	3278.3	1931.8
77.1	54.3	17.3		536.3	3278.3	1928.8
36.0	8.3	10.4	414.6	28.4		3.0
40.3		**504.5**	**42.9**	**115.9**	**402.0**	**384.0**
			12.9	4.0		
				55.1	279.3	101.0
40.3		413.1	3.3	30.2	45.2	225.0
		91.4	**26.7**	26.6	77.5	58.0
			0.5			
46.5	**3.4**		**25.1**	**525.5**	**852.9**	**303.5**
594.1	**25.9**	**967.4**	**5636.5**	**1583.8**	**206.1**	**417.9**
15.9		**7.6**	**39.7**	**47.3**	**23.7**	**9.4**
			13.2	3.9	10.3	4.5
15.7			25.5	13.5	6.4	3.6
14.2		**26.7**	**158.9**	**246.7**		**87.0**
1.3		26.7	13.3	246.7		87.0

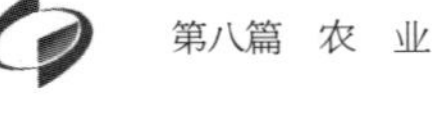

8-5 农作物

Output of

指 标	合计	小店区	迎泽区	杏花岭区
一、粮食作物	**292283.2**	**26986.1**	**171.8**	**746.2**
（一）夏收粮食	**406.4**	**287.1**		
#冬小麦	406.4	287.1		
（二）秋收粮食	**291876.8**	**26699.0**	**171.8**	**746.2**
(一)谷物	267781.7	23894.3	119.8	425.2
1.稻谷	907.8			
2.玉米	183449.1	3034.6	48.6	132.8
3.谷子	20156.6	0.6	35.3	108.7
4.高粱	58217.1	20572.0	13.0	28.2
5.秋杂谷物	4644.7		22.9	155.5
#燕麦	577.4		1.8	3.1
荞麦	1867.2		16.6	107.6
6.小麦	406.4	287.1		
(二)豆类合计	9717.6	3091.8	24.1	126.7
1.大豆	7506.7	3074.4	18.4	61.6
2.秋杂豆	2210.9	17.4	5.7	65.1
#:绿豆	354.1		0.9	9.5
红小豆	849.6		1.2	4.6
(三)薯类(折粮)	14783.9		27.9	194.3
1.马铃薯	12089.0		25.9	177.5
2.红薯	2694.9		2.0	16.8
二、油料作物	**3403.6**	**1464.9**	**0.5**	**3.3**
1.花 生	39.3			
2.油菜籽				
3.芝麻				
4.胡麻籽	593.4			
5.葵花籽	2380.3	1448.2	0.5	3.3
6.其他油料	390.6	16.7		
三、棉花	**1.2**			
四、药材类合计	**5042.8**		**0.2**	
五、蔬菜及食用菌	**615322.4**	**83850.0**	**364.0**	**1841.0**
六、瓜果类	**3202.7**	**20.0**		
#西瓜	759.3			
甜瓜	1505.4			

总产量
farm crops

单位：吨

尖草坪区	万柏林区	晋源区	清徐县	阳曲县	娄烦县	古交市
14538.7	**750.0**	**11024.4**	**107785.1**	**101370.6**	**17943.3**	**10967.0**
			119.3			
			119.3			
14538.7	**750.0**	**11024.4**	**107665.8**	**101370.6**	**17943.3**	**10967.0**
13801.7	515.0	10501.7	105234.7	98531.8	8627.5	6130.0
		907.8				
12541.2	270.0	8819.3	71064.8	80095.5	4190.3	3252.0
761.7	153.2		52.7	14610.4	2651.0	1783.0
208.5	4.0	774.6	33997.9	2127.7	386.2	105.0
290.3	87.8			1698.2	1400.0	990.0
					392.5	180.0
18.0	0.9			606.6	1007.5	110.0
			119.3			
629.2	111.0	321.5	44.7	1500.4	1953.2	1915.0
473.4	31.0	321.5	33.9	1059.5	1078.0	1355.0
155.8	80.0		10.8	440.9	875.2	560.0
	1.2		5.9	16.6	300.0	20.0
	1.0			7.6	575.2	260.0
107.8	124.0	201.2	2505.7	1338.4	7362.6	2922.0
74.7	101.0	151.2		1284.1	7362.6	2912.0
33.2	23.0	49.9	2505.7	54.3		10.0
54.0		**470.8**	**83.1**	**220.4**	**611.6**	**495.0**
			27.3	12.0		
				105.0	365.4	123.0
54.0		404.6	5.8	58.6	108.3	297.0
		66.2	50.0	44.8	137.9	75.0
			1.2			
0.3	**20.0**		**263.3**	**2870.0**	**1624.0**	**265.0**
42703.9	**600.5**	**70018.1**	**308550.0**	**66889.2**	**10891.4**	**29614.3**
564.1		**178.0**	**716.9**	**381.5**	**1204.7**	**137.5**
			232.0	50.0	435.0	42.3
558.0			447.0	203.0	251.2	46.2

8-6 农作物
Single output

指 标	太原市	小店区	迎泽区	杏花岭区
一、粮食作物	**4431.2**	**6418.7**	**1421.0**	**1645.4**
(一)夏收粮食	**6177.0**	**6174.0**		
#冬小麦	6177.0	6174.0		
(二)秋收粮食	**4429.4**	**6421.5**	**1420.5**	**1645.5**
(一)谷物	4965.2	8078.7	1526.1	1413.6
1.稻谷	6559.2			
2.玉米	5527.6	8353.5	2025.0	1759.5
3.谷子	2434.6	6000.0	1929.0	1509.0
4.高粱	6565.1	8074.5	1413.0	1855.5
5.秋杂谷物	1368.9		847.5	1126.5
#燕麦	1397.7		1384.5	1722.0
荞麦	1282.4		802.5	972.0
6.小麦	6177.0	6174.0		
(二)豆类合计	1749.5	2479.5	1309.5	1329.0
1.大豆	1723.9	2485.5	1416.0	918.0
2.秋杂豆	1842.4	1740.0	1056.0	2308.5
#绿豆	1606.6		1285.5	2374.5
红小豆	1417.4		1090.5	1353.0
(三)薯类(折粮)	2283.5		1162.5	3385.5
1.马铃薯	2028.2		1178.1	3834.0
2.红薯	5245.0		990.0	1513.5
二、油料作物	**1929.5**	**5407.5**	**1249.5**	**1065.0**
1.花 生	2325.4			
2.油菜籽				
3.芝麻				
4.胡麻籽	1362.9			
5.葵花籽	2332.9	5577.0	1249.5	1065.0
6.其他油料	1340.4	1491.0		
三、棉花	**2400.0**			
四、药材类合计	**2869.8**		**666.0**	
五、蔬菜及食用菌	**55501.5**	**52350.0**	**64999.5**	**38676.0**
六、瓜果类	**22057.2**	**12499.5**		
#西瓜	23802.5			
甜瓜	23267.4			

单产量
of farm crops

单位：公斤/公顷

尖草坪区	万柏林区	晋源区	清徐县	阳曲县	娄烦县	古交市
3522.6	**2594.3**	**8238.8**	**6113.4**	**4532.7**	**2064.8**	**1626.7**
			6181.5			
			6181.5			
3522.0	**2595.0**	**8239.5**	**6114.0**	**4533.0**	**2065.5**	**1626.0**
3705.3	3087.5	8584.0	6122.1	4726.9	2037.0	1909.6
		6559.5				
3930.0	3391.5	8767.5	6015.0	5797.5	2910.0	2359.5
2379.0	2679.0		2911.5	2644.5	1848.0	2137.5
2949.0	4000.5	9792.0	6370.5	3772.5	1807.5	3499.5
2023.5	3027.0			1807.5	1221.0	1023.0
					1570.5	1125.0
1956.0	3000.0			2265.0	1123.5	733.5
			6181.5			
2175.0	1860.0	3696.0	1644.0	1572.0	1660.5	1197.0
2074.5	1824.0	3696.0	1653.0	1455.0	1678.5	1030.5
2550.0	1873.5		1612.5	1950.0	1639.5	1957.5
	1333.5		1474.5	1537.5	1621.5	1333.5
	1428.0			1407.0	1648.5	1083.0
953.4	1980.9	7262.7	6043.5	2370.0	2245.8	1512.6
968.4	1860.0	8742.3		2394.3	2245.8	1509.6
921.0	2771.1	4801.8	6043.5	1913.4		3333.3
1339.5		**933.0**	**1936.5**	**1902.0**	**1521.0**	**1288.5**
			2116.5	3000.0		
				1905.0	1308.0	1218.0
1339.5		979.5	1758.0	1941.0	2395.5	1320.0
		724.5	1872.0	1684.5	1779.0	1293.0
			2400.0			
6.0	**5883.0**		**10489.5**	**5461.5**	**1903.5**	**873.0**
71880.0	**23185.5**	**72378.0**	**54741.0**	**42234.0**	**52845.0**	**70864.5**
35478.0		**23421.0**	**18058.5**	**8065.5**	**50830.5**	**14628.0**
			17575.8	12820.5	42233.0	9400.0
35541.4			17529.4	15037.0	39250.0	12833.3

8-7 水果
Fruit

指标名称		单位	太原市	小店区	迎泽区	杏花岭区
一、茶叶	面积	公顷	1.3			
	产量	吨	3.3			
二、园林水果	面积	公顷	7617.0	267.3	8.3	551.6
	产量	吨	68729.5	554.5	2.1	715.2
1、苹果	面积	公顷	1907.1	31.3		308.2
	产量	吨	7809.8	49.7		242.5
#红富士苹果	面积	公顷	959.1	0.6		87.0
	产量	吨	4649.0	7.7		127.8
国光苹果	面积	公顷	521.6			207.4
	产量	吨	1429.8			86.7
2、梨	面积	公顷	1291.3	106.1	8.0	25.2
	产量	吨	20875.7	206.4		92.4
#雪花梨	面积	公顷	231.6	1.7		6.2
	产量	吨	3374.2	51.1		5.2
鸭梨	面积	公顷	61.3	1.6		9.1
	产量	吨	681.1	71.5		38.4
3、桃	面积	公顷	717.5	47.7		27.2
	产量	吨	3238.5	43.0		116.1
4、杏	面积	公顷	538.3	5.3		17.0
	产量	吨	1194.2	10.7		67.3
5、猕猴桃	面积	公顷				
	产量	吨				
6、葡萄	面积	公顷	2014.8	17.8	0.3	60.4
	产量	吨	31967.4	188.7	2.1	54.6
7、红枣	面积	公顷	626.8	57.7		18.0
	产量	吨	2062.8	50.7		102.0
8、柿子	面积	公顷	8.6			
	产量	吨	51.6			
9、沙果	面积	公顷	27.8			7.3
	产量	吨	51.7			
10、其他园林水果	面积	公顷	484.8	1.4		88.3
	产量	吨	1477.8	5.3		40.3
三、食用坚果	产量	吨	1721.2	1.0	19.0	
#核桃	面积	公顷	1470.6	6.0	14.0	
	产量	吨	1719.0	1.0	19.0	

生产情况
production

尖草坪区	万柏林区	晋源区	清徐县	阳曲县	娄烦县	古交市
						1.3
						3.3
1307.9	72.3	455.2	2652.7	1568.9	197.5	535.3
22316.6	179.3	2515.2	38599.1	2182.4	1455.2	209.9
531.5	1.7	55.8	122.0	693.1	58.0	105.5
4923.3	0.9	574.0	885.7	770.4	275.3	88.0
386.7	1.7	30.4	60.9	361.8	6.0	24.0
3216.0	0.9	270.1	515.2	414.1	31.7	65.5
64.6		3.2	8.9	147.6	33.4	56.5
815.2		17.0	138.9	158.7	191.3	22.0
82.0	22.9	47.9	644.6	294.5	24.0	36.1
1947.3	52.5	318.2	17622.4	298.5	305.8	32.2
26.2	6.0	16.1	70.0	76.7	20.0	8.7
968.4	13.0	99.0	1929.6	55.4	220.3	32.2
21.2		3.0	11.5	13.9	1.0	
356.0		9.3	175.2	16.5	14.2	
26.3	1.4	62.4	300.7	197.9	12.0	41.9
536.2	2.0	752.2	1331.4	343.1	88.0	26.5
26.4	23.3	63.5	77.2	60.1	60.5	205.0
234.5	6.7	63.1	292.2	29.9	489.8	
478.6	10.3	52.5	1254.2	114.5	12.2	14.0
13548.4	90.3	507.2	17191.3	259.8	82.0	43.0
106.1	5.2	139.7	109.6	122.0	30.8	37.7
420.1	4.8	293.6	771.1	202.7	214.3	3.5
	5.7		2.9			
	20.0		31.6			
14.7				5.8		
38.9				12.8		
42.3	1.8	33.4	141.5	81.0		95.1
667.9	2.1	6.9	473.4	265.2		16.7
29.5	2.8	49.4	67.4	504.2	1028.3	19.6
4.0	20.0	35.4	52.0	1036.1	299.8	3.3
29.5	2.8	49.4	67.4	502.0	1028.3	19.6

8-8 畜牧业
Livestock

指标			单位	太原市	小店区	迎泽区	杏花岭区
畜禽存栏	猪		头	165293	16574		1864
		能繁母猪	头	17780	1851		290
	牛		头	35527	8492	300	86
		1.肉牛	头	15303	280	300	86
		2.奶牛	头	19820	8212		
	羊		只	420116	17315	2633	3647
		1.山羊	只	105669	380	3	
		2.绵羊	只	314447	16935	2630	3647
	家禽		万只	328.5	42.8	3.1	10.9
		蛋鸡	万只	247.7	26.2	3.1	10.6
畜禽出栏	猪		头	322888	29575	1353	13733
	牛		头	15260	2299	154	30
	羊		只	436434	13475	2569	6718
	家禽		万只	488.2	91.2	0.7	8.1
畜禽产品产量	猪肉		吨	27876.5	2235.0	101.5	1029.2
	牛肉		吨	2242.9	296.0	24.4	4.2
	羊肉		吨	7991.3	219.0	32.4	113.1
	禽肉		吨	7163.9	1258.0	9.5	116.8
	禽蛋		吨	33991.2	4400.0	220.0	447.5
	牛奶		吨	94297.5	42760.0		
大牲畜（除牛外）		年末存栏	头	2476	11	26	27
		当年出栏	头	560			7
		肉产量	吨	63.3			0.9
	#1.马	年末存栏	头	252			7
		当年出栏	头	37			
		肉产量	吨	4.8			
	2.驴	年末存栏	头	1176	7	26	8
		当年出栏	头	307			5
		肉产量	吨	33.0			0.6
	3.骡	年末存栏	头	1046	4		11
		当年出栏	头	216			2
		肉产量	吨	25.5			0.3
	4.骆驼	年末存栏	头	2			1
兔		年末存栏	万只	1.8			
		当年出栏	万只	3.4			
		肉产量	吨	50.3			
其他奶产量			吨	244.5			
山羊毛产量			吨	104.5			
绵羊毛产量			吨	356.5	10.0	5.7	5.9
	细羊毛		吨	46.3		0.5	
	半细羊毛		吨	86.6		5.2	5.9
羊绒产量			吨	54.8			
蜂蜜产量			吨	101.3			
肉类总产量			吨	45388.2	4008.0	167.8	1264.2

生产情况
production

尖草坪区	万柏林区	晋源区	清徐县	阳曲县	娄烦县	古交市
		8735	72940	33678	11452	20050
		317	8075	3837	1250	2160
5445	113	2450	4648	8409	3204	2380
185	82	94	2912	5951	3204	2209
5260	31	2356	1415	2458		88
21809	506	9949	94973	135002	65882	68400
155	96		1917	26603	35509	41006
21654	410	9949	93056	108399	30373	27394
12.5	1.9	50.0	69.3	74.5	11.1	52.4
10.6	1.9	46.0	36.9	74.3	9.3	28.8
28710	4944	23591	129495	50283	14655	26549
195	81	764	4985	3811	1605	1336
19470	467	9301	145748	133338	50318	55030
14.4	1.6	73.0	162.8	40.3	13.6	82.5
2436.0	380.4	2214.0	11006.0	4481.2	1283.5	2709.6
27.5	11.6	121.8	748.0	573.8	238.9	196.7
349.5	8.1	160.5	2521.0	2723.5	859.3	1005.0
253.0	21.9	1118.6	2398.0	642.3	225.7	1120.3
1472.0	229.8	6091.5	4958.0	10200.4	1026.0	4946.0
17783.0	124.0	11981.2	7254.0	14116.3		279.0
71		35	166	592	423	1125
15			14	352	133	39
1.7			1.6	38.7	16.0	4.4
13		33	34	89	76	
				5	32	
				0.6	4.2	
48		1	89	257	275	465
11			12	178	79	22
1.2			1.4	18.8	8.8	2.2
10		1	43	245	72	660
4			2	169	22	17
0.5			0.2	19.3	3.0	2.2
				1		
			0.1	0.8	0.9	
			0.1	2.5	0.9	
			1.3	36.3	12.7	
5.5			239.0			
0.2	0.1		0.1	26.5	72.0	5.6
19.0	0.5		107.9	163.4	39.3	4.8
1.5				12.9	31.0	0.4
13.1				51.1	8.3	3.0
0.2				2.7	49.3	2.6
0.2	1.5	6.2	33.8	35.6	24.0	
3067.7	421.9	3614.9	16675.9	8495.7	2636.1	5036.0

8-9 农林牧渔业

Gross output value of agriculture,

指 标	太原市		小店区		迎泽区		杏花岭区	
	按现行价格	按可比价格	按现行价格	按可比价格	按现行价格	按可比价格	按现行价格	按可比价格
农林牧渔业总产值	**795895.3**	**800047.2**	**143817.1**	**142794.1**	**6157.8**	**6338.6**	**11003.4**	**10784.9**
一、农业产值	**472363.0**	**470063.5**	**91540.0**	**94084.4**	**244.2**	**239.4**	**1621.0**	**1412.6**
(一)谷物及其他作物	89369.6	87360.3	9631.9	11256.2	69.5	68.0	425.9	332.4
1.谷物	65456.6	60376.2	5921.3	7870.1	35.2	34.7	109.7	113.2
其中:小麦	103.6	103.6	68.9	68.9				
稻谷	236.0	236.0						
玉米	35772.6	33020.8	698.0	600.9	9.7	9.2	22.8	26.3
2.薯类	8488.4	8488.4			16.7	16.3	242.9	145.7
其中:马铃薯(土豆)	6999.5	6999.6			15.3	14.9	221.9	133.1
3.油料	1771.0	1771.0	885.6	885.6	0.3	0.3	1.4	1.3
其中:花生	27.5	27.5						
油菜籽	356.0	356.0						
4.豆类	6917.2	6917.2	2475.2	2162.5	16.1	15.5	62.3	62.3
其中:大豆	5405.0	5405.0	2459.5	2152.1	12.3	12.3	27.1	27.1
5.棉花	0.6	0.8						
6.生麻								
7.甜菜								
8 烟草								
9.其他农作物	6735.8	6735.8	349.8	338.5	1.1	1.1	9.6	9.9
其中:青饲料(含青贮玉米)	1810.6	1810.6	63.6	63.6				
(二)蔬菜、食用菌及花卉盆景园艺产品	352374.2	352374.2	81584.8	82575.7	159.2	155.5	992.2	877.3
1.蔬菜(含菜用瓜)	335689.0	322139.8	79963.8	80996.6	64.1	61.5	417.6	302.7
2.食用菌	9701.3	9701.3	90.0	45.0	95.1	94.1	246.4	246.4
3.花卉	6983.9	6983.9	1531.0	1531.0			328.2	328.2
4.盆景园艺								
(三)水果、坚果、茶、饮料和香料作物	24479.5	24189.2	323.3	252.5	15.2	15.6	202.9	202.9
1.园林水果	21055.3	19640.7	321.9	251.1	0.8	1.4	202.9	202.9
其中:苹果	1866.4	1866.4	24.9	19.9			40.6	40.6
梨	4784.1	4784.1	82.6	72.2			18.5	18.5
红枣	900.0	900.0	45.6	17.8			51.0	51.0
2.食用坚果	3080.3	3080.3	1.4	1.4	14.4	14.3		
其中:核桃	3078.6	3078.6	1.4	1.4	14.4	14.3		
板栗								
松子								
3.茶及其他饮料	288.0	288.0						
其中:茶叶	288.0	288.0						
4.香料原料	55.9	55.9						
其中:花椒	55.9	55.9						
八角								

总产值
forestry, animal husbandry and fishery

单位：万元

尖草坪区		万柏林区		晋源区		清徐县		阳曲县		娄烦县		古交市	
按现行价格	按可比价格	按现行价格	按可比价格	按现行价格	按可比价格	按现行价格	按可比价格	按现行价格	按可比价格	按现行价格	按可比价格	按现行价格	按可比价格
66947.0	**65905.9**	**8399.4**	**8690.5**	**85450.6**	**75596.3**	**259189.2**	**259767.2**	**122226.1**	**112542.0**	**43570.6**	**43908.1**	**49046.9**	**49261.5**
39207.7	**38527.3**	**692.5**	**620.3**	**63562.1**	**53431.2**	**193305.3**	**190301.6**	**61808.0**	**55324.5**	**21990.0**	**22009.9**	**18237.0**	**17162.5**
3460.6	3884.8	391.9	345.7	3542.3	3615.4	27624.2	28300.6	27968.1	25966.1	11723.8	11743.8	4167.8	3943.8
2552.0	2940.8	170.7	160.5	2633.2	2104.0	23070.5	23750.4	24479.4	21802.4	3367.6	3367.6	2173.2	1705.2
						31.0	31.0						
				227.0	227.0								
2069.3	2458.1	58.1	53.5	2204.8	1675.7	13502.3	13502.3	16419.6	13616.2	829.7	829.7	969.9	617.9
99.8	99.8	123.9	113.9	150.8	173.4	2255.1	2129.8	240.9	224.4	6847.2	6847.2	584.4	586.4
66.5	66.5	100.9	90.9	136.0	136.0			215.6	212.2	6847.2	6847.2	582.4	582.4
27.5	27.5			424.5	424.5	41.6	41.6	133.4	115.6	301.9	301.9	237.4	225.3
						13.7	13.7	5.8	5.8				
402.2	435.3	86.8	52.1	119.2	128.6	25.6	25.6	1021.0	918.3	960.4	960.4	930.9	930.9
265.1	298.2	43.4	15.5	119.2	128.6	17.0	17.0	720.5	648.4	456.0	456.0	677.5	677.5
						1.0	1.0						
379.2	381.3	10.4	19.2	214.7	214.7	2230.5	2350.8	2093.3	2906.1	246.7	266.8	241.9	245.6
0.6	0.6					12.0	12.0	93.8	296.0			92.2	92.2
23897.1	23897.1	132.7	139.4	58645.7	48327.7	144591.8	144925.1	28406.9	24231.8	2115.1	2115.1	11636.4	10724.8
17998.6	17998.6	132.7	139.4	51005.9	40688.8	144192.8	144521.5	26304.0	21376.6	2092.5	2092.6	11533.7	10352.8
5593.7	5593.7			473.0	473.0	396.0	396.0	2074.2	2828.8	22.6	22.6	102.7	88.5
304.7	304.9			7166.8	7166.8	3.0	3.0	28.7	25.4				
11849.4	10744.8	97.9	85.3	1374.1	1488.1	20624.8	16611.5	1921.0	1654.6	6032.7	6032.7	1487.0	1548.2
11790.4	10686.2	92.3	78.0	1361.7	1470.3	20411.1	16411.4	1089.0	851.5	3976.1	3976.1	45.3	138.0
2341.2	1755.9	0.3	0.4	128.5	163.6	438.0	328.5	445.1	281.9	64.7	64.7	8.4	37.4
810.0	810.0	23.6	24.2	68.8	81.6	7851.2	5888.4	149.3	125.4	76.5	76.5	6.2	23.0
147.0	147.0	2.2	3.0	127.7	127.7	464.5	464.5	71.0	65.9	120.0	120.0	0.6	1.6
59.0	59.0	5.6	7.3	12.4	12.4	161.8	148.3	832.0	806.9	2056.6	2056.6	39.2	39.2
59.0	59.0	5.6	7.3	12.4	12.4	161.8	148.3	828.3	803.2	2056.6	2056.6	39.2	39.2
												1402.5	1402.5
												1402.5	1402.5
						52.0	52.0						
						52.0	52.0						

8–9 续表

指 标	太原市		小店区		迎泽区		杏花岭区	
	按现行价格	按可比价格	按现行价格	按可比价格	按现行价格	按可比价格	按现行价格	按可比价格
(四)中草药材	6139.7	6139.7			0.3	0.3		
二、林业产值	**85809.2**	**85792.6**	**10028.7**	**9208.3**	**5055.0**	**5202.8**	**5914.0**	**5914.0**
(一)林木的培育和种植	85151.6	85151.6	9907.6	9062.9	5055.0	5202.8	5914.0	5914.0
1.育种育苗	20269.2	21336.0	3532.8	2688.2	94.0	84.6	280.0	280.0
2.造林	13822.4	9286.9	74.8	74.8				
3.未成林、成林抚育管理面积	700.0	393.7						
(二)木材采运	657.6	641.0	121.1	145.3				
其中:村及村以下	657.6	641.1	121.1	145.3				
(三)林产品								
三、牧业产值	**194261.1**	**200833.2**	**37924.1**	**35177.4**	**824.1**	**862.5**	**3468.4**	**3458.3**
(一)牲畜饲养	89495.0	87261.1	27203.0	24505.0	383.2	383.4	575.6	565.5
1.牛的饲养	12856.6	12208.0	1770.2	1772.0	123.2	123.2	21.6	21.6
2.羊的饲养	43643.4	37096.9	1482.2	1347.5	256.9	257.2	537.4	537.4
3.其他牲畜饲养	224.0	224.0					3.5	3.5
4.奶产品	30308.6	30308.6	23945.6	21380.0				
其中:生牛奶	30175.2	30175.2	23945.6	21380.0				
5.毛绒产品	2462.4	2462.4	5.0	5.0	3.1	3.0	13.1	3.0
其中:羊毛	1311.6	1311.6	5.0	5.0	3.1	3.0	13.1	3.0
山羊绒	1150.8	1150.8						
6.其他牲畜副产品								
(二)猪的饲养	64577.6	73383.6	5323.5	5323.5	243.5	282.6	2334.6	2334.6
(三)家禽饲养	35745.2	35745.2	5397.6	5348.9	197.4	196.5	558.2	558.2
1.肉禽	10251.8	10251.8	2097.6	2048.7	12.6	11.7	182.3	182.3
2.禽蛋	25493.4	25493.4	3300.0	3300.0	184.8	184.8	375.9	375.9
(四)狩猎和捕捉动物	800.0	800.0						
(五)其他畜牧业	3643.3	3643.3						
其中:蚕茧								
家兔	81.6	81.6						
四、渔业产值(淡水产品)	**3097.0**	**2992.8**	**24.3**	**24.0**	**34.5**	**34.0**		
其中:养殖	3097.0	2992.8	24.3	24.0	34.5	34.0		
1.鱼类	3097.0	2992.9	24.3	24.0	34.5	30.3		
2.虾蟹类								
3.贝类								
3.其他								
五、农林牧渔专业及辅助性活动	**40365.0**	**40365.0**	**4300.0**	**4300.0**				

单位：万元

尖草坪区		万柏林区		晋源区		清徐县		阳曲县		娄烦县		古交市	
按现行价格	按可比价格	按现行价格	按可比价格	按现行价格	按可比价格	按现行价格	按可比价格	按现行价格	按可比价格	按现行价格	按可比价格	按现行价格	按可比价格
0.6	0.6	70.0	50.0			464.5	464.4	3511.9	3472.0	2118.4	2118.4	945.7	945.7
10545.5	**9674.1**	**5402.2**	**5653.8**	**2750.6**	**2770.3**	**3487.8**	**3487.8**	**12881.4**	**13229.3**	**8670.1**	**8987.6**	**9675.3**	**9664.7**
10530.0	9661.4	5402.2	5653.8	2750.6	2770.3	3353.5	3353.5	12629.5	12977.3	8653.6	8971.2	9675.3	9664.7
9850.0	8981.0	54.0	43.5	1224.0	1090.2	1193.5	1193.5	6444.7	7646.3	889.5	1766.8	4900.0	5600.0
				86.6	86.6	1140.0	1140.0	3182.8	3150.6	4551.6	2144.3	2420.5	2904.6
75.0	75.0	108.2	108.2					102.0	37.7	660.5	400.0		
15.5	12.7					134.3	134.3	251.9	252.0	16.5	16.4		
15.5	12.7					134.3	134.3	251.9	252.0	16.5	16.4		
16228.9	16739.6	1354.8	1466.5	17650.3	17907.3	51138.9	54704.3	44457.5	41060.6	10603.8	10603.8	16364.6	17664.3
9165.8	9340.5	163.4	142.5	7204.4	7437.2	20765.9	20475.2	27586.3	22429.7	6560.9	6560.9	6149.1	6152.2
165.8	171.6	64.8	56.7	725.2	745.0	4985.0	4985.0	2858.3	2227.9	1444.5	1444.5	970.2	1004.7
1849.7	1849.7	46.7	35.5	1953.2	930.1	13117.3	12825.8	16667.3	13270.6	4277.0	4277.0	4952.7	4952.7
8.3	8.3					9.8	9.8	70.4	70.4	63.8	63.8	15.8	15.8
7115.4	7293.2	48.4	49.6	4519.3	4732.6	2416.9	2416.9	7764.0	6685.5			112.7	100.4
7113.2	7291.0	48.4	49.6	4519.3	4732.6	2321.3	2321.3	7764.0	6685.5			112.7	100.4
26.8	17.5	3.5	0.7	6.7	6.7	75.6	75.6	226.4	175.9	775.5	775.5	97.7	78.5
22.8	13.5	0.5	0.3	6.7	6.7	75.6	75.6	183.5	103.0	36.0	36.0	73.3	73.3
4.0	4.0	3.0	0.4					43.0	72.9	739.5	739.5	24.4	5.2
						161.3	161.3						
5454.9	5598.2	988.8	1087.7	4244.0	4246.6	22014.2	25899.0	8030.0	10463.9	2740.5	2740.5	4778.8	5575.6
1331.8	1524.5	198.8	232.5	6164.7	6186.3	7659.5	7659.5	8660.1	7988.3	1159.3	1159.3	5436.7	5936.6
283.2	317.5	31.0	31.0	1437.1	1459.4	3891.4	3891.4	805.8	695.0	312.8	312.8	1567.5	1732.5
1048.6	1207.0	167.8	201.5	4727.6	4727.0	3768.1	3768.1	7854.3	7293.3	846.5	846.5	3869.2	4204.1
						48.0	48.0						
276.4	276.4	3.8	3.8	37.2	37.2	651.3	622.6	181.0	178.7	143.2	143.2		
						1.5	1.5	42.3	39.8	25.5	25.5		
144.9	144.9			302.5	302.5	2257.2	2273.6	79.2	70.4	506.7	506.7	170.0	170.0
										506.7	**506.7**	**170.0**	**170.0**
144.9	**144.9**			**302.5**	**302.5**	**2257.2**	**2273.5**	**79.2**	**70.4**	**506.7**	**506.7**	**170.0**	**170.0**
820.0	**820.0**	**950.0**	**950.0**	**1185.0**	**1185.0**	**9000.0**	**9000.0**	**3000.0**	**2857.1**	**1800.0**	**1800.0**	**4600.0**	**4600.0**

8-10 农林牧渔业

Intermediate consumption of agriculture,

指 标	太原市	小店区	迎泽区	杏花岭区
农林牧渔业中间消耗总计	**375578.9**	**65393.2**	**3189.1**	**5814.5**
一、农业中间消耗合计	**186608.5**	**36427.8**	**107.4**	**641.6**
(一)物质消耗	126581.8	27674.2	102.6	588.0
(1)用种量	17024.7	955.9	12.4	180.5
(2)役畜用饲料、饲草	495.0	0.1	0.5	8.5
(3)肥料	31747.7	1314.4	1.2	10.0
(4)燃料	16384.2	2551.8	1.8	54.6
(5)农药	501.0	40.9		5.2
(6)农用塑料薄膜	1922.1	72.8		1.0
(7)用电量	14576.1	1785.5	74.3	302.5
(8)小农具购置	10000.0	4500.0	1.0	3.0
(9)办公用品购置	10000.0	6500.0		3.0
(10)其他	23931.0	9952.8	11.4	19.7
(二)生产服务支出	60026.7	8753.6	4.8	53.6
二、林业中间消耗合计	**42983.2**	**5473.9**	**2559.0**	**2969.7**
(一)物质消耗	42632.1	2796.8	2528.6	2206.4
1.用种量	36564.7	2496.5	2112.8	917.4
2.肥料	633.6	70.3		3.0
3.燃料	1326.7	178.0	3.3	84.0
4.农药	139.1	10.0		2.0
5.用电量	3318.0	20.0	412.5	750.0
6.小农机具购置	300.0	10.0		250.0
7.办公用品购置	200.0	2.0		
8.其他	150.0	10.0		200.0
(二)生产服务支出	351.1	2677.1	30.4	763.3
三、牧业中间消耗合计	**122598.9**	**21376.5**	**505.0**	**2203.2**
(一)物质消耗	113216.2	15376.2	504.7	2025.8
1.用种量	611.0	115.2	0.5	11.5
2.饲料、饲草	92845.5	7554.3	290.3	1775.7
3.燃料	1506.7	683.5	0.3	75.0
4.用电量	5628.0	1062.5	211.0	
5.畜牧用药品	3301.0	1800.0		
6.其他	9324.0	4160.7	2.6	163.6
(二)生产服务支出	9382.7	6000.3	0.3	177.4
四、渔业中间消耗合计	**1443.3**	**12.7**	**17.7**	
(一)物质消耗	1077.6	11.0	17.7	
1.饲料		1.0		
2.燃料	162.8	4.2	0.1	
3.用电量	564.8	3.8	17.3	
4.办公用品购置	50.0	1.0	0.3	
5.其他	300.0	1.0		
(二)生产服务支出	365.7	1.7		
五、农林牧渔服务业中间消耗合计	**21945.0**	**2102.3**		
(一)物质消耗	11843.0	1402.3		
(二)生产服务支出	10102.0	700.0		

中间消耗

forestry, animal husbandry and fishery

单位：万元

尖草坪区	万柏林区	晋源区	清徐县	阳曲县	娄烦县	古交市
31968.5	**3996.0**	**38339.9**	**118615.2**	**55079.9**	**21469.1**	**25071.4**
15801.2	**215.5**	**25259.5**	**81256.3**	**21435.6**	**8999.5**	**7628.5**
9328.2	213.3	13619.9	55738.4	20593.5	5441.0	6266.4
523.4	47.6	1829.8	4134.7	2102.1	1818.4	2532.2
21.5	4.5	7.1	43.0	291.0	188.5	51.1
654.6	12.1	372.4	17086.3	9070.5	147.8	424.7
736.5	3.3	758.6	7540.0	2339.5	137.3	722.5
59.7	0.6	22.8	352.9	60.0	6.4	18.8
189.5	0.4	69.8	804.6	673.5	35.7	75.0
3852.5	25.0	1155.0	5657.3	1672.6	315.9	943.3
459.5	1.0	2400.0	3690.0	700.0	850.0	450.0
561.0	1.0	2200.0	2150.0	650.0	860.0	420.0
2270.0	117.8	4804.4	14279.6	3034.3	1081.0	628.8
6473.0	2.2	11639.6	25517.9	842.1	3558.5	1362.1
5683.9	**2486.3**	**1278.9**	**1945.1**	**6125.3**	**4425.8**	**4725.3**
4931.6	2163.6	1258.9	1813.7	6019.9	4233.0	4580.8
3311.0	1636.2	526.8	1513.0	4924.1	3621.8	3354.4
40.7	3.6	140.2	17.8	313.6	244.4	220.3
50.7	3.4	218.1	14.5	621.0	30.1	361.1
14.2	0.4	22.9	5.4	12.7	1.2	4.0
75.0	100.0	275.0	196.0	32.5	41.5	400.0
705.0	100.0	50.0	30.0	50.0	100.0	100.0
415.0	120.0	5.0	30.0	53.0	20.0	50.0
320.0	200.0	20.9	7.0	13.0	174.0	91.0
752.3	322.7	20.0	131.4	105.4	192.8	144.5
9989.9	**784.2**	**11031.7**	**29229.6**	**26022.0**	**6839.3**	**10122.0**
8197.2	766.5	11031.7	28500.9	23308.1	5144.6	9974.0
15.8	1.0	87.0	3474.5	57.6	17.6	103.5
6529.0	434.8	10534.3	23054.5	18857.9	4287.3	9048.9
51.4	8.5	37.3	203.5	472.0	182.5	258.9
350.0	150.0	125.5	862.0	675.0	57.2	450.0
500.0	2.0	30.0	44.0	650.0	250.0	20.0
751.0	170.2	217.6	862.4	2595.6	350.0	92.7
1792.7	17.7		728.7	2713.9	1694.7	148.0
78.5		**163.4**	**1224.4**	**43.2**	**270.9**	**92.8**
66.0		163.4	1051.6	37.9	212.7	83.8
		132.3	171.6	3.5	137.8	9.3
45.0		15.4		9.1	15.9	37.7
9.0		15.0	705.0	18.8	1.0	21.0
2.0		0.4	20.0	3.0	18.0	7.8
10.0		0.3	155.0	3.5	40.0	8.0
12.5			172.8	5.3	58.2	9.0
415.0	**510.0**	**606.4**	**4959.8**	**1453.8**	**933.6**	**2502.8**
235.0	330.0	486.4		690.0	604.6	1501.8
180.0	180.0	120.0	4959.8	763.8		1001.0

8-11 林业渔业生产情况
Conditions of Forestry and fishery production

指标	单位	合计	小店区	迎泽区	杏花岭区	尖草坪区	万柏林区	晋源区	清徐县	阳曲县	娄烦县	古交市	太原市直
林业生产情况													
一、当年造林面积	公顷	17278	47					33	400	3323	8577	4841	57
二、零星植树	万株	1259	126	121	180	121	131	96	136	116	116	116	
三、育苗面积	公顷	5334	673	47	140	800	87	680	700	800	707	700	
四、村及村以下木材采伐量	立方米	12821	2422			253			3357	5039	391		1359
渔业生产情况													
1.养殖面积	公顷	1049	6	167		20		30	210	37	33	20	526
2.水产品产量	吨	2603	15	27		115		231	1485	44	402	170	114

第9篇

工业、交通运输和邮电

Industry, Transportation and Telecommunications

资料整理、审核

李春宝　　郭　瑞　　亢会明　　高　宏

张　越　　张明敏

9-1 规模以上工业企业单位数
Number of industrial enterprises in the city

单位：个

指 标	2018	2017
规模以上工业企业数	**436**	**376**
在总计中：国有及国有控股	115	98
(一) 按轻重工业分		
轻工业	88	83
重工业	348	293
(二) 按登记注册类型分		
国有企业	7	8
集体企业	13	13
股份合作企业	2	1
联营企业		
有限责任公司	153	123
股份有限公司	20	19
私营企业	223	192
其他企业		
港、澳、台商投资企业	3	4
外商投资企业	15	16
(三) 按企业规模分		
大型企业	26	24
中型企业	64	65
小型企业	304	268
微型企业	42	19

9-2 全社会主要工业产品产量
Output of major industrial products

指 标	单 位	2018	2017
原煤	万吨	3345.76	2837.11
洗煤	万吨	3625.23	2373.21
# 洗精煤(用于炼焦)	万吨		1501.65
生铁	万吨	816.2	777.70
粗钢	万吨	1250.11	1182.81
钢材	万吨	1185.27	1102.40
焦炭	万吨	1150.46	1057.98
水泥	万吨	593.56	503.96
机制纸及纸板	万吨	2.23	3.75
白酒(折 65 度,商品量)	千升	11148	10090.44
饮料酒	千升	134263.41	127880.06
精制食用植物油	万吨	0.37	2.24
食醋	万吨	41.63	45.00
乳制品	万吨	11.28	9.06
软饮料	万吨	30.38	37.13

9-3 规模以上工业企业主要产品产量
The main product output of Industrial Enterprises above Designated Size

指　标	单　位	2018	2017
原煤	万吨	3345.76	2837.11
洗煤	万吨	2625.23	2373.21
#洗精煤	万吨	1604.13	1501.65
发电量	亿千瓦小时	270.97	258.63
鲜、冷藏肉	吨	4350.80	5798.37
配混合饲料	万吨	4.27	4.11
精制食用植物油	万吨	0.37	2.24
白酒(折65度,商品量)	千升	11148.79	10090.44
啤酒	千升	123114.62	117726.90
软饮料	万吨	30.38	37.13
卷烟	亿支	149.00	150.00
家具	万件	1.22	1.20
焦炭	万吨	1150.46	1057.98
饮料酒	千升	134263.41	127880.06
单色印刷品	令	1266063.00	1608979.63
多色印刷品	对开色令	4719436.00	7122556.00
涂料(油漆)	万吨	1.46	1.15
橡胶轮胎外胎	万条	78.47	72.03
水泥	万吨	621.56	468.96
商品混凝土	万立方米	61.56	720.75
镁合金	吨	3245.00	18974.00
生铁	万吨	816.20	777.70
粗钢	万吨	1250.11	1182.81
钢材	万吨	1185.27	1102.41
铁合金	万吨	0.77	0.40
原铝(电解铝)	万吨	6.20	6.01
金属镁	万吨	0.42	0.68
钕铁硼	吨	1437.50	1123.00
电站锅炉	蒸发量吨	15380	15776
金属切削机床	台	12	12
起重机	吨	42061.00	23087.00
采矿专用设备	吨	79824	49281
交流电动机	万千瓦	202	187
乳制品	万吨	11.28	9.06
食醋	万吨	41.63	45.00
粗苯	万吨	7.12	6.30
车轮	万吨	12.42	11.87
车轴	万吨	4.59	5.36
汽车	辆	2309	881
智能手机	万台	1979.40	2047.72
自来水生产量	亿立方米	3.77	3.38

9-4 规模以上工业主要产品生产能力
Above scale industrial production capacity

指　　标	单 位	生产能力
原煤	吨	47300000
发电设备容量总计	万千瓦	714.59
卷烟	万支	1749300
移动通信手持机(手机)	台	20000000
焦炭	吨	12550000
棉纺锭纺纱量	吨	23
水泥	吨	10600000
硅酸盐水泥熟料	吨	4492500
生铁	吨	8450000
粗钢	吨	14430000
钢材	吨	14595924
铁合金	吨	8000
挖掘机	台	124
金属切削机床	台	12
汽车	辆	21000

9-5 规模以上工业企业

Major economic indicators of Industrial

指　　标	企业单位数(个)	亏损企业	工业总产值(当年价格)	工业销售产值(当年价格)	出口交货值	年初存货	产成品
总　　计	**436**	**105**	**31270927**	**31112857**	**8622660**	**4934317**	**1236664**
一、按登记注册类型分组:							
内资企业	418	103	23581441	23374102	2304209	4316484	997864
国有企业	7	3	241192	242284	5728	28613	8912
中央企业	2	1	198048	197710	1204	18339	2510
地方企业	5	2	43145	44574	4524	10274	6403
集体企业	13	3	69095	68947		4503	1755
股份合作企业	2	1	5213	5656		1235	
有限责任公司	152	44	19531535	19347546	2285268	3798546	818771
国有独资公司	28	8	9765104	9606188	1235178	1895107	315243
其他有限责任公司	124	36	9766431	9741358	1050090	1903439	503527
股份有限公司	21	5	675331	654084	1144	96927	40885
私营企业	223	47	3059075	3055587	12070	386661	127541
私营独资企业	9	3	127987	126384		13422	6104
私营有限责任公司	199	40	2710473	2711093	10503	336252	117253
私营股份有限公司	15	4	220616	218109	1567	36987	4184
港、澳、台商投资企业	3		6270681	6335509	6037962	438719	210768
合资经营企业（港或澳、台资）	3		6270681	6335509	6037962	438719	210768
外商投资企业	15	2	1418804	1403246	280490	179115	28032
中外合资经营企业	10	2	608449	582554		112908	16024
外资企业	5		810355	820692	280490	66207	12008
二、在总计中:亏损企业	**105**	**105**	**5303236**	**5192978**	**70868**	**2226407**	**360645**
在总计中:国有控股企业	115	38	16865633	16671047	1319437	3517725	753589
在总计中:轻工业	88	21	1476100	1443682	10682	228025	68779
重工业	348	84	29794827	29669175	8611978	4706292	1167885
在总计中:大型企业	26	12	23341165	23287248	8535592	3846818	860728
中型企业	64	15	3399359	3377345	65258	506929	190778
小型企业	346	78	4530403	4448264	21810	580570	185158
纯小型企业	304	66	4001946	3957532	21745	541995	174571
微型企业	42	12	528457	490732	66	38575	10587
三、按行业大类分组							
煤炭开采和洗选业	32	12	3059480	3124615		974719	214788

主要经济指标(一)

Enterprises above Designated Size(1)

单位：万元

资产总计	流动资产合计	流动资产合计：货币资金	应收账款	存货	产成品	非流动资产合计	可供出售金融资产	持有至到期投资	长期股权投资	固定资产原价
56762766	**25197875**	**6942861**	**6544848**	**5139978**	**1514736**	**31564890**	**1047954**	**197648**	**1949495**	**31334256**
49595806	19045376	4292109	4310795	4639803	1316699	30550428	1047954	158608	1808140	29800869
586510	127693	26973	30981	25564	6434	458817	211		20	960103
504239	70692	8308	26144	18836	2799	433547				904357
82271	57001	18665	4837	6727	3636	25270	211		20	55746
42059	36171	6814	18017	5375	2669	5888				11493
7350	6369	72	3474	866		981				2606
44734044	16413330	4026095	3195438	4070894	1117309	28320713	1047347	158608	1676838	27190144
20131073	6775687	1270710	1060888	2071406	561068	13355385	652663	158258	1023551	14598576
24602971	9637642	2755384	2134551	1999488	556240	14965328	394683	350	653286	12591568
653305	376168	41870	170565	86002	24125	277137	326		23702	193784
3572537	2085645	190285	892321	451103	166163	1486892	70		107580	1442739
68328	45794	2840	18885	15453	6805	22535				18012
3049168	1797939	157604	777681	387528	153139	1251229	70		45302	1301131
455041	241913	29842	95755	48122	6219	213128			62278	123597
5158584	4715416	2468001	1771584	349291	158624	443168		24220	5445	585085
5158584	4715416	2468001	1771584	349291	158624	443168		24220	5445	585085
2008377	1437083	182751	462468	150884	39414	571294		14820	135910	948302
828911	551828	41797	186611	117351	28440	277083			120818	331407
1179466	885254	140953	275858	33533	10974	294211		14820	15092	616895
19523275	**7515201**	**2217944**	**1448635**	**2072100**	**355981**	**12008074**	**444140**	**6350**	**357692**	**11698740**
41416332	14451058	3662376	2638552	3734789	1027303	26965273	1047264	158608	1354911	26688427
1787231	960556	363096	207826	217488	85673	826674			20005	964919
54975535	24237319	6579765	6337022	4922490	1429063	30738216	1047954	197648	1929489	30369337
43266751	18349629	5817648	3948470	3839528	1058026	24917121	1047264	197648	1626235	24797425
6375608	3133643	508065	1153968	601865	211300	3241966	294		88266	3219520
7120408	3714603	617147	1442409	698585	245411	3405803	396		234994	3317311
6535321	3299807	533302	1264584	637638	219522	3235512	396		230394	3213309
585087	414796	83845	177825	60947	25889	170291			4600	104002
10502344	3126271	1253929	251248	879006	169043	7376074	393912	350	263003	6178169

9-5　续表 1-1

指　标	企业单位数（个）	亏损企业	工业总产值（当年价格）	工业销售产值（当年价格）	出口交货值	年初存货	产成品
石油和天然气开采业	2	2	13612	13009		14	
黑色金属矿采选业	2	1	24460	26070		1985	1985
非金属矿采选业	1		6212	6458		447	447
农副食品加工业	11	7	59087	61814	7070	12860	5651
食品制造业	17	3	467070	470197	134	62375	20524
酒、饮料和精制茶制造业	7	2	151324	131550		20252	5141
烟草制品业	1		441298	433715		28657	8594
纺织业	1	1	8614	8067		249	10
纺织服装、服饰业	1		8496	8729			
家具制造业	2		8309	8309		2118	
造纸和纸制品业	7	2	19059	18847		3765	2207
印刷和记录媒介复制业	11	4	53460	56617		13013	2572
文教、工美、体育和娱乐用品制造业	1		17115	17115		277	9
石油、煤炭及其他燃料加工业	10		1626484	1635775		138643	30194
化学原料和化学制品制造业	20	2	728835	712553	180	205927	26043
医药制造业	10	1	99446	89618	3478	21792	5326
橡胶和塑料制品业	6	1	118068	102678	12283	30583	16832
非金属矿物制品业	60	14	794278	783790		55873	27541
黑色金属冶炼和压延加工业	11		8510583	8540904	1183492	855311	241902
有色金属冶炼和压延加工业	12	4	285862	296158	66	36022	7956
金属制品业	31	6	691563	639656	6987	78585	20547
通用设备制造业	22	5	273784	269587	122	188530	60496
专用设备制造业	43	7	1374967	1227361	48290	1125292	176978
汽车制造业	10	5	356726	331117	2294	58375	17731
铁路、船舶、航空航天和其他运输设备制造业	15	5	779628	781277	62211	165371	32737
电气机械和器材制造业	22	6	269939	221378	1762	59714	25793
计算机、通信和其他电子设备制造业	19	3	8195659	8273297	7292959	643366	250896
仪器仪表制造业	15		209353	206862	1332	68075	28759
废弃资源综合利用业	1		22800	22800		770	297
金属制品、机械和设备修理业	2		34864	34864		1200	661
电力、热力生产和供应业	16	6	1086308	1083888		35037	1
燃气生产和供应业	12	4	1366284	1366284		32820	4048
水的生产和供应业	3	2	107902	107902		12303	

单位：万元

资产总计	流动资产合计	流动资产合计				非流动资产合计	可供出售金融资产	持有至到期投资	长期股权投资	固定资产原价
		货币资金	应收账款	存货	产成品					
181984	32534	106	28934	2859		149449				102712
39734	7541	1713	−1964	5167	5167	32193				30379
7701	4207	633	2982	201		3494				5076
148264	67189	27563	13893	12810	2565	81075			9008	48154
421943	218620	60029	38304	46655	16448	203322			3662	247165
132708	68579	25664	7075	19173	6570	64130			305	123856
502811	292645	199472	40606	42755	15276	210166			100	285221
41229	3205	89	89	2683	1883	38025				1097
4048	3098	19	−497	3545		950				385
18641	9443	1588	867	2242		9198				8168
30751	15954	1485	7780	3986	2072	14797			1857	10876
108789	47388	10508	12068	12991	2013	61401			644	81290
12156	11944	312	8795	299	107	212				1208
2039833	1137083	49240	98275	163243	43421	902750	294		353561	894953
3373137	1266202	148405	239145	216422	30593	2106935	4236		87668	309223
143873	69020	16812	7133	27620	13721	74854			893	79385
234040	115068	3373	63865	39601	28531	118972			2940	143981
1134186	715500	70842	430090	78869	37422	418687	326		7274	559976
12449668	3118106	662037	173369	1151955	484362	9331562	602861	152258	829971	11960923
191024	104628	5725	19606	43491	19501	86396				99750
453778	280651	38439	86459	96976	28061	173127			4127	196465
527470	395732	28040	78605	210208	66828	131738			5903	113396
3657738	2737447	352014	749753	988848	201985	920290	714		30738	709622
676317	361958	20156	228576	86245	32492	314358			9073	188242
1699309	1201420	119624	684829	217956	52025	497889			5379	451771
725623	543685	113375	240187	64757	28277	181938	70		4548	85513
7415474	6497213	2962846	2366719	525381	198164	918261	82	39040	44762	1371198
551857	318252	32037	178403	49277	6765	233605			83529	59688
42510	5820	2891	1706	830	106	36690				44820
36029	33780	3841	21956	4316	2728	2249			419	8944
4824859	1178704	502706	240273	71951	2706	3646154			25891	4846728
3947089	1067530	198792	197321	54949	15905	2879559	700		155517	1677888
485852	141460	28558	28401	12714		344392	44759	6000	18724	408036

9-5 规模以上工业企业

Major economic indicators of Industrial

指　标	房屋和构筑物	机器设备	运输工具	电子设备	累计折旧	本年折旧	固定资产净值	固定资产净额
总　计	**8505814**	**14193544**	**403858**	**1472635**	**13359841**	**1382166**	**17974410**	**17692106**
一、按登记注册类型分组:								
内资企业	8241423	13411448	394050	1466853	12501930	1265768	17298934	17022266
国有企业	199724	731529	6174	47	526007	33303	434096	434096
中央企业	180695	701894	3545		485103	32204	419254	419254
地方企业	19029	29636	2629	47	40904	1099	14843	14843
集体企业	1341	4432	2844	80	6623	864	4870	4870
股份合作企业	165	2015	362	64	1624	98	981	981
有限责任公司	7459169	12148601	309765	1447291	11375918	1110784	15814224	15597881
国有独资公司	3252029	8863208	175269	174918	6462154	566634	8136422	8083866
其他有限责任公司	4207140	3285393	134497	1272373	4913764	544150	7677802	7514015
股份有限公司	86553	80457	5011	3756	52397	8867	141387	141037
私营企业	494471	444413	69893	15616	539362	111852	903375	843400
私营独资企业	2122	10206	323	20	7909	735	10103	10100
私营有限责任公司	420234	401463	65524	11835	502762	104808	798367	787143
私营股份有限公司	72114	32744	4047	3761	28691	6310	94906	46157
港、澳、台商投资企业	61108	186439	298	885	251811	61764	333275	331528
合资经营企业（港或澳、台资)	61108	186439	298	885	251811	61764	333275	331528
外商投资企业	203282	595658	9510	4896	606100	54634	342202	338313
中外合资经营企业	91921	161402	8058	1115	211463	19852	119945	116056
外资企业	111362	434256	1452	3781	394638	34783	222257	222257
二、在总计中:亏损企业	**3715074**	**3302739**	**128721**	**1219350**	**4794542**	**420975**	**6904198**	**6794277**
在总计中:国有控股企业	7083618	12366532	296062	1379419	11375641	1056679	15312784	15106292
在总计中:轻工业	301952	378418	12422	22301	377813	52371	587105	519687
重工业	8203861	13815126	391436	1450334	12982028	1329795	17387305	17172419
在总计中:大型企业	6905658	12267803	295122	825345	11134438	1017318	13662986	13526370
中型企业	891986	904737	24284	628307	1241687	169031	1977833	1889042
小型企业	708169	1021004	84453	18982	983716	195817	2333591	2276695
纯小型企业	687145	998192	83534	18498	955857	187138	2257448	2201787
微型企业	21024	22812	919	484	27859	8680	76144	74908
三、按行业大类分组								
煤炭开采和洗选业	3118410	2056267	95275	593547	2920892	210349	3257277	3166354

主要经济指标(二)
Enterprises above Designated Size(2)

单位：万元

在建工程	油气资产	无形资产			商誉	负债合计	流动负债合计		非流动负债合计	所有者权益合计
			土地使用权	软件使用权				应付账款		
4271230	**4754**	**4267005**	**1174159**	**49628**	**202252**	**41053068**	**29788245**	**8733939**	**11197653**	**15709695**
4241550	4754	4230340	1144801	48981	202252	35943273	24768647	6357731	11113744	13652529
23713		709		1		547060	76239	82818	470821	39450
13557		708				495156	33458	78195	461698	9083
10157		1		1		51904	42781	4624	9123	30367
65						29363	29363	16608		12696
						4819	4213	2043	605	2532
4001241	761	4033194	1061903	4985	202252	32546762	22306517	5372780	10201045	12187280
1048050		1446884	570317	508	35680	13188563	8984633	1601672	4203930	6942510
2953191	761	2586310	491586	4477	166572	19358200	13321883	3771108	5997115	5244770
16775		51016	26337	30		296793	251254	102327	45539	356512
199756	3994	145421	56561	43966		2518476	2101061	781154	395734	1054060
18		123	123			49013	35028	4199	2893	19315
172417	3994	126449	42487	43849		2288140	1909811	714296	367740	761028
27322		18849	13951	117		181323	156222	62659	25101	273717
4482		13195	11660			4292262	4292262	1985191		866322
4482		13195	11660			4292262	4292262	1985191		866322
25198		23470	17698	647		817533	727336	391017	83910	1190844
18234		13530	7768	636		578231	488707	196007	83238	250680
6964		9940	9930	11		239302	238630	195009	672	940164
1201349	**4754**	**2201342**	**320580**	**46428**	**199070**	**17243154**	**11742576**	**3002571**	**5446303**	**2280122**
3859471		3808310	973817	4611	202252	30392098	20025872	4189308	10339063	11024233
97616	761	82275	69889	413		764407	684738	225426	71581	1022824
4173615	3994	4184730	1104270	49215	202252	40288661	29103508	8508513	11126072	14686871
3502074		3566699	895280	4560	202252	31765702	22937246	6212879	8828456	11501048
465683	761	437878	121430	43329		4525955	3304304	1032275	1221651	1849653
303473	3994	262429	157448	1739		4761411	3546695	1488785	1147546	2358993
288569	3994	239145	134687	1739		4300890	3228345	1309062	1066257	2234428
14904		23284	22761			460521	318350	179723	81289	124565
874484		2217754	186747	45062	166572	9800290	6370524	1104789	3424581	702053

9-5 续表 2-1

指 标	房屋和构筑物	机器设备	运输工具	电子设备	累计折旧	本年折旧	固定资产净值	固定资产净额
石油和天然气开采业	93055	9107	498	52	30344	6438	72368	72368
黑色金属矿采选业	14010	16368			15041	10393	15338	15338
非金属矿采选业					2905	498	2171	2171
农副食品加工业	4703	5974	492	28	20116	2081	28038	28038
食品制造业	95838	61088	3986	4761	69716	15207	177449	128700
酒、饮料和精制茶制造业	17094	58305	742	984	72202	5773	51655	43331
烟草制品业	100121	153237	505	12877	98375	16949	186846	186846
纺织业	1	1011	58	28	1007	5	90	90
纺织服装、服饰业		237	99	49	199	63	187	187
家具制造业	5814	1432	392	479	3507	436	4662	4662
造纸和纸制品业	1969	2970	296	9	3700	610	7176	7176
印刷和记录媒介复制业	12054	34168	1096	1247	49175	3171	32116	22598
文教、工美、体育和娱乐用品制造业		721	373	31	996	88	212	212
石油、煤炭及其他燃料加工业	400327	312864	13983	38160	448949	38032	446003	446003
化学原料和化学制品制造业	87620	66699	2896	1647	72277	5259	236945	229534
医药制造业	39679	25188	2315	1324	29471	4297	49914	49085
橡胶和塑料制品业	66265	76556	829	223	44965	5742	99016	98990
非金属矿物制品业	117708	146989	53298	2756	216535	31706	343440	308140
黑色金属冶炼和压延加工业	3147822	8474473	168725	169382	5871556	502228	6089366	6049216
有色金属冶炼和压延加工业	20237	60643	1480	74	26047	4177	73703	56688
金属制品业	61246	95165	3276	1759	64457	8476	132007	128211
通用设备制造业	59739	31844	3919	1551	33254	6271	80143	80143
专用设备制造业	50247	53561	4272	2393	238001	33432	471620	471041
汽车制造业	71172	57004	6224	28466	46003	11933	142239	141245
铁路、船舶、航空航天和其他运输设备制造业	148990	264652	14843	704	157318	24897	294452	291418
电气机械和器材制造业	33154	44407	1647	591	24689	8289	60823	48187
计算机、通信和其他电子设备制造业	156468	672720	3040	6127	683733	116445	687465	685394
仪器仪表制造业	21238	9212	3748	3631	22287	4531	37400	37400
废弃资源综合利用业	24590	19776	292	151	11035	2130	33786	33786
金属制品、机械和设备修理业	1110	5237	1236	1361	7129	403	1814	1814
电力、热力生产和供应业	432882	996595	5624	596071	1585092	215209	3261635	3261635
燃气生产和供应业	21906	70871	2934	951	308907	66452	1368981	1368031
水的生产和供应业	80343	308205	5467	1224	179962	20198	228074	228074

单位：万元

在建工程	油气资产	无形资产			商誉	负债合计	流动负债合计		非流动负债合计	所有者权益合计
			土地使用权	软件使用权				应付账款		
35250	3994	1866	1856	9		147052	146247	134505	806	34931
4580		12274	1800			30892	15692	12081	15200	8842
87		1236				6466	6466	144		1234
33273		8569	5448	193		106790	69241	17938	35748	41474
3052	761	14881	13887	70		172876	157056	40695	15820	249066
4654		5564	4970	10		61934	55561	18337	87	70774
276		22063	21139			123571	123571	62525		379240
22533		6434	6434			14839	14839	3132		26390
		763	756			3585	3585	450		463
		51		51		5894	5894	616		12747
726		5039	5039			21161	20708	3051	453	9590
18393		2831	1057	54		70987	64867	20443	6121	37802
						10072	10072	10072		2084
48800		33578	28507	170		1211743	1062377	490274	149367	828089
1410230		66151	4426	59	32498	2789164	2207772	603081	570300	583973
11183		8497	3658	31		73940	60945	18703	12995	69934
9094		3262	3008	253		202332	202332	76064		31708
18328		34618	27782	44		833631	735948	400280	97683	300554
128407		1278349	556302	553		6743378	4313603	452999	2429775	5706290
9636		6945	5326	9		173867	108039	9712	38665	17157
2882		25981	7218	22		205320	198588	59725	6732	248457
16198		25166	16380	197		377009	343015	101090	33993	150462
122170		112007	41866	925		2942552	2724120	787862	214831	715186
60310		70157	57769	43		719427	695842	242593	23585	-43110
90836		58482	49653	1127		1106178	848947	294259	257231	593131
76063		37510	35818	21		494976	387910	225266	107065	230647
18651		26170	23001	43		5251146	5230067	2767851	21079	2164328
37371		26008	10987	398		299801	250241	127559	49559	252057
887		1535				5081	5081	672		37429
		6		6		15813	15813	11307		20216
133054		47476	44956	126		3417681	1451472	422052	1954171	1407178
1062136		76960	8370	154	3182	3361073	1684014	89773	1677059	586016
17687		28825				252548	197799	124040	54749	233304

9-5 规模以上工业企业

Major economic indicators of Industrial

指 标	实收资本	国家资本	集体资本	法人资本	个人资本	港澳台资本	外商资本
总 计	**7533786**	**3533184**	**252869**	**2512415**	**526693**	**41775**	**666849**
一、按登记注册类型分组:							
内资企业	6765953	3521932	252869	2462183	521968	7000	
国有企业	30859	30259		600			
中央企业	120	120					
地方企业	30739	30139		600			
集体企业	8911		8183	630	98		
股份合作企业	2035			35	2000		
有限责任公司	5885672	3486442	233979	1972279	192972		
国有独资公司	1445651	1427191		17900	560		
其他有限责任公司	4440021	2059252	233979	1954379	192412		
股份有限公司	158999	5201		124018	29781		
私营企业	679476	30	10707	364622	297117	7000	
私营独资企业	1818			1394	425		
私营有限责任公司	576687	30	10707	301050	257900	7000	
私营股份有限公司	100971			62178	38793		
港、澳、台商投资企业	337562			600		25000	311962
合资经营企业(港或澳、台资)	337562			600		25000	311962
外商投资企业	430271	11252		49632	4725	9775	354888
中外合资经营企业	102262	11252		49632	4725	7872	28781
外资企业	328010					1903	326107
二、在总计中:亏损企业	**3102116**	**1702629**	**11312**	**1290734**	**92441**	**5000**	
在总计中:国有控股企业	5234531	3511472	224329	1481217	17513		
在总计中:轻工业	342894	37750	11402	176090	90324	2000	25329
重工业	7190891	3495434	241468	2336325	436369	39775	641521
在总计中:大型企业	4780617	2337493	198224	1534898	91725		618277
中型企业	1180155	639650	32549	431982	63049	5922	7004
小型企业	1573014	556042	22096	545535	371919	35853	41569
纯小型企业	1457971	495198	22096	528317	339938	30853	41569
微型企业	115043	60844		17218	31981	5000	
三、按行业大类分组							
煤炭开采和洗选业	1871000	661502	20458	1164453	19588	5000	

主要经济指标(三)
Enterprises above Designated Size(3)

单位：万元

营业收入	主营业务收入	营业成本	主营业务成本	税金及附加	主营业务税金及附加	其他业务收入	其他业务利润	销售费用	管理费用	财务费用
32246520	**31517773**	**27260881**	**26641228**	**599280**	**574452**	**728747**	**-1011**	**726632**	**1903907**	**1009703**
24198402	23532155	19672022	19107355	566801	541973	666247	-12482	682300	1761162	972027
246869	245209	226084	225815	4390	2637	1660	199	8937	17782	25155
200344	199009	200880	200859	2369	643	1335	124	803	2032	24877
46525	46199	25204	24957	2021	1994	326	76	8134	15750	278
75616	74403	69070	67858	611	611	1213	1	150	6359	-48
5859	5657	5386	5231	15	15	203		120	444	4
19777402	19230824	15892848	15433649	535693	512769	546579	-18273	548734	1552555	890926
9800136	9674725	7788906	7692619	94099	91934	125411	1160	303667	633027	403758
9977266	9556099	8103942	7741030	441594	420835	421167	-19433	245067	919528	487167
707744	699225	629257	622222	1935	1928	8519	1373	16877	30476	1691
3384912	3276838	2849378	2752579	24157	24013	108074	4218	107484	153546	54300
128911	128888	117148	117126	729	729	23	1	3983	2564	3424
2950160	2842694	2495602	2398964	21724	21586	107467	4058	88721	124903	49031
305840	305256	236628	236489	1705	1699	584	160	14780	26079	1845
6344349	6335828	6244932	6240790	16278	16278	8521	4379	744	49845	28315
6344349	6335828	6244932	6240790	16278	16278	8521	4379	744	49845	28315
1703769	1649790	1343927	1293084	16202	16202	53979	7092	43588	92901	9361
847172	832991	652198	635156	5470	5470	14181	1097	41027	22976	9507
856597	816799	691729	657927	10732	10732	39798	5996	2561	69925	-146
5827281	**5576242**	**5010078**	**4762243**	**214339**	**199838**	**251039**	**-34616**	**162209**	**742589**	**482722**
17018095	16515838	13620069	13190034	516379	492567	502257	-33104	485096	1392297	882046
1478331	1441311	967918	942224	212211	210632	37021	2112	90538	112714	7304
30768189	30076463	26292963	25699005	387069	363820	691726	-3123	636095	1791193	1002399
23967755	23560870	20517666	20129329	323965	305629	406885	-24230	469823	1381445	885163
3541707	3321252	2627465	2485557	243805	240861	220455	16375	126504	268599	45575
4737059	4635651	4115751	4026343	31511	27962	101407	6844	130306	253863	78965
4207532	4131355	3611595	3547673	30043	26504	76177	6801	122871	242995	68745
529526	504296	504156	478670	1467	1458	25230	43	7434	10868	10221
3383340	3165312	2638245	2400827	214432	201304	218028	-38319	96111	496526	304244

9-5　续表 3-1

指　　标	实收资本	国家资本	集体资本	法人资本	个人资本	港澳台资本	外商资本
石油和天然气开采业	44200	20000		24200			
黑色金属矿采选业	1500			1500			
非金属矿采选业	270				270		
农副食品加工业	26175	14094	3667	3944	4470		
食品制造业	62022	1030	2637	33778	22577	2000	
酒、饮料和精制茶制造业	58083	3140		26130	3486		25326
烟草制品业	61320			61320			
纺织业	9000			9000			
纺织服装、服饰业	500				500		
家具制造业	2115			2050	65		
造纸和纸制品业	10552			5558	4994		
印刷和记录媒介复制业	23590	14208	1827	5460	2096		
文教、工美、体育和娱乐用品制造业	500				500		
石油、煤炭及其他燃料加工业	282685			140863	128025	5922	7875
化学原料和化学制品制造业	584274	326568	200501	29459	27745		2
医药制造业	42589	277	3270	17451	21591		
橡胶和塑料制品业	49463	30000		7456	12007		
非金属矿物制品业	184853	41323	69	58856	84606		
黑色金属冶炼和压延加工业	787797	717468		64896	3530	1903	
有色金属冶炼和压延加工业	33969	18037	102	15232	598		
金属制品业	110046	20000	15325	58000	16721		
通用设备制造业	94183	39573	1082	24290	26069		3168
专用设备制造业	379118	166144	756	152232	44732		15255
汽车制造业	73147	13565		58441	1140		
铁路、船舶、航空航天和其他运输设备制造业	234800	219183	1357	841	8598		4821
电气机械和器材制造业	188459	57380		75037	56042		
计算机、通信和其他电子设备制造业	971871	10120		325804	25546		610402
仪器仪表制造业	57672	1620		47411	6691	1950	
废弃资源综合利用业	25000					25000	
金属制品、机械和设备修理业	13310			13310			
电力、热力生产和供应业	761602	722841		34813	3948		
燃气生产和供应业	371828	327910		43358	560		
水的生产和供应业	116295	107202	1819	7274			

单位：万元

营业收入	主营业务收入	营业成本	主营业务成本	税金及附加	主营业务税金及附加	其他业务收入	其他业务利润	销售费用	管理费用	财务费用
13136	12662	18453	18059	183	183	475	80		1468	8
23350	23350	16953	16953	1055	1055				1884	1722
6458	6458	4405	4405	400	400				197	−2
68514	68514	56774	56774	362	362			2239	9747	2424
475762	466104	366596	357689	1376	1376	9658	84	38521	28666	5630
148040	145929	107530	105672	8290	8290	2112	127	16709	6958	366
432582	412375	165282	164985	199267	197884	20208	110	5778	32189	−4887
7157	7157	7282	7282	131	131			19	165	1
8729	8729	8496	8496	7	7			117	111	
8309	8309	5333	5333	38	38			1500	1045	−103
21802	21763	20393	20393	144	144	40	40	237	790	406
61500	58635	50955	48963	541	378	2866	928	2255	6626	1416
17115	17115	16139	16139	34	34			509	241	
1921196	1878393	1476391	1441904	14314	14281	42803	−6	65739	34278	26115
951349	931509	796155	764546	8713	6519	19840	317	26623	71892	73179
88995	88889	46133	46022	1204	1204	106		15758	15611	880
101345	100078	92008	91670	817	817	1268	917	4507	7163	4237
787597	785451	689050	687804	3852	3803	2145	643	22497	42829	10402
8102712	8034304	6444396	6373565	76615	76607	68408	−179	186235	441806	257449
278902	274504	266810	263720	507	507	4398	676	2855	12055	5777
689008	684166	624482	620493	1956	1956	4842	886	8247	30456	1365
277130	275533	222450	221254	1826	1798	1597	223	11304	31040	4841
1259909	1209650	964706	919304	9613	8895	50259	303	48672	149204	74126
355348	343664	359795	349164	1816	584	11683	624	13393	77837	6435
783232	759929	605025	584976	5972	5560	23303	2089	21280	58908	13446
222215	220832	189402	188438	751	719	1383	508	5536	17447	5660
8422330	8359677	8021558	7973095	28662	28559	62653	13271	10525	193360	27145
255724	249042	190744	186993	1521	1521	6682	2794	11948	26613	2453
23120	23120	7461	7461	401	401			460	5978	83
34855	34855	29914	29914	457	457				2633	−4
1153254	1068453	1119700	1078601	8246	5175	84800	12490	5097	38275	87816
1753525	1664634	1525740	1474210	4452	2177	88891	85	96314	43766	93111
108979	108679	106124	106124	1325	1325	300	300	5651	16146	3965

9-5　规模以上工业企业

Major economic indicators of Industrial

指　标	利息收入	利息支出	资产减值损失	公允价值变动收益	投资收益	资产处置收益	其他收益
总　计	**-49601**	**1078186**	**235921**	**8715**	**114032**	**32767**	**185721**
一、按登记注册类型分组:							
内资企业	38794	991275	232688	8715	99961	32241	185721
国有企业	13	25116	912		166		3173
中央企业	21	24837	912		121		3173
地方企业	-8	279			45		
集体企业	-28	27					
股份合作企业	-3	6					
有限责任公司	38255	915335	225773	8715	92749	32312	177459
国有独资公司	24999	393047	113535	10417	39134	313	61116
其他有限责任公司	13256	522287	112238	-1702	53615	31999	116343
股份有限公司	-1140	3001	1684		1036	-3	1203
私营企业	1697	47790	4320		6010	-68	3886
私营独资企业	2	3329					80
私营有限责任公司	1434	42779	2038		368	-59	1390
私营股份有限公司	261	1683	2282		5642	-9	2416
港、澳、台商投资企业	-83944	79195	311		2895		
合资经营企业（港或澳、台资）	-83944	79195	311		2895		
外商投资企业	-4451	7715	2922		11177	526	
中外合资经营企业	322	7593	2922		-322		
外资企业	-4773	122			11499	526	
二、在总计中:亏损企业	**12673**	**492882**	**135587**	**-1702**	**20982**	**404**	**89620**
在总计中:国有控股企业	48803	899412	225434	8715	59189	31067	160907
在总计中:轻工业	4493	12268	440		360	-9	1586
重工业	-54093	1065918	235481	8715	113673	32776	184136
在总计中:大型企业	-63355	959625	217259	8715	101978	32769	121445
中型企业	5073	48680	10076		2849	14	16093
小型企业	8682	69881	8586		9206	-16	48183
纯小型企业	3398	62725	8476		9206	-16	48163
微型企业	5284	7156	111				20
三、按行业大类分组							
煤炭开采和洗选业	9129	314992	90212		18033	337	8999

主要经济指标(四)

Enterprises above Designated Size(4)

单位：万元

营业利润	营业外收入	营业外支出	利润总额	所得税费用	亏损企业亏损总额	利税总额	应交税金及附加	本年应付职工薪酬	本年应交增值税
851422	**252257**	**203724**	**899956**	**302695**	**782590**	**2449863**	**1852603**	**3308956**	**950627**
638032	185809	200002	623838	263866	781048	2053050	1693077	2601714	862411
-33051	894	131	-32288	652	36514	-17354	15586	40851	10544
-28234	340	5	-27899	600	31896	-19462	9037	20597	6068
-4817	553	125	-4389	52	4618	2108	6549	20254	4476
-526	1068	37	506	73	84	5749	5316	14790	4633
-108	66	25	-67	3	120	54	123	221	105
442107	163079	197090	408096	241747	722049	1690032	1523683	2400966	746243
574126	56632	96773	533985	87841	68778	957674	511530	708781	329590
-132019	106448	100318	-125889	153907	653271	732358	1012153	1692184	416652
28058	3706	253	31512	4365	3079	44638	17491	20767	11191
201552	16996	2467	216079	17026	19203	329932	130878	124120	89695
1144	0	32	1113	26	159	4383	3296	1849	2541
169838	16390	2305	183921	14576	17005	284365	115020	104749	78720
30570	605	130	31045	2424	2039	41184	12563	17521	8434
6820	55699	535	61984	15876		78719	32610	441263	457
6820	55699	535	61984	15876		78719	32610	441263	457
206570	10749	3186	214133	22954	1542	318094	126915	265979	87760
112749	1484	713	113520	15329	1542	161557	63366	30517	42568
93821	9265	2473	100613	7626		156537	63550	235461	45192
-810940	**122886**	**94537**	**-782590**	**52068**	**782590**	**-285694**	**548963**	**1351852**	**282557**
156651	132157	195334	93475	168502	692879	1288891	1363918	2139109	679037
89142	4587	1440	92289	17374	10056	374016	299102	107448	69516
762280	247671	202283	807667	285321	772534	2075847	1553501	3201508	881111
437340	217396	189984	464752	218148	673875	1475040	1228437	2809760	686324
238638	9689	5920	242407	52042	60274	638715	448350	296028	152504
175444	25172	7819	192797	32505	48441	336107	175816	203168	111800
180156	24803	7727	197231	31601	38714	333686	168055	199908	106412
-4711	369	92	-4435	905	9727	2421	7761	3260	5389
-429062	58685	88932	-459309	63021	521883	43603	565933	1059321	288480

9-5 续表 4-1

指　标							
	利息收入	利息支出	资产减值损失	公允价值变动收益	投资收益	资产处置收益	其他收益
石油和天然气开采业	2		1				2053
黑色金属矿采选业	1726						
非金属矿采选业	2						
农副食品加工业	-523	2766	32				
食品制造业	22	5364	62		268	6	350
酒、饮料和精制茶制造业	-138	676	161		232		24
烟草制品业	4897		-62				
纺织业							
纺织服装、服饰业							
家具制造业	103						
造纸和纸制品业	4	370					80
印刷和记录媒介复制业	4	995	1		-214	-16	347
文教、工美、体育和娱乐用品制造业							
石油、煤炭及其他燃料加工业	622	24658	1108		40540	57	79
化学原料和化学制品制造业	950	81616	18662		2129		
医药制造业	88	1048	12		64		784
橡胶和塑料制品业	15	4326	1892				
非金属矿物制品业	-62	8185	631		3010	18	1653
黑色金属冶炼和压延加工业	21206	253478	76452	9873	32463	139	23629
有色金属冶炼和压延加工业	28	5576	5264		4		82
金属制品业	284	1397	5641		679	-20	93
通用设备制造业	330	3567	321		5		119
专用设备制造业	37	74562	22977		3	77	3502
汽车制造业	295	6942	1026		1146	-28	19569
铁路、船舶、航空航天和其他运输设备制造业	782	15057	1572		163	30398	5400
电气机械和器材制造业	5572	3822	1126		602		163
计算机、通信和其他电子设备制造业	-99959	88902	1139		6615	1732	2122
仪器仪表制造业	-858	3072	3457		6467	-86	1287
废弃资源综合利用业	-29	104	311				
金属制品、机械和设备修理业	-14		-85				
电力、热力生产和供应业	1405	85514	2769	-2206	598		84918
燃气生产和供应业	4252	87014	1243	1048	-386	151	30070
水的生产和供应业	228	4184	-2		1613		397

单位：万元

营业利润	营业外收入	营业外支出	利润总额	所得税费用	亏损企业亏损总额	利税总额	应交税金及附加	本年应付职工薪酬	本年应交增值税
-4924		4	-4928	391	4928	-4443	877	1992	302
1735	14	14	1735	454	758	3697	2415	140	906
1457		25	1432	80		2026	674	267	194
-3065	234	44	-2874	29	4077	-1332	1572	5965	1180
35536	1117	129	36524	2759	3011	44397	10632	19693	6497
8284	722	192	8814	2238	1486	24140	17564	8102	7036
35015	103	336	34781	9835		277133	252186	36538	43084
-440	277	38	-200	0	200	-12	188	876	57
				1		35	36	288	28
497	56	1	552	5		692	145	1128	103
-88	195	7	100	9	83	498	408	873	254
-176	339	232	-69	31	636	1487	1586	11288	1015
192			192	48		426	282	84	200
343928	1239	1227	343940	63729		447600	167389	37920	89346
-41747	27983	3609	-17373	1660	26574	9647	28680	88650	18307
10245	338	386	10197	1891	504	16992	8686	6683	5591
-9279	623	23	-8678	112	9094	-7064	1726	8441	798
23014	4126	2754	24386	4891	7047	51853	32358	41885	23615
685863	27034	89391	623506	66066		979770	422330	535803	279649
-14281	1164	114	-13231	829	15024	-16826	-2767	8828	-4103
17617	3377	160	20834	3365	599	32125	14656	28156	9336
5471	2086	458	7100	1220	604	17754	11875	32628	8829
-5809	7485	729	948	2685	26069	50570	52307	135359	40010
-84267	27667	1272	-57873	288	60220	-54456	3705	35746	1600
112991	4529	1985	115534	16751	3034	154707	55925	91407	33202
3059	495	293	3262	426	1382	6567	3732	10066	2554
150410	65839	2714	213535	34819	2456	292799	114082	904263	50602
26656	1605	111	28149	1976		35836	9662	16073	6165
8427	25	269	8183	1845		8745	2407	2934	161
1940	2	8	1934	111		5922	4099	12057	3531
-25340	4626	5099	-25814	6257	63717	-15802	16269	106378	1765
19785	6620	2878	23528	14704	9693	54932	46108	34233	26952
-22220	3653	294	-18861	169	19511	-14155	4874	24892	3381

9-5 规模以上工业企业
Major economic indicators of Industrial

指标	从业人员平均人数(人)	从业人员期末人数(人)	平均用工人数(人)	期末用工人数(人)	营业收入利润率(%)	产品销售率(%)
总计	**309969**	**305266**	**312567**	**302819**	**2.79**	**99.49**
一、按登记注册类型分组:						
内资企业	250642	249556	250403	247338	2.58	99.12
国有企业	4834	4740	4776	3919	-13.08	100.45
中央企业	2398	2384	2411	2384	-13.93	99.83
地方企业	2436	2356	2365	1535	-9.43	103.31
集体企业	3131	3071	3112	3091	0.67	99.79
股份合作企业	85	81	85	81	-1.13	108.50
有限责任公司	213581	213531	213165	213930	2.06	99.06
国有独资公司	64099	63554	64440	63998	5.45	98.37
其他有限责任公司	149482	149977	148725	149932	-1.26	99.74
股份有限公司	4068	4007	4044	3626	4.45	96.85
私营企业	24943	24126	25221	22691	6.38	99.89
私营独资企业	750	883	1262	386	0.86	98.75
私营有限责任公司	21744	20754	21507	19816	6.23	100.02
私营股份有限公司	2449	2489	2452	2489	10.15	98.86
港、澳、台商投资企业	41892	38140	45014	38140	0.98	101.03
合资经营企业 (港或澳、台资)	41892	38140	45014	38140	0.98	101.03
外商投资企业	17435	17570	17150	17341	12.57	98.90
中外合资经营企业	4046	4061	4032	3832	13.40	95.74
外资企业	13389	13509	13118	13509	11.75	101.28
二、在总计中:亏损企业	**120969**	**121093**	**120055**	**121542**	**-13.43**	**97.92**
在总计中:国有控股企业	185079	184607	184418	184728	0.55	98.85
在总计中:轻工业	16304	15714	16362	15079	6.24	97.80
重工业	293665	289552	296205	287740	2.63	99.58
在总计中:大型企业	239364	235518	242084	238096	1.94	99.77
中型企业	37417	37774	37346	35971	6.84	99.35
小型企业	33188	31974	33137	28752	4.07	98.19
纯小型企业	31221	30478	30795	28218	4.69	98.89
微型企业	1967	1496	2342	534	-0.84	92.86
三、按行业大类分组						
煤炭开采和洗选业	87808	86134	85949	86523	-13.58	102.13

主要经济指标(五)
Enterprises above Designated Size(5)

单位：万元

资产负债率(%)	总资产贡献率(%)	人均营业收入(万元/人)	流动资产周转率(次/年)	每百元资产实现的营业收入(元)	产成品存货周转天数(天)	应收账款平均回收期(天)	成本费用利润率(%)
72.32	**6.30**	**103.17**	**1.28**	**56.81**	**20.00**	**73.07**	**2.91**
72.47	6.06	96.64	1.27	48.79	24.10	64.13	2.70
93.27	1.32	51.69	1.93	42.09	10.25	45.18	-11.62
98.20	1.06	83.10	2.83	39.73	5.02	46.98	-12.20
63.09	2.91	19.67	0.82	56.55	51.93	37.42	-8.89
69.81	13.80	24.30	2.09	179.79	13.91	85.78	0.67
65.56	0.85	68.93	0.92	79.72	0.00	213.46	-1.12
72.76	5.74	92.78	1.20	44.21	25.31	58.17	2.16
65.51	6.59	152.08	1.45	48.68	25.93	38.97	5.85
78.68	5.05	67.09	1.04	40.55	24.71	77.02	-1.29
45.43	7.47	175.01	1.88	108.33	13.80	86.76	4.65
70.50	10.53	134.21	1.62	94.75	20.99	94.90	6.83
71.73	11.28	102.15	2.82	188.66	20.91	52.74	0.88
75.04	10.68	137.17	1.64	96.75	22.09	94.90	6.67
39.85	9.36	124.73	1.26	67.21	9.46	112.71	11.11
83.21	4.69	140.94	1.35	122.99	9.14	100.53	0.98
83.21	4.69	140.94	1.35	122.99	9.14	100.53	0.98
40.71	16.44	99.35	1.19	84.83	10.56	97.72	14.37
69.76	20.37	210.11	1.54	102.20	15.70	79.30	15.64
20.29	13.69	65.30	0.97	72.63	5.71	115.93	13.17
88.32	**1.00**	**48.54**	**0.78**	**29.85**	**25.58**	**89.49**	**-12.23**
73.38	5.17	92.28	1.18	41.09	27.15	55.82	0.57
42.77	21.36	90.35	1.54	82.72	31.86	50.61	7.83
73.28	5.81	103.87	1.27	55.97	19.57	74.15	2.72
73.42	5.77	99.01	1.31	55.40	18.56	59.31	2.00
70.99	10.70	94.83	1.13	55.55	28.95	117.30	7.90
66.87	5.58	142.95	1.28	66.53	21.47	109.62	4.21
65.81	6.01	136.63	1.28	64.38	21.88	108.20	4.87
78.71	0.73	226.10	1.28	90.50	18.49	120.89	-0.83
93.32	3.33	39.36	1.08	32.22	23.07	26.73	-12.99

9-5 续表 5-1

指 标	从业人员平均人数（人）	从业人员期末人数（人）	平均用工人数（人）	期末用工人数（人）	营业收入利润率（%）	产品销售率（%）
石油和天然气开采业	229	226	226	223	-37.51	95.57
黑色金属矿采选业	132	165	132	165	7.43	106.58
非金属矿采选业	54	54	54	54	22.18	103.96
农副食品加工业	1156	1118	1271	1111	-4.20	104.62
食品制造业	4374	4424	4309	4325	7.68	100.67
酒、饮料和精制茶制造业	2139	2108	2139	2088	5.95	86.93
烟草制品业	934	923	934	923	8.04	98.28
纺织业	215	218	215	218	-2.80	93.64
纺织服装、服饰业	113	111	115	111	0.00	102.75
家具制造业	207	205	207	205	6.64	100.00
造纸和纸制品业	307	235	307	183	0.46	98.89
印刷和记录媒介复制业	2175	2212	2245	2248	-0.11	105.90
文教、工美、体育和娱乐用品制造业	25	26	23	26	1.12	100.00
石油、煤炭及其他燃料加工业	8686	8872	7518	7743	17.90	100.57
化学原料和化学制品制造业	7732	7640	8093	7486	-1.83	97.77
医药制造业	1577	1539	1577	1540	11.46	90.12
橡胶和塑料制品业	1752	1710	1729	1675	-8.56	86.96
非金属矿物制品业	7378	7351	7289	7158	3.10	98.68
黑色金属冶炼和压延加工业	36880	36758	36957	36756	7.70	100.36
有色金属冶炼和压延加工业	1438	1279	1921	1019	-4.74	103.60
金属制品业	6928	6198	6979	5504	3.02	92.49
通用设备制造业	4792	4759	4798	4706	2.56	98.47
专用设备制造业	16307	16377	15785	15465	0.08	89.26
汽车制造业	3799	4606	3846	4659	-16.29	92.82
铁路、船舶、航空航天和其他运输设备制造业	6608	6576	7134	6480	14.75	100.21
电气机械和器材制造业	1683	1671	2005	1996	1.47	82.01
计算机、通信和其他电子设备制造业	77515	73039	80278	72923	2.54	100.95
仪器仪表制造业	2322	2284	2340	1994	11.01	98.81
废弃资源综合利用业	150	150	150	150	35.40	100.00
金属制品、机械和设备修理业	1122	1145	1122	1145	5.55	100.00
电力、热力生产和供应业	9030	10706	9118	10694	-2.24	99.78
燃气生产和供应业	11164	11219	12503	12114	1.34	100.00
水的生产和供应业	3238	3228	3299	3209	-17.31	100.00

单位：万元

资产负债率（%）	总资产贡献率（%）	人均营业收入（万元/人）	流动资产周转率（次/年）	每百元资产实现的营业收入（元）	产成品存货周转天数（天）	应收账款平均回收期（天）	成本费用利润率（%）
80.81	-2.44	58.13	0.40	7.22	0.00	792.94	-24.73
77.75	4.96	176.89	3.10	58.77	109.72	-30.28	8.44
83.97	26.29	119.59	1.54	83.86	0.00	166.22	31.13
72.03	1.32	53.91	1.02	46.21	16.27	73.00	-4.04
40.97	11.79	110.41	2.18	112.76	16.15	28.98	8.31
46.67	18.80	69.21	2.16	111.55	21.99	17.20	6.70
24.58	54.14	463.15	1.48	86.03	33.27	33.79	17.53
35.99	-0.03	33.29	2.23	17.36	93.09	4.46	-2.68
88.57	0.87	75.91	2.82	215.65	0.00	-20.48	0.00
31.62	3.16	40.14	0.88	44.57	0.00	37.58	7.10
68.81	2.81	71.02	1.37	70.90	36.58	128.46	0.46
65.25	2.28	27.39	1.30	56.53	14.22	70.64	-0.11
82.86	3.50	744.14	1.43	140.80	2.38	184.98	1.14
59.40	23.12	255.55	1.69	94.18	10.59	18.42	21.46
82.69	2.68	117.55	0.75	28.20	13.83	90.49	-1.80
51.39	12.48	56.43	1.29	61.86	107.07	28.85	13.01
86.45	-1.18	58.62	0.88	43.30	111.63	226.86	-8.04
73.50	5.30	108.05	1.10	69.44	19.55	196.59	3.19
54.17	9.74	219.25	2.60	65.08	27.06	7.70	8.51
91.02	-5.90	145.19	2.67	146.00	26.31	25.31	-4.60
45.25	7.32	98.73	2.46	151.84	16.18	45.17	3.13
71.47	3.98	57.76	0.70	52.54	108.15	102.11	2.63
80.45	3.42	79.82	0.46	34.45	75.37	214.23	0.08
106.37	-7.07	92.39	0.98	52.54	32.51	231.57	-12.65
65.10	9.94	109.79	0.65	46.09	30.96	314.77	16.54
68.21	0.66	110.83	0.41	30.62	53.75	389.12	1.50
70.81	6.50	104.91	1.30	113.58	8.89	101.16	2.59
54.33	7.21	109.28	0.80	46.34	12.77	251.15	12.15
11.95	20.88	154.13	3.97	54.39	5.10	26.56	58.53
43.89	16.48	31.06	1.03	96.74	32.83	226.77	5.94
70.83	1.42	126.48	0.98	23.90	0.87	75.00	-2.06
85.15	3.49	140.25	1.64	44.43	3.75	40.51	1.34
51.98	-2.10	33.03	0.77	22.43	0.00	93.82	-14.30

9-6 国有控股工业企业

Main economic indicators of state

指 标	企业单位数（个）	亏损企业	工业总产值（当年价格）	工业销售产值（当年价格）	出口交货值	年初存货	产成品
总 计	**115**	**38**	**16865633**	**16671047**	**1319437**	**3517725**	**753589**
煤炭开采和洗选业	10	7	2702378	2746257		938441	205434
石油和天然气开采业	1	1	9125	9125		14	
农副食品加工业	2	1	12550	15443	7070	4143	4086
食品制造业	3		57533	56607		1125	151
酒、饮料和精制茶制造业	2		59922	57416		4962	1083
烟草制品业	1		441298	433715		28657	8594
印刷和记录媒介复制业	4	3	26204	29294		3914	1406
化学原料和化学制品制造业	1						
医药制造业	5	2	408541	395990		168143	22083
橡胶和塑料制品业	2	1	6150	5470		1012	39
非金属矿物制品业	1	1	67141	53329	12283	11607	5995
黑色金属冶炼和压延加工业	10	4	153482	152837		27483	14738
有色金属冶炼和压延加工业	2		7801220	7819351	1181965	772182	195062
金属制品业	4	2	243855	253509		26212	1305
通用设备制造业	2		137111	86991	2752	23565	10581
专用设备制造业	6	1	186038	184397		161897	53976
汽车制造业	11	2	1144791	1001003	47914	1076357	161796
铁路、船舶、航空航天和其他运输设备制造业	3		27483	26906		11142	3256
电气机械和器材制造业	7	1	548862	553923	62211	112923	27546
计算机、通信和其他电子设备制造业	3		175834	137161	1762	31540	22009
仪器仪表制造业	4	2	70826	69791	2275	26145	6719
其他制造业	3		19747	19410	1204	7335	3022
金属制品、机械和设备修理业	2		34864	34864		1200	661
电力、热力生产和供应业	12	4	1061480	1059060		32614	
燃气生产和供应业	12	4	1366284	1366284		32820	4048
水的生产和供应业	2	2	102916	102916		12293	

主要经济指标(一)
holding Industrial Enterprises(1)

单位：万元

资产总计	流动资产合计	流动资产合计				非流动资产合计	可供出售金融资产	持有至到期投资	长期股权投资	固定资产原价
		货币资金	应收账款	存货	产成品					
41416332	**14451058**	**3662376**	**2638552**	**3734789**	**1027303**	**26965273**	**1047264**	**158608**	**1354911**	**26688427**
9687316	2924239	1245681	185295	815787	144761	6763078	393912	350	204683	5723827
104416	29440	103	28268	647		74975				102647
59374	32882	22940	3797	1438	977	26491			3562	23015
32340	23266	798	10169	1366	260	9074			51	20259
47743	26725	13404	2503	3069	383	21018				27504
502811	292645	199472	40606	42755	15276	210166			100	285221
58371	21563	7756	4992	3804	1375	36808			644	42282
3191457	1142193	139105	171968	198083	23054	2049264	4236		82778	264597
20728	12792	8609	1690	1599	569	7936				9125
160318	53181	1013	24556	22007	16368	107137				133633
358409	171957	53255	31662	37468	18711	186452			1290	214308
12085283	2974361	658978	163486	1046697	427330	9110923	602861	152258	829970	11655205
133165	70188	3903	8594	30020	12606	62978				72588
185934	109115	22288	37275	26812	11915	76819			1400	92586
378734	294903	21992	50847	181215	59618	83831			1300	85371
3313647	2491095	335392	648673	938244	186522	822552	714		20819	585846
66836	40922	11243	10709	8206	3490	25913			9073	26329
1369647	893454	89416	537096	151584	48750	476193			4501	358461
522556	371501	92233	167661	47797	23338	151055				70942
164789	93081	7696	31684	27776	7248	71708	82		543	92756
26111	23631	8843	4893	7836	3414	2480				4388
36029	33780	3841	21956	4316	2728	2249			419	8944
4505939	1118910	489741	225420	68634	2706	3387028			19536	4703298
3947089	1067530	198792	197321	54949	15905	2879559	700		155517	1677888
457289	137704	25883	27432	12682		319585	44759	6000	18724	407407

9-6 国有控股工业企业

Main economic indicators of state

指 标								
	房屋和构筑物	机器设备	运输工具	电子设备	累计折旧	本年折旧	固定资产净值	固定资产净额
总 计	**7083618**	**12366532**	**296062**	**1379419**	**11375641**	**1056679**	**15312784**	**15106292**
煤炭开采和洗选业	2847115	1930867	90804	588052	2848151	186114	2875675	2791205
石油和天然气开采业	93055	9107	448	37	30310	6426	72337	72337
农副食品加工业	390	878		9	9318	1396	13696	13696
食品制造业	2641	14768	42	1456	13983	481	6275	6275
酒、饮料和精制茶制造业	6532	19674	416	883	13544	1979	13961	6492
烟草制品业	100121	153237	505	12877	98375	16949	186846	186846
印刷和记录媒介复制业	10395	26913	273	499	27098	1503	15184	15184
化学原料和化学制品制造业								
医药制造业	81402	56725	941	972	55657	4086	208940	201708
橡胶和塑料制品业	1708	413	4	38	4228	119	4897	4897
非金属矿物制品业	63554	69571	299	210	40441	5006	93192	93166
黑色金属冶炼和压延加工业	58245	40706	3692	1457	64656	7388	149652	115989
有色金属冶炼和压延加工业	3013029	8308546	164309	169322	5744177	468932	5911028	5872673
金属制品业	19961	49443	1338	42	14492	3177	58097	41081
通用设备制造业	33837	38512	720	1213	33957	2761	58629	54833
专用设备制造业	51262	23272	2632	1072	20511	4095	64860	64860
汽车制造业	2094	2864	500	1079	174295	27785	411552	410972
铁路、船舶、航空航天和其他运输设备制造业		11676	26		12609	867	13720	13720
电气机械和器材制造业	148854	185795	13611	357	81611	16117	276851	276851
计算机、通信和其他电子设备制造业	30826	39270	452	395	19028	6122	51914	39278
仪器仪表制造业	8469	5820	472	157	31704	2979	61052	60752
其他制造业		197	46	77	2746	143	1642	1642
金属制品、机械和设备修理业	1110	5237	1236	1361	7129	403	1814	1814
电力、热力生产和供应业	406768	994332	5009	595830	1539155	205269	3164143	3164143
燃气生产和供应业	21906	70871	2934	951	308907	66452	1368981	1368031
水的生产和供应业	80343	307840	5353	1074	179559	20129	227848	227848

主要经济指标(二)
holding Industrial Enterprises(2)

单位：万元

在建工程	油气资产	无形资产	土地使用权	软件使用权	商誉	负债合计	流动负债合计	应付账款	非流动负债合计	所有者权益合计
3859471		**3808310**	**973817**	**4611**	**202252**	**30392098**	**20025872**	**4189308**	**10339063**	**11024233**
869442		2060119	184268	2745	166572	9143579	5897690	963725	3245889	543737
752		1857	1856			90910	90910	89839		13505
6037		2858		1		38080	32984	991	5097	21294
80		2528	2517	10		15188	13904	10247	1284	17152
3245		4252	4252			19165	19079	10772	87	28578
276		22063	21139			123571	123571	62525		379240
18287		2121	668	54		43238	38999	7191	4239	15133
1406524		62636	1903	56	32498	2694487	2126547	554499	567940	496970
2		1550	1536			2569	1804	164	764	18159
8410		1248	994	253		149298	149298	63361		11020
8283		19306	18871	10		219885	145365	59489	74519	138525
86526		1278114	556263	389		6340081	4165228	442382	2174853	5745203
5963		3380	3235	9		137215	72789	3059	37263	-4050
933		17916				78019	77502	31915	517	107915
720		14601	14397	197		274407	252050	70026	22357	104327
112914		98811	29612	60		2723149	2537431	722045	185717	590499
318		1000	853			42563	37390	9139	5173	24273
88972		56915	49653	535		919899	663836	228005	256064	449748
67993		30306	30290	16		386991	280143	195508	106849	135565
8403		1761	1748			149256	136224	40518	13032	15533
		376				10227	10177	2031	50	15884
		6		6		15813	15813	11307		20216
85569		43163	41390	117		3177910	1260348	397399	1917562	1328029
1062136		76960	8370	154	3182	3361073	1684014	89773	1677059	586016
17687		4464				235527	192778	123399	42749	221762

9-6　国有控股工业企业

Main economic indicators of state

指　标	实收资本	国家资本	集体资本	法人资本	个人资本	港澳台资本	外商资本
总　计	**5234531**	**3511472**	**224329**	**1481217**	**17513**		
煤炭开采和洗选业	1761441	653102	20458	1081431	6450		
石油和天然气开采业	20000	20000					
农副食品加工业	14064	14064					
食品制造业	13217	30		13167	21		
酒、饮料和精制茶制造业	23140	3140		20000			
烟草制品业	61320			61320			
印刷和记录媒介复制业	13653	13358		200	96		
化学原料和化学制品制造业							
医药制造业	549265	326566	200501	17692	4508		
橡胶和塑料制品业	15796	277	3270	12249			
非金属矿物制品业	30000	30000					
黑色金属冶炼和压延加工业	71823	41323		30500			
有色金属冶炼和压延加工业	717468	717468					
金属制品业	21102	18037		3064			
通用设备制造业	20000	20000					
专用设备制造业	44654	39573	100	4890	90		
汽车制造业	280527	166144		112643	1741		
铁路、船舶、航空航天和其他运输设备制造业	14106	13565		541			
电气机械和器材制造业	208072	207753			319		
计算机、通信和其他电子设备制造业	107170	57380		49040	750		
仪器仪表制造业	20160	10120		10000	40		
其他制造业	4620	1620		3000			
金属制品、机械和设备修理业	13310			13310			
电力、热力生产和供应业	730594	722841		4813	2940		
燃气生产和供应业	371828	327910		43358	560		
水的生产和供应业	107202	107202					

主要经济指标(三)
holding Industrial Enterprises(3)

单位：万元

营业收入	主营业务收入	营业成本	主营业务成本	税金及附加	主营业务税金及附加	其他业务收入	其他业务利润	销售费用	管理费用	财务费用
17018095	**16515838**	**13620069**	**13190034**	**516379**	**492567**	**502257**	**-33104**	**485096**	**1392297**	**882046**
2884231	2711337	2227606	2035390	197148	184057	172894	-38319	85245	481865	295673
9599	9125	13699	13304	140	140	475	80		1447	
21816	21816	14393	14393	68	68			452	6662	-489
65693	56607	57868	48968	129	129	9086	84	2909	2379	-84
59867	59210	39639	38956	6082	6082	658	-25	897	4408	-210
432582	412375	165282	164985	199267	197884	20208	110	5778	32189	-4887
27188	26274	22059	21944	309	309	914	695	210	4702	396
635459	617719	523549	505196	7305	5132	17740		13581	55655	67894
5414	5414	943	943	173	173			3296	1480	-120
54422	53247	50049	49790	706	706	1175	916	3130	4636	3710
160193	159292	130870	130510	1130	1130	900	540	6728	20200	1716
7287707	7239643	5743371	5692883	74269	74269	48063		182679	427325	241669
230264	228060	223353	221910	331	331	2204	130	2234	8812	3946
128067	127235	88194	87905	614	614	832	543	2983	19762	-340
187852	186760	151636	150645	1326	1298	1093	80	7046	23159	3045
1032022	983710	781123	736714	7860	7146	48312	150	42113	129825	71296
31674	31109	22440	22286	643	81	565		1129	5535	36
554670	534511	447000	429000	4148	3737	20159	992	17843	43403	10676
134534	133889	115708	115422	438	438	645	360	2441	9782	3982
57990	56171	44910	44023	253	150	1819	14	1001	13993	1004
19077	19006	9988	9954	169	169	72	37	1145	3587	79
34855	34855	29914	29914	457	457				2633	-4
1105402	1040149	1088126	1048179	7904	4833	65253	124	290	29342	86543
1753525	1664634	1525740	1474210	4452	2177	88891	85	96314	43766	93111
103993	103692	102609	102609	1058	1058	300	300	5651	15752	3405

9-6 国有控股工业企业

Main economic indicators of state

指 标			资产减值损失	公允价值变动收益	投资收益	资产处置收益	其他收益
	利息收入	利息支出					
总 计	**48803**	**899412**	**225434**	**8715**	**59189**	**31067**	**160907**
煤炭开采和洗选业	9128	307423	90205		18009	337	8966
石油和天然气开采业	1		1				2053
农副食品加工业	-522						
食品制造业	-22		35		3		
酒、饮料和精制茶制造业	-195		-17				24
烟草制品业	4897		-62				
印刷和记录媒介复制业	-13	400	1		-214	-16	77
化学原料和化学制品制造业							
医药制造业	903	76696	18578		2129		
橡胶和塑料制品业	136	16	-11				
非金属矿物制品业	14	3822	1892				
黑色金属冶炼和压延加工业	-59	1830	667		2133	18	1653
有色金属冶炼和压延加工业	22025	236898	76452	9873	32463	139	23388
金属制品业	17	3728	5264		4		82
通用设备制造业	231	-93	4890		669	-20	93
专用设备制造业	249	3052	321		18		
汽车制造业	-24	72218	21621		503	75	3432
铁路、船舶、航空航天和其他运输设备制造业	131	150	723		1145		197
电气机械和器材制造业	650	12833	190		485	30398	5400
计算机、通信和其他电子设备制造业	5458	3124	1036		514		159
仪器仪表制造业	48	1039	-417		-19		108
其他制造业	-2	127	140			-16	287
金属制品、机械和设备修理业	-14		-85				
电力、热力生产和供应业	1291	85514	2769	-2206	121		84918
燃气生产和供应业	4252	87014	1243	1048	-386	151	30070
水的生产和供应业	224	3621			1613		

主要经济指标(四)
holding Industrial Enterprises(4)

单位：万元

营业利润	营业外收入	营业外支出	利润总额	所得税费用	亏损企业亏损总额	利税总额	应交税金及附加	本年应付职工薪酬	本年应交增值税
156651	**132157**	**195334**	**93475**	**168502**	**692879**	**1288891**	**1363918**	**2139109**	**679037**
-466198	58498	88531	-496231	53453	515075	-35260	514424	1039874	263823
-3635			-3635		3635	-3192	443	1732	302
729	106	5	830	29	132	710	-91	1543	-188
2459	315	92	2682	320		3001	638	2963	190
9093	179	84	9188	1869		19486	12167	6235	4216
35015	103	336	34781	9835		277133	252186	36538	43084
-642	272	29	-398	6	406	567	971	5637	656
-48974	27239	3560	-25295	407	26574	-5046	20656	79865	12945
-348	37	20	-331	49	504	208	588	278	366
-9700	617	10	-9094		9094	-8388	706	6431	
2685	249	1323	1611	1019	4278	9242	8650	16366	6501
607804	17979	89172	536610	66011		868424	397825	519521	257545
-13589	30	75	-13634	803	14870	-18697	-4261	5358	-5395
12708	743	20	13431	1661		15162	3392	11958	1117
1338	1549	105	2782	409	113	10220	7848	24232	6112
-17807	6256	324	-11875	1775	24793	28122	41773	111089	32138
2509	532	1212	1829	201		3139	1510	5884	666
67691	3863	1977	69577	9933	2562	90408	30765	73048	16683
1820	172	277	1715			2989	1274	3988	836
-2664	500	14	-2178	22	2450	-787	1414	6360	1139
4239	239	30	4449	633		5902	2087	5083	1284
1940	2	8	1934	111		5922	4099	12057	3531
-26738	2406	4961	-29294	5252	59192	-20008	14538	104798	1382
19785	6620	2878	23528	14704	9693	54932	46108	34233	26952
-22870	3653	294	-19511		19511	-15299	4211	24038	3154

9-6 国有控股工业企业

Main economic indicators of state

指 标	从业人员平均人数(人)	从业人员期末人数(人)	平均用工人数(人)	期末用工人数(人)	营业收入利润率(%)	产品销售率(%)
总 计	**185079**	**184607**	**184418**	**184728**	**0.55**	**98.85**
煤炭开采和洗选业	84122	82415	82610	83117	-17.20	101.62
石油和天然气开采业	160	157	157	154	-37.87	100.00
农副食品加工业	256	256	249	249	3.81	123.05
食品制造业	424	426	354	356	4.08	98.39
酒、饮料和精制茶制造业	807	819	807	819	15.35	95.82
烟草制品业	934	923	934	923	8.04	98.28
印刷和记录媒介复制业	893	924	905	941	-1.46	111.79
化学原料和化学制品制造业	1103	1103				
医药制造业	6136	6014	6029	5881	-3.98	96.93
橡胶和塑料制品业	163	158	163	158	-6.12	88.96
非金属矿物制品业	1398	1358	1398	1358	-16.71	79.43
黑色金属冶炼和压延加工业	2003	2002	2003	1999	1.01	99.58
有色金属冶炼和压延加工业	33448	33222	33448	33222	7.36	100.23
金属制品业	562	559	1024	562	-5.92	103.96
通用设备制造业	2568	2473	2567	2473	10.49	63.45
专用设备制造业	3363	3370	3360	3370	1.48	99.12
汽车制造业	12802	12847	12208	12160	-1.15	87.44
铁路、船舶、航空航天和其他运输设备制造业	655	637	702	690	5.78	97.90
电气机械和器材制造业	5167	5127	5702	5216	12.54	100.92
计算机、通信和其他电子设备制造业	798	809	1147	1143	1.28	78.01
仪器仪表制造业	2663	2635	2586	2620	-3.76	98.54
其他制造业	571	590	584	590	23.32	98.29
金属制品、机械和设备修理业	1122	1145	1122	1145	5.55	100.00
电力、热力生产和供应业	8639	10271	8637	10259	-2.65	99.77
燃气生产和供应业	11164	11219	12503	12114	1.34	100.00
水的生产和供应业	3158	3148	3219	3209	-18.76	100.00

主要经济指标(五)
holding Industrial Enterprises(5)

单位：万元

资产负债率(%)	总资产贡献率(%)	人均营业收入(万元/人)	流动资产周转率(次/年)	每百元资产实现的营业收入(元)	产成品存货周转天数(天)	应收账款平均回收期(天)	成本费用利润率(%)
73.38	**5.17**	**92.28**	**1.18**	**41.09**	**27.15**	**55.82**	**0.57**
94.39	2.72	34.91	0.99	29.77	23.39	23.13	-16.06
87.07	-3.06	61.14	0.33	9.19		1060.15	-24.00
64.14	2.07	87.61	0.66	36.74	24.44	62.66	3.95
46.96	9.35	185.57	2.82	203.13	1.62	55.73	4.25
40.14	41.22	74.19	2.24	125.40	3.48	15.05	20.54
24.58	54.14	463.15	1.48	86.03	33.27	33.79	17.53
74.07	1.68	30.04	1.26	46.58	22.43	66.09	-1.45
84.43	2.22	105.40	0.56	19.91	15.85	97.42	-3.83
12.39	0.43	33.21	0.42	26.12	217.23	112.35	-5.92
93.13	-2.86	38.93	1.02	33.95	117.73	162.44	-14.78
61.35	3.11	79.98	0.93	44.70	51.47	71.15	1.01
52.46	8.96	217.88	2.45	60.30	26.79	8.08	8.14
103.04	-11.25	224.87	3.28	172.92	20.32	13.44	-5.72
41.96	7.98	49.89	1.17	68.88	48.64	104.78	12.14
72.45	3.44	55.91	0.64	49.60	141.54	97.44	1.50
82.18	3.03	84.54	0.41	31.14	85.96	226.28	-1.16
63.68	4.72	45.12	0.77	47.39	55.99	121.72	6.28
67.16	7.49	97.28	0.62	40.50	39.26	348.59	13.41
74.06	0.13	117.29	0.36	25.75	72.61	448.65	1.30
90.57	0.12	22.42	0.62	35.19	58.10	196.69	-3.58
39.17	23.10	32.67	0.81	73.06	123.05	92.33	30.06
43.89	16.48	31.06	1.03	96.74	32.83	226.77	5.94
70.53	1.43	127.98	0.99	24.53	0.90	73.41	-2.43
85.15	3.49	140.25	1.64	44.43	3.75	40.51	1.34
51.51	-2.60	32.31	0.76	22.74		94.96	-15.31

9-7　集体工业企业

Main economic indicators of

指　标	企业单位数（个）	亏损企业	工业总产值（当年价格）	工业销售产值（当年价格）	出口交货值	年初存货	产成品	资产总计
总　计	**13**	**3**	**69095**	**68947**		**4503**	**1755**	**42059**
印刷和记录媒介复制业	1		374	374		405	359	3375
非金属矿物制品业	1		5580	5580		165	40	4139
有色金属冶炼和压延加工业	2		10664	10543		397	20	9843
金属制品业	6	1	33859	33859		1845	812	12681
通用设备制造业	1		11460	11434		569	524	3100
铁路、船舶、航空航天和其他运输设备制造业	2	2	7159	7159		1123		8920

9-7　集体工业企业

Main economic indicators of

指　标	累计折旧	本年折旧	固定资产净值	固定资产净额	在建工程	油气资产	无形资产	土地使用权	软件使用权	商誉
总　计	**6623**	**864**	**4870**	**4870**	**65**					
印刷和记录媒介复制业	743	49	214	214						
非金属矿物制品业	1800	192	1438	1438	39					
有色金属冶炼和压延加工业	948	30	681	681	26					
金属制品业	854	329	1241	1241						
通用设备制造业	946	190	841	841						
铁路、船舶、航空航天和其他运输设备制造业	1331	74	456	456						

主要经济指标(一)
collective industrial enterprises(1)

单位：万元

流动资产合计	流动资产合计				非流动资产合计	可供出售金融资产	持有至到期投资	长期股权投资	固定资产原价				
	货币资金	应收账款	存货	产成品						房屋和构筑物	机器设备	运输工具	电子设备
36171	**6814**	**18017**	**5375**	**2669**	**5888**				**11493**	**1341**	**4432**	**2844**	**80**
2792	1859	360	537	386	584				957		388	569	
2663	111	1423	365	315	1476				3238	428	1358	1424	28
9116	981	7291	282	20	727				1629	263			
10879	1990	3248	2944	1803	1803				2095		433	208	25
2259	303	1235	206	145	841				1787	585	805	398	
8463	1570	4461	1041		457				1787	65	1448	246	28

主要经济指标(二)
collective industrial enterprises(2)

单位：万元

负债合计	流动负债合计		非流动负债合计	所有者权益合计	实收资本							营业收入
		应付账款				国家资本	集体资本	法人资本	个人资本	港澳台资本	外商资本	
29363	**29363**	**16608**		**12696**	**8911**		**8183**	**630**	**98**			**75616**
1615	1615	1605		1760	1827		1827					4147
4428	4428	1397		-289	69		69					5580
6569	6569	4298		3274	330		102	130	98			10597
6531	6531	1195		6150	4917		4417	500				35231
1826	1826	1405		1275	982		982					11762
8395	8395	6709		526	787		787					8299

9-7 集体工业企业

Main economic indicators of

指 标								
	主营业务收入	营业成本	主营业务成本	税金及附加	主营业务税金及附加	其他业务收入	其他业务利润	销售费用
总 计	**74403**	**69070**	**67858**	**611**	**611**	**1213**	**1**	**150**
印刷和记录媒介复制业	2935	3770	2559	16	16	1212	1	
非金属矿物制品业	5580	4726	4726	28	28			
有色金属冶炼和压延加工业	10597	10364	10364	95	95			20
金属制品业	35231	32243	32243	280	280			
通用设备制造业	11762	10772	10772	130	130			
铁路、船舶、航空航天和其他运输设备制造业	8299	7195	7195	62	62			131

9-7 集体工业企业

Main economic indicators of

指 标	亏损企业亏损总额	利税总额	应交税金及附加	本年应付职工薪酬	本年应交增值税	从业人员平均人数(人)	从业人员期末人数(人)	平均用工人数(人)
总 计	**84**	**5749**	**5316**	**14790**	**4633**	**3131**	**3071**	**3112**
印刷和记录媒介复制业		113	102	1258	86	214	212	214
非金属矿物制品业		386	321	448	294	138	138	138
有色金属冶炼和压延加工业		1192	904	477	785	154	155	154
金属制品业	7	2483	2384	6483	2072	1712	1659	1693
通用设备制造业		1157	1109	4422	963	594	591	594
铁路、船舶、航空航天和其他运输设备制造业	77	418	496	1703	434	319	316	319

主要经济指标(三)
collective industrial enterprises(3)

单位：万元

管理费用	财务费用			资产减值损失	公允价值变动收益	投资收益	资产处置收益	其他收益	营业利润	营业外收入	营业外支出	利润总额	所得税费用
		利息收入	利息支出										
6359	**-48**	**-28**	**27**						**-526**	**1068**	**37**	**506**	**73**
360	-7	-7							9	3		12	1
740	26		26						60	5		65	
585	-2	2							-465	781	5	312	23
2605	-21	-3							124	38	31	131	33
810	-1	1							51	13		63	16
1259	-43	-22							-305	229	1	-77	

主要经济指标(四)
collective industrial enterprises(4)

单位：万元

期末用工人数(人)	营业收入利润率(%)	产品销售率(%)	资产负债率(%)	总资产贡献率(%)	人均营业收入(万元/人)	流动资产周转率(次/年)	每百元资产实现的营业收入(元)	产成品存货周转天数(天)	应收账款平均回收期(天)	成本费用利润率(%)
3091	**0.67**	**99.79**	**69.81**	**13.80**	**24.30**	**2.09**	**179.79**	**13.91**	**85.78**	**0.67**
212	0.29	100.00	47.86	3.58	19.38	1.49	122.87	36.87	31.22	0.29
137	1.16	100.00	106.97	9.96	40.44	2.10	134.81	23.97	91.79	1.18
155	2.94	98.86	66.73	12.09	68.81	1.16	107.66	0.68	247.69	2.84
1680	0.37	100.00	51.50	19.61	20.81	3.24	277.83	20.13	33.18	0.38
591	0.54	99.77	58.89	37.27	19.80	5.21	379.42	4.85	37.79	0.55
316	-0.93	100.00	94.11	4.93	26.01	0.98	93.03		193.52	-0.90

9-8 私营工业企业

Major economic indicators of

指 标	企业单位数（个）	亏损企业	工业总产值（当年价格）	工业销售产值（当年价格）	出口交货值	年初存货	产成品
总 计	**223**	**47**	**3059075**	**3055587**	**12070**	**386661**	**127541**
煤炭开采和洗选业	17	5	251827	244129		29818	7346
石油和天然气开采业	1	1	4487	3884			
黑色金属矿采选业	2	1	24460	26070		1985	1985
非金属矿采选业	1		6212	6458		447	447
农副食品加工业	6	4	14872	14581		5961	751
食品制造业	9	2	317494	326215	33	45734	11257
酒、饮料和精制茶制造业	1	1	5371	5257		7141	128
纺织服装、服饰业	1		8496	8729			
家具制造业	2		8309	8309		2118	
造纸和纸制品业	7	2	19059	18847		3765	2207
印刷和记录媒介复制业	5	1	20364	20364		6944	807
文教、工美、体育和娱乐用品制造业	1		17115	17115		277	9
石油、煤炭及其他燃料加工业	3		184308	189119		19293	9803
化学原料和化学制品制造业	11		279014	275005	180	7504	2071
医药制造业	5		38957	33401	3478	7317	2126
橡胶和塑料制品业	5		50927	49349		18976	10837
非金属矿物制品业	39	9	519587	519144		19638	10245
黑色金属冶炼和压延加工业	6		658548	671075	1526	53943	27662
有色金属冶炼和压延加工业	4	1	16577	18122	66	7437	5944
金属制品业	18	3	89137	90629	4235	24356	5694
通用设备制造业	12	3	46012	44318	122	20562	3797
专用设备制造业	24	4	163938	163189		24959	5885
汽车制造业	4	2	28872	28458	2294	9771	7431
铁路、船舶、航空航天和其他运输设备制造业	2	1	14653	11241		2611	1964
电气机械和器材制造业	16	5	87016	76704		25579	2458
计算机、通信和其他电子设备制造业	10	1	78995	79078	8	11456	3926
仪器仪表制造业	9		94366	96694	129	26646	2760
电力、热力生产和供应业	2	1	10103	10103		2423	1

主要经济指标(一)

private industrial enterprises(1)

单位：万元

资产总计	流动资产合计	流动资产合计 货币资金	应收账款	存货	产成品	非流动资产合计	可供出售金融资产	持有至到期投资	长期股权投资	固定资产原价
3572537	**2085645**	**190285**	**892321**	**451103**	**166163**	**1486892**	**70**		**107580**	**1442739**
397921	147579	7323	43953	47909	22569	250342				238078
77568	3094	3	666	2212		74474				65
39734	7541	1713	-1964	5167	5167	32193				30379
7701	4207	633	2982	201		3494				5076
23674	17342	816	3233	8301	868	6333				7626
254425	126547	53995	18643	30266	7696	127878				152268
11622	7359	544		6205	98	4263			245	4596
4048	3098	19	-497	3545		950				385
18641	9443	1588	867	2242		9198				8168
30751	15954	1485	7780	3986	2072	14797			1857	10876
31887	18458	894	4510	8045	252	13429				21590
12156	11944	312	8795	299	107	212				1208
140373	94829	3429	6335	20455	10607	45545			9693	88826
142372	94395	4996	50125	13446	5094	47977			190	30135
72011	27045	6797	4553	8896	3120	44965			893	36149
73722	61888	2361	39309	17594	12163	11835			2940	10348
592807	457918	13983	354434	28679	13907	134890			2769	213955
309120	98280	2382	2722	72840	37485	210840			1	280331
27454	18501	825	3465	9368	5433	8953				11441
127532	93284	10274	35653	33168	9245	34248			2577	35226
102835	70632	1971	24678	21513	4556	32204			4603	17249
211141	167386	13417	66561	22509	4545	43755			3080	47042
71870	32927	1530	11251	18955	6862	38943				17365
20048	16311	790	8170	3079	1155	3737				12071
180092	153221	20372	64205	14109	3527	26871	70		3948	13093
184079	142869	13726	64340	17606	6621	41211			20271	24629
264721	134659	15852	54776	29121	3014	130062			48160	34784
142231	48937	8255	12775	1390		93294			6355	89781

9-8 私营工业企业

Major economic indicators of

指　标								
	房屋和构筑物	机器设备	运输工具	电子设备	累计折旧	本年折旧	固定资产净值	固定资产净额
总　计	**494471**	**444413**	**69893**	**15616**	**539362**	**111852**	**903375**	**843400**
煤炭开采和洗选业	109804	74621	2197	4226	49640	12491	188439	182013
石油和天然气开采业			50	15	34	12	31	31
黑色金属矿采选业	14010	16368			15041	10393	15338	15338
非金属矿采选业					2905	498	2171	2171
农副食品加工业	224	76	57		3812	229	3814	3814
食品制造业	50606	19537	1754	968	33838	11499	118429	69681
酒、饮料和精制茶制造业	3045	1552			1860	303	2736	2736
纺织服装、服饰业		237	99	49	199	63	187	187
家具制造业	5814	1432	392	479	3507	436	4662	4662
造纸和纸制品业	1969	2970	296	9	3700	610	7176	7176
印刷和记录媒介复制业	1659	6867	254	747	14030	615	7560	7200
文教、工美、体育和娱乐用品制造业		721	373	31	996	88	212	212
石油、煤炭及其他燃料加工业	30562	32143	1313	892	64985	3280	23841	23841
化学原料和化学制品制造业	5620	3246	1043	561	6843	470	23292	23113
医药制造业	21274	9898	946	486	8890	2163	27259	26430
橡胶和塑料制品业	2712	6985	530	13	4524	736	5824	5824
非金属矿物制品业	36495	43164	45349	510	95683	17418	118271	116634
黑色金属冶炼和压延加工业	124641	150906	4247	17	111668	31817	168663	166867
有色金属冶炼和压延加工业	13	11200	142	32	7636	361	3805	3805
金属制品业	3189	16192	1244	183	14329	2308	20897	20897
通用设备制造业	2392	4965	598	83	8756	1385	8494	8494
专用设备制造业	13863	9905	2746	1105	22167	2725	24875	24875
汽车制造业	7633	8562	709	14	5306	949	12059	12059
铁路、船舶、航空航天和其他运输设备制造业					8578	548	3493	3493
电气机械和器材制造业	2028	5100	1176	163	5401	2103	7692	7692
计算机、通信和其他电子设备制造业	9927	7157	1401	1600	9164	915	15465	15465
仪器仪表制造业	20878	8349	2363	3194	10221	2235	24563	24563
电力、热力生产和供应业	26114	2263	615	241	25651	5204	64130	64130

主要经济指标(二)
private industrial enterprises(2)

单位：万元

在建工程	油气资产	无形资产	土地使用权	软件使用权	商誉	负债合计	流动负债合计	应付账款	非流动负债合计	所有者权益合计
199756	**3994**	**145421**	**56561**	**43966**		**2518476**	**2101061**	**781154**	**395734**	**1054060**
2669		54324	1567	42317		323782	310628	75180	7970	74138
34498	3994	9		9		56142	55336	44666	806	21426
4580		12274	1800			30892	15692	12081	15200	8842
87		1236				6466	6466	144		1234
844		125	123			10223	8421	3034		13452
795		5728	5575	60		82772	76673	16377	6099	171653
564		718	718			10575	10575	619		1047
		763	756			3585	3585	450		463
		51		51		5894	5894	616		12747
726		5039	5039			21161	20708	3051	453	9590
106		711	390			21134	19252	6647	1882	10753
						10072	10072	10072		2084
3235		1225	1204			172107	153939	38942	18168	-31734
3464		3514	2523	4		80639	67245	41508	2301	61733
11091		3671	2122	31		33150	22791	6470	10359	38860
684		2014	2014			53034	53034	12703		20688
6752		4392	4108	5		498794	480837	288551	17956	94013
41801		204	40	164		351654	96732	4771	254922	-42533
3057		2091	2091			21653	21620	1686	33	5801
684		1790	945	22		76092	76081	21419	11	51440
15327		2575	786			77401	75829	21097	1571	25435
6012		5751	4839	845		147182	128518	40713	15062	63959
319		12202		3		46097	46089	10107	8	25772
		7				8097	8097	-394		11951
6892		6186	4510	5		96748	96531	26732	217	83344
131		3733	860	43		85020	77173	36127	7847	99060
36247		11515	10987	398		114523	103263	37273	11259	150198
19191		3575	3566	9		73588	49979	20511	23609	68643

9-8 私营工业企业

Major economic indicators of

指 标	实收资本	国家资本	集体资本	法人资本	个人资本	港澳台资本	外商资本
总 计	**679476**	**30**	**10707**	**364622**	**297117**	**7000**	
煤炭开采和洗选业	50672			33674	11998	5000	
石油和天然气开采业	24200			24200			
黑色金属矿采选业	1500			1500			
非金属矿采选业	270				270		
农副食品加工业	6829	30		2329	4470		
食品制造业	34578			11381	21196	2000	
酒、饮料和精制茶制造业	3008				3008		
纺织服装、服饰业	500				500		
家具制造业	2115			2050	65		
造纸和纸制品业	10552			5558	4994		
印刷和记录媒介复制业	7260			5260	2000		
文教、工美、体育和娱乐用品制造业	500				500		
石油、煤炭及其他燃料加工业	23300			11000	12300		
化学原料和化学制品制造业	26970			11732	15238		
医药制造业	14793			702	14091		
橡胶和塑料制品业	19463			7456	12007		
非金属矿物制品业	64379			20606	43773		
黑色金属冶炼和压延加工业	62926			59396	3530		
有色金属冶炼和压延加工业	2080			1580	500		
金属制品业	24492		10707	2500	11285		
通用设备制造业	27695			4480	23215		
专用设备制造业	51680			30139	21541		
汽车制造业	24861			24721	140		
铁路、船舶、航空航天和其他运输设备制造业	7000				7000		
电气机械和器材制造业	69035			18744	50292		
计算机、通信和其他电子设备制造业	64709			39204	25506		
仪器仪表制造业	33102			26411	6691		
电力、热力生产和供应业	21008			20000	1008		

主要经济指标(三)
private industrial enterprises(3)

单位：万元

营业收入	主营业务收入	营业成本	主营业务成本	税金及附加	主营业务税金及附加	其他业务收入	其他业务利润	销售费用	管理费用	财务费用
3384912	**3276838**	**2849378**	**2752579**	**24157**	**24013**	**108074**	**4218**	**107484**	**153546**	**54300**
359944	314945	306442	261374	8162	8125	45000		10313	10348	3914
3537	3537	4755	4755	43	43				21	8
23350	23350	16953	16953	1055	1055				1884	1722
6458	6458	4405	4405	400	400				197	-2
14337	14337	12458	12458	84	84			813	720	296
317924	317848	240278	240272	887	887	76		25982	19715	4503
5261	5254	3340	3340	1462	1462	7	7	46	224	501
8729	8729	8496	8496	7	7			117	111	
8309	8309	5333	5333	38	38			1500	1045	-103
21802	21763	20393	20393	144	144	40	40	237	790	406
20098	19358	18128	17462	53	53	739	74	187	1316	687
17115	17115	16139	16139	34	34			509	241	
203256	181577	162308	141533	1756	1756	21679		12159	6450	4629
274611	272743	238814	237078	1231	1210	1868	317	9959	14129	5275
32731	32728	14402	14401	432	432	3		5594	5663	216
46924	46831	41959	41881	111	111	93	1	1377	2527	528
514732	514730	467346	467346	2010	1967	2		11818	13813	6648
757436	737215	649646	629324	2298	2291	20222	-179	2508	11430	15757
21505	21505	19075	19075	42	42			316	895	1322
97137	96676	90124	89629	392	392	462		1675	3720	948
47117	46974	36510	36510	234	234	143	143	2547	4556	906
162866	161778	135955	135208	1100	1097	1087	153	4969	11559	1909
29326	27505	24600	22791	278	278	1821	1	2730	3186	135
11280	11280	10210	10210	102	102			366	881	-2
80136	79421	67147	66468	278	246	716	126	2831	6762	1543
176997	172588	151717	148635	513	513	4409	1327	3029	12826	778
101006	98770	70732	70551	721	721	2236	1918	5904	15846	1901
20987	13514	11714	10561	288	288	7473	293		2691	-124

9-8 私营工业企业

Major economic indicators of

指　　标							
	利息收入	利息支出	资产减值损失	公允价值变动收益	投资收益	资产处置收益	其他收益
总　计	**1697**	**47790**	**4320**		**6010**	**–68**	**3886**
煤炭开采和洗选业	–1	2910	9		23		27
石油和天然气开采业	1						
黑色金属矿采选业	1726						
非金属矿采选业	2						
农副食品加工业	1	253					
食品制造业	26	4144	27		80		350
酒、饮料和精制茶制造业		497			147		
纺织服装、服饰业							
家具制造业	103						
造纸和纸制品业	4	370					80
印刷和记录媒介复制业	9	595					112
文教、工美、体育和娱乐用品制造业							
石油、煤炭及其他燃料加工业	10	4529			62		
化学原料和化学制品制造业	15	4875	85				
医药制造业	–48	248	–44		64		261
橡胶和塑料制品业	1	504					
非金属矿物制品业	–4	5002					
黑色金属冶炼和压延加工业	–819	16555					241
有色金属冶炼和压延加工业	13	1332					
金属制品业	92	775	100				
通用设备制造业	40	514			–13		
专用设备制造业	4	1300	956		–500	1	70
汽车制造业		79			1		
铁路、船舶、航空航天和其他运输设备制造业	–5						
电气机械和器材制造业	113	565	90		89		4
计算机、通信和其他电子设备制造业	267	1006	1474		39		1741
仪器仪表制造业	33	1739	1624		5542	–69	1000
电力、热力生产和供应业	114				477		

主要经济指标(四)
private industrial enterprises(4)

单位：万元

营业利润	营业外收入	营业外支出	利润总额	所得税费用	亏损企业亏损总额	利税总额	应交税金及附加	本年应付职工薪酬	本年应交增值税
201552	**16996**	**2467**	**216079**	**17026**	**19203**	**329932**	**130878**	**124120**	**89695**
20807		228	20580	5503	6809	40785	25708	10502	12043
-1289		4	-1293	391	1293	-1250	434	260	
1735	14	14	1735	454	758	3697	2415	140	906
1457		25	1432	80		2026	674	267	194
-34	34	1	-1		163	121	121	561	37
26962	103	34	27031	1307	2899	31363	5639	9806	3445
-164	3		-161		161	1741	1903	439	441
				1		35	36	288	28
497	56	1	552	5		692	145	1128	103
-88	195	7	100	9	83	498	408	873	254
-161	33	29	-156	8	230	104	267	1115	206
192			192	48		426	282	84	200
16017	15	42	15990			30015	14025	4912	12269
5118	679	36	5761	760		10900	5899	5312	3909
6793	253	48	6997	1109		9649	3760	2877	2219
421	7	13	416	112		1324	1021	2009	798
13096	1543	1030	13608	3484	2554	27861	17738	18575	12244
76039	8999	213	84824	53		108954	24183	15650	21832
-146	131	6	-20	3	131	328	350	1648	306
181	676	62	793	173	226	2819	2198	7346	1633
2350	397	290	2456	331	208	4095	1970	2934	1405
5988	665	242	6411	512	1039	12273	6374	13115	4762
-1603	1226	12	-390	88	908	656	1133	2787	768
-277	98	1	-181	51	299	569	800	1430	648
1578	314	13	1879	426	1046	3807	2354	4235	1650
8442	349	68	8723	409	6	12973	4660	8946	3738
10748	504	47	11205	706		15013	4514	6155	3086
6894	703	1	7597	1005	390	8459	1867	728	574

9-8 私营工业企业

Major economic indicators of

指　标	从业人员平均人数(人)	从业人员期末人数(人)	平均用工人数(人)	期末用工人数(人)	营业收入利润率(%)	产品销售率(%)
总　计	**24943**	**24126**	**25221**	**22691**	**6.38**	**99.89**
煤炭开采和洗选业	1918	1920	1601	1620	5.72	96.94
石油和天然气开采业	69	69	69	69	-36.56	86.55
黑色金属矿采选业	132	165	132	165	7.43	106.58
非金属矿采选业	54	54	54	54	22.18	103.96
农副食品加工业	194	172	316	172		98.04
食品制造业	1994	2022	1994	2016	8.50	102.75
酒、饮料和精制茶制造业	137	101	137	101	-3.07	97.88
纺织服装、服饰业	113	111	115	111		102.75
家具制造业	207	205	207	205	6.64	100.00
造纸和纸制品业	307	235	307	183	0.46	98.89
印刷和记录媒介复制业	215	223	253	223	-0.78	100.00
文教、工美、体育和娱乐用品制造业	25	26	23	26	1.12	100.00
石油、煤炭及其他燃料加工业	1191	1181	1126	1155	7.87	102.61
化学原料和化学制品制造业	1216	1233	1694	1212	2.10	98.56
医药制造业	740	703	740	704	21.38	85.74
橡胶和塑料制品业	354	352	331	317	0.89	96.90
非金属矿物制品业	4061	4038	3969	3847	2.64	99.91
黑色金属冶炼和压延加工业	3197	3304	3271	3300	11.20	101.90
有色金属冶炼和压延加工业	336	257	357	257	-0.09	109.32
金属制品业	1891	1368	1876	908	0.82	101.67
通用设备制造业	660	596	657	549	5.21	96.32
专用设备制造业	2106	2057	2175	2055	3.94	99.54
汽车制造业	563	496	563	496	-1.33	98.57
铁路、船舶、航空航天和其他运输设备制造业	301	324	304	321	-1.60	76.72
电气机械和器材制造业	785	767	757	759	2.34	88.15
计算机、通信和其他电子设备制造业	1122	1131	1120	1130	4.93	100.10
仪器仪表制造业	911	883	929	603	11.09	102.47
电力、热力生产和供应业	144	133	144	133	36.20	100.00

主要经济指标(五)

private industrial enterprises(5)

单位：万元

资产负债率(%)	总资产贡献率(%)	人均营业收入(万元/人)	流动资产周转率(次/年)	每百元资产实现的营业收入(元)	产成品存货周转天数(天)	应收账款平均回收期(天)	成本费用利润率(%)
70.50	**10.53**	**134.21**	**1.62**	**94.75**	**20.99**	**94.90**	**6.83**
81.37	10.98	224.82	2.44	90.46	26.51	43.96	6.22
72.38	-1.61	51.26	1.14	4.56		67.78	-27.04
77.75	4.96	176.89	3.10	58.77	109.72	-30.28	8.44
83.97	26.29	119.59	1.54	83.86		166.22	31.13
43.18	1.57	45.37	0.83	60.56	25.07	81.19	
32.53	13.95	159.44	2.51	124.96	11.53	21.11	9.31
90.99	19.25	38.40	0.71	45.27	10.54		-3.92
88.57	0.87	75.91	2.82	215.65		-20.48	
31.62	3.16	40.14	0.88	44.57		37.58	7.10
68.81	2.81	71.02	1.37	70.90	36.58	128.46	0.46
66.28	2.16	79.44	1.09	63.03	5.01	80.79	-0.77
82.86	3.50	744.14	1.43	140.80	2.38	184.98	1.14
122.61	24.60	180.51	2.14	144.80	23.53	11.22	8.62
56.64	11.07	162.11	2.91	192.88	7.68	65.71	2.15
46.04	13.81	44.23	1.21	45.45	77.99	50.07	27.04
71.94	2.48	141.76	0.76	63.65	104.35	301.58	0.90
84.14	5.54	129.69	1.12	86.83	10.71	247.89	2.72
113.76	40.87	231.56	7.71	245.03	20.77	1.29	12.49
78.87	6.00	60.24	1.16	78.33	102.53	58.01	-0.09
59.67	2.75	51.78	1.04	76.17	36.93	132.13	0.82
75.27	4.44	71.71	0.67	45.82	44.92	188.56	5.52
69.71	6.43	74.88	0.97	77.14	12.04	147.13	4.15
64.14	1.02	52.09	0.89	40.80	100.42	138.12	-1.27
40.39	2.86	37.11	0.69	56.27	40.72	260.76	-1.58
53.72	2.37	105.86	0.52	44.50	18.91	288.43	2.40
46.19	7.45	158.03	1.24	96.15	15.71	130.86	5.18
43.26	6.32	108.73	0.75	38.16	15.34	195.23	11.87
51.74	5.87	145.75	0.43	14.76		219.13	53.19

9-9　外商投资和港澳台商

The main economic indicators of Industrial Enterprises with

指　标	企业单位数(个)	亏损企业	工业总产值(当年价格)	工业销售产值(当年价格)	出口交货值	年初存货	产成品	资产总计
总　计	**18**	**2**	**7689485**	**7738755**	**6318451**	**617833**	**238800**	**7166961**
煤炭开采和洗选业	1		16039	16273		2276	21	77845
食品制造业	1		3913	3913		358	256	1730
酒、饮料和精制茶制造业	3	1	82543	65388		7517	3904	71365
石油、煤炭及其他燃料加工业	2		270439	254460		20932	6517	288594
化学原料和化学制品制造业	1		17000	15567		28345	1565	20185
非金属矿物制品业	1	1	2102	2102		486		5652
黑色金属冶炼和压延加工业	1		11680	11680		411	411	1044
通用设备制造业	1		22478	21644		2994	1821	14764
汽车制造业	2		19390	20583	376	5460	1702	25034
铁路、船舶、航空航天和其他运输设备制造业	1		195062	195062		46793	3227	288807
计算机、通信和其他电子设备制造业	2		6992639	7075884	6318075	496063	219034	6236310
仪器仪表制造业	1		33400	33400		5427	44	93120
废弃资源综合利用业	1		22800	22800		770	297	42510

9-9　外商投资和港澳台商

The main economic indicators of Industrial Enterprises with

指　标	累计折旧	本年折旧	固定资产净值	固定资产净额	在建工程	油气资产	无形资产	土地使用权	软件使用权	商誉
总　计	**857911**	**116398**	**675477**	**669840**	**29680**		**36665**	**29358**	**647**	
煤炭开采和洗选业	381	220	4895	4895	863		1447			
食品制造业	298	62	219	219						
酒、饮料和精制茶制造业	55758	3490	34157	33302	845		594		10	
石油、煤炭及其他燃料加工业	79189	7500	64523	64523	15053		6458	6414	44	
化学原料和化学制品制造业	9468	427	3940	3940	243		1			
非金属矿物制品业	5642	47	824	824			1354	1354		
黑色金属冶炼和压延加工业	1637	138	85	85						
通用设备制造业	1470	323	4118	4118			1197	1197		
汽车制造业	18090	1092	8378	8378	35		1		1	
铁路、船舶、航空航天和其他运输设备制造业	64186	8096	13037	10003	1861		1560		592	
计算机、通信和其他电子设备制造业	604786	91284	500746	498998	9894		20393	20393		
仪器仪表制造业	5974	1588	6772	6772			2126			
废弃资源综合利用业	11035	2130	33786	33786	887		1535			

投资工业企业主要经济指标(一)
Hong Kong, Macao and Taiwan and foreign fonds(1)

单位：万元

流动资产合计	流动资产合计：货币资金	流动资产合计：应收账款	流动资产合计：存货	存货：产成品	非流动资产合计	可供出售金融资产	持有至到期投资	长期股权投资	固定资产原价	固定资产原价：房屋和构筑物	固定资产原价：机器设备	固定资产原价：运输工具	固定资产原价：电子设备
6152499	**2650752**	**2234053**	**500175**	**198038**	**1014462**		**39040**	**141355**	**1533387**	**264390**	**782097**	**9808**	**5781**
12929	43	5514	3889	1123	64916			57710	5276	4461	559	253	3
1512	1087		415	299	219				516				
33378	11554	4336	9181	6056	37987				89914	6697	36180	239	67
172912	7204	11831	32411	15977	115682			29557	143712	76427	56461	6435	543
15965	3413	6901	3973	2217	4220				13407	433	6302	488	46
1980	156	813	498		3672				6466	4526	1293	517	129
959	28	82	689	689	85				1722		1588	91	43
9377	1460	66	3183	2200	5387				5587	4193	1068	154	172
16617	673	6538	7393	2911	8417				26468	6003	20258	98	109
271923	27735	127804	59956	2120	16884			878	77223	72	76564	268	319
5558699	2592131	2040443	372756	164331	677611		39040	20537	1105531	136990	562048	975	4198
50428	2378	28019	5002	11	42692			32673	12746				
5820	2891	1706	830	106	36690				44820	24590	19776	292	151

投资工业企业主要经济指标(二)
Hong Kong, Macao and Taiwan and foreign fonds(2)

单位：万元

负债合计	流动负债合计	流动负债：应付账款	非流动负债合计	所有者权益合计	实收资本	实收资本：国家资本	实收资本：集体资本	实收资本：法人资本	实收资本：个人资本	实收资本：港澳台资本	实收资本：外商资本	营业收入
5109795	**5019599**	**2376208**	**83910**	**2057166**	**767833**	**11252**		**50232**	**4725**	**34775**	**666849**	**8048118**
76343	10827	7156	65516	1502	5588			5588				17143
431	431	225		1299	600			600				3913
31266	24979	6674		40099	31457			6130			25326	79301
230861	230294	94062	567	57733	43585			25063	4725	5922	7875	500734
4235	4177	2852	58	15950	4	2					2	15687
5364	5364	100		288	500			500				2001
396	396			648	1903					1903		11680
8847	8847	6622		5917	3168						3168	21648
12843	12171	3987	672	12191	24555			9300			15255	20582
161406	160239	55349	1167	127401	16071	11250					4821	195092
4511079	4511079	2170296		1725231	610402						610402	7123417
61642	45714	28214	15928	31478	5000			3050		1950		33801
5081	5081	672		37429	25000					25000		23120

9-9 外商投资和港澳台商

The main economic indicators of Industrial Enterprises with

指 标	主营业务收入	营业成本	主营业务成本	税金及附加	主营业务税金及附加	其他业务收入	其他业务利润	销售费用
总 计	**7985618**	**7588859**	**7533873**	**32479**	**32479**	**62500**	**11471**	**44332**
煤炭开采和洗选业	17143	14897	14897	27	27			237
食品制造业	3913	2979	2979	37	37			
酒、饮料和精制茶制造业	77976	61357	60253	732	732	1325	94	15599
石油、煤炭及其他燃料加工业	490623	408393	405416	2884	2884	10110		19313
化学原料和化学制品制造业	15658	12635	1270	76	76	29		1777
非金属矿物制品业	2001	1538	1538	65	65			171
黑色金属冶炼和压延加工业	11680	11266	11266	5	5			79
通用设备制造业	21648	18020	18020	124	124			1150
汽车制造业	20225	14306	14067	201	201	357		628
铁路、船舶、航空航天和其他运输设备制造业	191948	129421	127373	1563	1563	3145	1097	2751
计算机、通信和其他电子设备制造业	7075884	6882312	6845060	26231	26231	47533	10281	1015
仪器仪表制造业	33801	24277	24277	134	134			1151
废弃资源综合利用业	23120	7461	7461	401	401			460

9-9 外商投资和港澳台商

The main economic indicators of Industrial Enterprises with

指 标	亏损企业亏损总额	利税总额	应交税金及附加	本年应付职工薪酬	本年应交增值税	从业人员平均人数（人）	从业人员期末人数（人）	平均用工人数（人）
总 计	**1542**	**396813**	**159525**	**707241**	**88216**	**59327**	**55710**	**62164**
煤炭开采和洗选业		876	319	247	107	80	80	80
食品制造业		1110	526	674	294	167	165	167
酒、饮料和精制茶制造业	1325	2631	3321	1235	2250	1112	1105	1112
石油、煤炭及其他燃料加工业		86568	33846	7665	23127	1743	1820	1743
化学原料和化学制品制造业		1028	786	2822	679	281	278	278
非金属矿物制品业	217	-51	166	173	101	51	51	51
黑色金属冶炼和压延加工业		119	43	73	38	20	20	20
通用设备制造业		2147	754	582	166	47	49	47
汽车制造业		4431	1357	3572	1156	258	259	259
铁路、船舶、航空航天和其他运输设备制造业		62455	23082	13481	14756	508	496	496
计算机、通信和其他电子设备制造业		222160	91832	671920	44943	54647	51021	57498
仪器仪表制造业		4595	1086	1863	440	263	216	263
废弃资源综合利用业		8745	2407	2934	161	150	150	150

投资工业企业主要经济指标(三)

Hong Kong, Macao and Taiwan and foreign fonds(3)

单位：万元

管理费用	财务费用			资产减值损失	公允价值变动收益	投资收益	资产处置收益	其他收益	营业利润	营业外收入	营业外支出	利润总额	所得税费用
		利息收入	利息支出										
142746	**37676**	**-88395**	**86910**	**3233**		**14072**	**526**		**213390**	**66448**	**3721**	**276117**	**38830**
82	1219	2	1220						682	60		742	186
126	-7	7							778			778	195
2234	64	57	179	178		85			-778	534	107	-351	340
4879	4350	140	3062						60915	199	555	60558	7836
952	-32	33	1						279	4	10	274	32
434	50								-256	39		-217	
254									76			76	
579	-17	-18	1						1792	128	62	1857	464
2103	225	13	312	28					3092	33	51	3074	
10979	2825	159	2224	1382		-322			45849	293	6	46136	6764
111748	28108	-88756	79091			14309	526		88836	64779	2629	150986	20658
2398	807	-2	716	1335					3698	355	32	4021	512
5978	83	-29	104	311					8427	25	269	8183	1845

投资工业企业主要经济指标(四)

Hong Kong, Macao and Taiwan and foreign fonds(4)

单位：万元

期末用工人数(人)	营业收入利润率(%)	产品销售率(%)	资产负债率(%)	总资产贡献率(%)	人均营业收入(万元/人)	流动资产周转率(次/年)	每百元资产实现的营业收入(元)	产成品存货周转天数(天)	应收账款平均回收期(天)	成本费用利润率(%)
55481	**3.43**	**100.64**	**71.30**	**7.98**	**129.47**	**1.31**	**112.29**	**9.39**	**99.93**	**3.53**
80	4.33	101.46	98.07	2.69	214.29	1.33	22.02	27.13	115.80	4.52
165	19.88	100.00	24.91	63.71	23.43	2.59	226.15	36.08		25.12
1085	-0.44	79.22	43.81	3.86	71.31	2.38	111.12	35.53	19.68	-0.44
1820	12.09	94.09	80.00	31.01	287.28	2.90	173.51	14.08	8.51	13.86
278	1.74	91.57	20.98	4.94	56.43	0.98	77.72	63.17	158.37	1.78
51	-10.85	99.99	94.90	-0.90	39.24	1.01	35.41		146.30	-9.91
20	0.65	100.00	37.94	11.36	583.98	12.18	1118.52	22.00	2.52	0.66
49	8.58	96.29	59.92	14.67	460.59	2.31	146.62	43.95	1.09	9.41
38	14.93	106.15	51.30	18.89	79.47	1.24	82.21	73.24	114.36	17.81
508	23.65	100.00	55.89	22.34	393.33	0.72	67.55	5.90	235.83	31.61
51021	2.12	101.19	72.34	6.25	123.89	1.28	114.22	8.60	103.12	2.15
216	11.90	100.00	66.20	5.71	128.52	0.67	36.30	0.16	298.43	14.04
150	35.40	100.00	11.95	20.88	154.13	3.97	54.39	5.10	26.56	58.53

9-10　大中型工业企业

Major economic indicators of large

指　　标	企业单位数（个）	亏损企业	工业总产值（当年价格）	工业销售产值（当年价格）	出口交货值	年初存货	产成品
总　　计	**90**	**27**	**26740524**	**26664593**	**8600850**	**4353747**	**1051506**
煤炭开采和洗选业	11	7	2780361	2851920		935368	202222
农副食品加工业	1	1	21721	21721		1976	52
食品制造业	6	2	161757	157906	134	18954	8637
酒、饮料和精制茶制造业	3		113576	102339		9938	4030
烟草制品业	1		441298	433715		28657	8594
印刷和记录媒介复制业	2	1	18774	21287		3799	553
石油、煤炭及其他燃料加工业	8		1547334	1556624		137534	29552
化学原料和化学制品制造业	6	2	523204	509175		170239	22258
医药制造业	1		32012	28518		9456	1840
橡胶和塑料制品业	1	1	67141	53329	12283	11607	5995
非金属矿物制品业	2		76701	71266		10502	4537
黑色金属冶炼和压延加工业	2		8325063	8357644	1181965	813048	218102
有色金属冶炼和压延加工业	1	1	43039	53379		15114	631
金属制品业	6	1	156415	106326	2752	25224	11155
通用设备制造业	3		178554	176717		156268	50919
专用设备制造业	7	1	1121340	979184	47914	1056909	154706
汽车制造业	4	2	326771	301672		47471	13608
铁路、船舶、航空航天和其他运输设备制造业	7	1	736928	741905	62211	154285	26133
电气机械和器材制造业	1		49227	47583	1762	26071	18807
计算机、通信和其他电子设备制造业	6	1	8105465	8183021	7291828	620019	245563
仪器仪表制造业	1		47483	43002		28667	22933
金属制品、机械和设备修理业	1		32800	32800		538	
电力、热力生产和供应业	4	3	676076	676076		31576	
燃气生产和供应业	3	1	1054569	1054569		28236	682
水的生产和供应业	2	2	102916	102916		12293	

主要经济指标(一)

and medium sized industrial enterprises(1)

单位：万元

资产总计	流动资产合计	流动资产合计				非流动资产合计	可供出售金融资产	持有至到期投资	长期股权投资	固定资产原价
		货币资金	应收账款	存货	产成品					
49642359	**21483272**	**6325713**	**5102439**	**4441393**	**1269326**	**28159087**	**1047558**	**197648**	**1714501**	**28016945**
10092116	2959138	1246192	204658	829575	144763	7132978	393912	350	204683	5985246
55262	13885	2998	6189	2385	41	41377			5161	10645
222041	91562	12523	12418	19085	8060	130479			3361	145962
79481	40474	13660	3332	9836	5281	39007				73685
502811	292645	199472	40606	42755	15276	210166			100	285221
49468	13914	369	4509	2685	750	35554			644	34832
1999867	1114917	48435	97895	159686	42897	884950	294		348961	866899
3241045	1169398	141517	184789	200979	23151	2071646	4236		82968	284229
29784	21806	1110	24	11153	5761	7978				16764
160318	53181	1013	24556	22007	16368	107137				133633
198856	99873	37135	13344	14795	4765	98983				104617
12290504	3035073	650815	163256	1104278	460143	9255432	602861	152258	829970	11842630
70208	26881	2797	4760	10878	3632	43327				69564
196842	116489	25287	38807	28521	12410	80354			1400	96126
349466	271809	21187	38931	174194	56817	77657			500	79991
3235991	2424710	331523	625238	917664	177787	811281	714		18981	597089
560032	300748	8809	208438	70186	29941	259284				157873
1645402	1154321	116643	664678	201573	43447	491081			5379	439276
177253	93059	4126	28823	37084	17162	84194				11626
7213434	6330767	2947695	2300179	496051	189841	882667	82	39040	31607	1338116
134702	84833	2424	76633	2250		49869				5044
30405	28165	3821	19205	1478		2240			419	8933
3049617	682372	357533	129636	32239		2367245			10826	3484205
3600166	925548	122749	184101	37376	11034	2674618	700		150817	1537335
457289	137704	25883	27432	12682		319585	44759	6000	18724	407407

9-10 大中型工业企业

Major economic indicators of large

指 标	房屋和构筑物	机器设备	运输工具	电子设备	累计折旧	本年折旧	固定资产净值	固定资产净额
总 计	**7797645**	**13172540**	**319406**	**1453653**	**12376125**	**1186349**	**15640819**	**15415412**
煤炭开采和洗选业	3038376	1994910	91621	593350	2873916	194745	3111329	3026859
农副食品加工业	4024	4887	435		6283	413	4362	4362
食品制造业	90605	43145	3559	2924	35088	6302	110873	62125
酒、饮料和精制茶制造业	6532	19674	416	883	42141	2869	31544	23221
烟草制品业	100121	153237	505	12877	98375	16949	186846	186846
印刷和记录媒介复制业	2452	12440	130	198	20301	1609	14531	5373
石油、煤炭及其他燃料加工业	390758	295731	12958	37834	425096	37420	441803	441803
化学原料和化学制品制造业	82368	56991	1441	1230	57983	4220	226246	219013
医药制造业	6671	8006	1365	349	8812	944	7953	7953
橡胶和塑料制品业	63554	69571	299	210	40441	5006	93192	93166
非金属矿物制品业	978	2351	198	10	23124	3398	81493	79849
黑色金属冶炼和压延加工业	3125673	8379609	168432	168916	5825511	494928	6017119	5978764
有色金属冶炼和压延加工业	19275	48956	1264	1	12340	3077	57224	40283
金属制品业	33837	38945	928	1238	34525	2998	61601	57805
通用设备制造业	47371	22750	2739	980	19660	3794	60330	60330
专用设备制造业	7884	18297	278	139	190241	28512	406848	406319
汽车制造业	63225	49331	6116	28452	32637	11337	125235	124241
铁路、船舶、航空航天和其他运输设备制造业	147495	260991	13793	661	151225	24240	288051	285017
电气机械和器材制造业	4567	6722	307	31	5887	360	5739	5739
计算机、通信和其他电子设备制造业	143439	662718	1480	4873	668253	115373	669862	667815
仪器仪表制造业					1837	297	3208	3208
金属制品、机械和设备修理业	1110	5237	1236	1350	7128	402	1805	1805
电力、热力生产和供应业	336208	710171	4126	595586	1339025	155691	2145180	2145180
燃气生产和供应业	781	32	428	487	276736	51338	1260599	1260489
水的生产和供应业	80343	307840	5353	1074	179559	20129	227848	227848

主要经济指标(二)
and medium sized industrial enterprises(2)

单位：万元

在建工程	油气资产	无形资产			商誉	负债合计	流动负债合计		非流动负债合计	所有者权益合计
			土地使用权	软件使用权				应付账款		
3967757	**761**	**4004576**	**1016710**	**47889**	**202252**	**36291657**	**26241550**	**7245154**	**10050107**	**13350702**
871866		2203108	185714	45062	166572	9467411	6116645	1017477	3350766	624704
26181		5586	5325	191		55537	24885	12929	30651	-275
2805	761	11070	10947	30		110480	95944	20772	14536	111561
3425		4835	4252			43306	43219	17189	87	36176
276		22063	21139			123571	123571	62525		379240
18268		688	668	21		32068	30956	6510	1112	17401
48553		32373	27302	170		1186858	1037491	485206	149367	813009
1409782		64254	3519	57	32498	2732852	2162641	578465	570211	508192
26						25812	25812	7500		3972
8410		1248	994	253		149298	149298	63361		11020
10927		2671	2301			137032	70902	18609	66130	61824
127899		1274692	552684	553		6671696	4242031	441527	2429665	5618808
458		1814	1731	4		98715	65038	963	33677	-28507
933		17916				81817	81300	31933	517	115025
720		14601	14397	197		257265	234914	57899	22351	92201
111693		95537	26345			2685557	2490111	701336	195447	550434
59357		57574	57525	40		640556	621538	227804	19017	-80524
90833		58482	49653	1127		1067894	810663	267036	257231	577508
67992		6545	6540	5		112988	59649	32796	53339	64265
18520		23173	21862	43		5141093	5126376	2727620	14717	2072341
5		10208				102182	80500	56436	21682	32520
		6		6		10514	10514	7583		19891
84215		22511	20411	44		2034225	856047	250076	1178178	1015392
986929		69158	3402	87	3182	3087405	1488727	28203	1598678	512761
17687		4464				235527	192778	123399	42749	221762

9-10 大中型工业企业

Major economic indicators of large

指 标	实收资本						
		国家资本	集体资本	法人资本	个人资本	港澳台资本	外商资本
总 计	**5960772**	**2977143**	**230773**	**1966880**	**154774**	**5922**	**625281**
煤炭开采和洗选业	1808441	642952	20458	1145031			
农副食品加工业	3667		3667				
食品制造业	27525	1000	2637	18011	5876		
酒、饮料和精制茶制造业	31453	3140		26130			2183
烟草制品业	61320			61320			
印刷和记录媒介复制业	3850	3850					
石油、煤炭及其他燃料加工业	277685			140863	123025	5922	7875
化学原料和化学制品制造业	555265	326566	200501	22692	5508		
医药制造业	4500			4500			
橡胶和塑料制品业	30000	30000					
非金属矿物制品业	10840	6740			4100		
黑色金属冶炼和压延加工业	726356	667468		58888			
有色金属冶炼和压延加工业	3064			3064			
金属制品业	22579	20000	2529	50			
通用设备制造业	24936	20353	982	3600			
专用设备制造业	255867	154661		96206	5000		
汽车制造业	37381	1661		35620	100		
铁路、船舶、航空航天和其他运输设备制造业	219430	212290			2319		4821
电气机械和器材制造业	15030	4280		10000	750		
计算机、通信和其他电子设备制造业	926402			307904	8096		610402
仪器仪表制造业	10000			10000			
金属制品、机械和设备修理业	13000			13000			
电力、热力生产和供应业	488230	478230		10000			
燃气生产和供应业	296750	296750					
水的生产和供应业	107202	107202					

主要经济指标(三)
and medium sized industrial enterprises(3)

单位：万元

营业收入	主营业务收入	营业成本	主营业务成本	税金及附加	主营业务税金及附加	其他业务收入	其他业务利润	销售费用	管理费用	财务费用
27509461	**26882122**	**23145130**	**22614886**	**567770**	**546490**	**627340**	**-7855**	**596327**	**1650045**	**930738**
2977624	2805176	2301804	2110034	205804	194095	172448	-38319	84869	481442	297026
21686	21686	20216	20216	208	208			479	1891	2583
147661	147089	103052	103046	848	848	573		16638	12765	1907
121992	121194	84500	83808	6606	6606	798	-25	16035	5853	-36
432582	412375	165282	164985	199267	197884	20208	110	5778	32189	-4887
23158	22758	17306	17306	362	198	400	479	2028	2457	381
1849459	1806656	1419208	1384721	13749	13716	42803	-6	58913	30889	24182
748239	730500	620502	602149	7566	5376	17740		18356	63560	69543
28518	28518	12734	12734	345	345			6744	6108	562
54422	53247	50049	49790	706	706	1175	916	3130	4636	3710
79590	79590	64834	64834	202	202			5147	7216	1669
7896294	7828091	6256744	6185938	76297	76297	68203	-179	181867	432809	257356
54190	53379	49355	48670	134	134	811	127	1044	5145	3586
149560	148728	107522	107234	821	821	832	543	3070	21603	-353
179320	178340	145696	144769	1297	1296	981	55	5863	21575	3035
1011288	963224	764748	720495	7805	7092	48065	72	40884	126884	71092
324607	313275	334766	324255	1038	333	11332	624	12393	72539	6274
741415	718210	568641	548808	5687	5275	23205	2089	20699	54096	13438
37698	37053	31605	31320	80	80	645	360	1839	4342	67
8226586	8169407	7852984	7807987	28156	28054	57179	11963	7407	179200	26315
87483	83109	75700	72165	379	379	4374	839	2164	3566	-729
32791	32791	28292	28292	449	449				2315	-4
766097	694297	758996	719948	4872	3146	71800	12197	4445	23427	62238
1413207	1329740	1207986	1158774	4035	1893	83468		90882	37787	88377
103993	103692	102609	102609	1058	1058	300	300	5651	15752	3405

9-10 大中型工业企业

Major economic indicators of large

指 标							
	利息收入	利息支出	资产减值损失	公允价值变动收益	投资收益	资产处置收益	其他收益
总 计	**-58282**	**1008305**	**227335**	**8715**	**104826**	**32783**	**137538**
煤炭开采和洗选业	9145	308762	92384		18009	337	9009
农副食品加工业	-2	2479					
食品制造业	11	1569	27		80	6	350
酒、饮料和精制茶制造业	-190	178	161				24
烟草制品业	4897		-62				
印刷和记录媒介复制业	17	43	3		-214	-16	186
石油、煤炭及其他燃料加工业	622	22724	1108		40540	57	79
化学原料和化学制品制造业	919	78117	18578		2129		
医药制造业		562					
橡胶和塑料制品业	14	3822	1892				
非金属矿物制品业	1	1053	72		2034		
黑色金属冶炼和压延加工业	21181	253384	75929	9873	32463	139	23629
有色金属冶炼和压延加工业	15	3601	5473				10
金属制品业	227	-92	4890		669	-20	93
通用设备制造业	247	3052	-4		-6		
专用设备制造业	-111	71927	21671		366	57	3392
汽车制造业	166	6601	337			-28	19372
铁路、船舶、航空航天和其他运输设备制造业	805	15057	1575		163	30398	5400
电气机械和器材制造业	-83	146			514		
计算机、通信和其他电子设备制造业	-99954	88113	772		6590	1732	567
仪器仪表制造业	-893	179			142		
金属制品、机械和设备修理业	-14		-85				
电力、热力生产和供应业	221	60010	1348	-2206	121		45360
燃气生产和供应业	4252	83398	1268	1048	-386	119	30066
水的生产和供应业	224	3621			1613		

主要经济指标(四)

and medium sized industrial enterprises(4)

单位：万元

营业利润	营业外收入	营业外支出	利润总额	所得税费用	亏损企业亏损总额	利税总额	应交税金及附加	本年应付职工薪酬	本年应交增值税
675978	**227085**	**195904**	**707159**	**270190**	**734149**	**2113756**	**1676787**	**3105788**	**838827**
–458351	58601	86460	–486209	56117	519370	–6339	535987	1052938	274066
–3691	93	39	–3637		3637	–2097	1540	3152	1332
12860	721	36	13545	2238	1913	19812	8505	12550	5419
8898	681	133	9447	1869		22489	14911	7324	6437
35015	103	336	34781	9835		277133	252186	36538	43084
577	30	193	415	16	59	1161	762	5525	385
342086	1239	1227	342098	63729		438197	159828	36311	82350
–47738	27250	3581	–24069	867	26574	–2546	22391	83302	13957
2024	41	314	1752	438		4287	2973	1894	2190
–9700	617	10	–9094		9094	–8388	706	6431	
2484	111	1274	1320	274		4665	3619	7380	3143
681396	26954	89375	618975	66011		969130	416167	530566	273858
–10536	19		–10517	630	10517	–16763	–5616	2675	–6379
12749	775	75	13450	1680	59	17271	5500	17142	3000
1853	255	76	2032	371		9083	7422	24605	5754
–17981	5431	237	–12787	1512	23351	27792	42091	113225	32774
–83395	26261	63	–57196	117	58116	–54888	2426	31145	1271
113240	4230	1946	115524	16614	2562	153276	54366	85504	32065
279	165	25	419			1285	866	2269	786
140640	65160	2674	203125	33780	2134	278626	109280	896069	47344
6545	80		6626			7509	884	449	505
1825	2	8	1819	111		5785	4076	11291	3517
–45953	1783	4735	–48906	–70	48924	–56446	–7610	88180	–12412
13721	2832	2795	13757	14054	8329	39020	39317	25286	21228
–22870	3653	294	–19511		19511	–15299	4211	24038	3154

9-10 大中型工业企业
Major economic indicators of large

指 标	从业人员平均人数(人)	从业人员期末人数(人)	平均用工人数(人)	期末用工人数(人)	营业收入利润率(%)	产品销售率(%)
总 计	**276781**	**273292**	**279430**	**274067**	**2.57**	**99.72**
煤炭开采和洗选业	86199	84559	84556	85310	-16.33	102.57
农副食品加工业	559	543	559	543	-16.77	100.00
食品制造业	3119	3175	3124	3175	9.17	97.62
酒、饮料和精制茶制造业	1683	1698	1683	1698	7.74	90.11
烟草制品业	934	923	934	923	8.04	98.28
印刷和记录媒介复制业	1250	1279	1270	1310	1.79	113.39
石油、煤炭及其他燃料加工业	7297	7482	7258	7443	18.50	100.60
化学原料和化学制品制造业	6978	6878	6852	6747	-3.22	97.32
医药制造业	373	389	373	389	6.14	89.09
橡胶和塑料制品业	1398	1358	1398	1358	-16.71	79.43
非金属矿物制品业	1426	1386	1426	1386	1.66	92.91
黑色金属冶炼和压延加工业	36178	36038	36250	36038	7.84	100.39
有色金属冶炼和压延加工业	401	398	398	401	-19.41	124.02
金属制品业	4064	4060	4094	3657	8.99	67.98
通用设备制造业	3448	3468	3448	3468	1.13	98.97
专用设备制造业	13086	13209	12556	12556	-1.26	87.32
汽车制造业	3172	4032	3166	4041	-17.62	92.32
铁路、船舶、航空航天和其他运输设备制造业	5726	5704	6249	5805	15.58	100.68
电气机械和器材制造业	598	608	776	771	1.11	96.66
计算机、通信和其他电子设备制造业	76244	71708	79000	71695	2.47	100.96
仪器仪表制造业	330	324	330	324	7.57	90.56
金属制品、机械和设备修理业	897	919	897	919	5.55	100.00
电力、热力生产和供应业	8016	9687	8016	9687	-6.38	100.00
燃气生产和供应业	10247	10319	11598	11214	0.97	100.00
水的生产和供应业	3158	3148	3219	3209	-18.76	100.00

主要经济指标(五)

and medium sized industrial enterprises(5)

单位：万元

资产负债率(%)	总资产贡献率(%)	人均营业收入(万元/人)	流动资产周转率(次/年)	每百元资产实现的营业收入(元)	产成品存货周转天数(天)	应收账款平均回收期(天)	成本费用利润率(%)
73.11	**6.41**	**98.45**	**1.28**	**55.42**	**19.74**	**66.77**	**2.69**
93.81	2.91	35.21	1.01	29.50	22.64	24.74	-15.36
100.50	0.69	38.79	1.56	39.24	0.72	102.74	-14.45
49.76	9.62	47.27	1.61	66.50	28.16	30.28	10.08
54.49	28.76	72.48	3.01	153.48	22.50	9.83	8.88
24.58	54.14	463.15	1.48	86.03	33.27	33.79	17.53
64.83	2.40	18.23	1.66	46.81	15.60	70.10	1.87
59.35	23.02	254.82	1.66	92.48	10.88	19.06	22.31
84.32	2.30	109.20	0.64	23.09	13.43	88.91	-3.12
86.66	16.28	76.46	1.31	95.75	162.87	0.30	6.70
93.13	-2.86	38.93	1.02	33.95	117.73	162.44	-14.78
68.91	2.88	55.81	0.80	40.02	26.46	60.36	1.67
54.28	9.77	217.83	2.60	64.25	26.48	7.44	8.68
140.60	-18.77	136.16	2.02	77.19	26.49	31.62	-17.79
41.56	8.61	36.53	1.28	75.98	41.55	93.41	10.20
73.62	3.40	52.01	0.66	51.31	140.39	78.16	1.15
82.99	3.09	80.54	0.42	31.25	83.69	222.57	-1.27
114.38	-8.65	102.53	1.08	57.96	32.20	231.16	-13.43
64.90	10.18	118.65	0.64	45.06	27.51	322.74	17.59
63.74	0.85	48.58	0.41	21.27	195.48	275.25	1.11
71.27	6.47	104.13	1.30	114.05	8.70	100.66	2.52
75.86	6.37	265.10	1.03	64.95		315.35	8.21
34.58	19.07	36.56	1.16	107.85		210.85	5.95
66.70	0.11	95.57	1.12	25.12		60.92	-5.76
85.76	3.28	121.85	1.53	39.25	3.29	46.90	0.97
51.51	-2.60	32.31	0.76	22.74		94.96	-15.31

9-11 民用汽车拥有量
Number of civil Motor vehicles

单位：辆

指标	2018	2017	比2017年增长（%）
总计	**1577841**	**1458289**	**8.2**
一、汽车	1553017	1436290	8.1
#载客汽车	1435651	1331940	7.8
载货汽车	111210	98669	12.7
其他汽车	6156	5681	8.4
#个人汽车	1387782	1294585	7.2
二、电车	97	127	-23.6
三、摩托车	5983	2779	115.3
四、拖拉机	7930	7748	2.3
五、挂车	10698	11194	-4.4
六、其他类型	116	151	-23.2

9-12 公路运输线路长度
Length of Highway transportation route

单位：公里

指标	2018	2017
公路线路里程	**7516.69**	**7449.25**
#等级公路	7398.85	7331.14
#晴雨通车里程	7448.83	7381.40
#高速公路	286.89	286.89
小店区	950.568	955.69
迎泽区	163.261	177.82
杏花岭区	272.842	274.42
尖草坪区	654.402	649.33
万柏林区	527.054	516.47
晋源区	549.963	550.26
清徐县	1338.216	1336.48
阳曲县	1209.991	1209.89
娄烦县	809.131	770.04
古交市	1013.487	1008.87
每百平方公里平均里程	**107.57**	**106.60**

9-13 旅客运输量及周转量
Passenger transport and turnover volume

指标	2018	2017	比2017年增长（%）
旅客发送量总计（万人）			
铁路	2966.24	2756.30	7.6
民航	1358.84	1240.11	9.6
旅客周转量总计（百万人公里）			
铁路	6273.68	5911.85	6.1

9-14 货物运输量及周转量

Freight traffic and turnover volume

指　　标	2018	2017	比2017年增长（%）
货物运输量总计(万吨)			
铁　路	3596.82	3415.35	5.3
民　航	5.34	4.84	10.3
货物周转量总计(百万吨公里)			
铁　路	63813.30	58377.30	9.3

9-15 公路通车里程

Lenth of highway

指　　标	单　位	2018	比2017年增长（%、百分点）
公路通车里程	**公里**	**7516.69**	**0.9**
按隶属关系分			
国道	公里	624.72	1.0
省道	公里	252.87	
县公路	公里	1008.44	-0.1
乡公路	公里	1712.21	0.1
村道	公里	3818.54	1.7
专用公路	公里	99.90	-2.5
按等级分			
等级里程	公里	7398.85	0.9
高速	公里	286.89	
一级	公里	232.70	2.1
二级	公里	948.76	0.3
三级	公里	1278.34	1.5
四级	公里	4652.17	0.9
等外里程	公里	117.84	-0.2
等级公路占总里程比重	%	98.40	0.4
按铺装质量分			
有铺装路面里程	公里	6008.13	0.9
占总里程比重	%	79.90	
简易铺装路面里程	公里	704.41	-3.7
占总里程比重	%	9.4	-0.6
未铺装路面里程	公里	804.15	-2.2
占总里程比重	%	10.70	-0.3
百平方公里公路网密度	**公里**	**107.57**	**0.9**

9-16　公路绿化里程
Lengh of afforest highways

指　　标	单　位	2018	比上年增长 (%、百分点)
公路绿化里程	**公里**	**2213.968**	**-2.7**
国道	公里	412.599	-13.4
省道	公里	170.033	-0.6
县公路	公里	660.781	-2.0
乡公路	公里	613.342	-0.3
村道	公里	269.057	6.3
专用公路	公里	88.156	2.1
县级以下公路绿化率	**公里**	**57.65**	**-5.0**
县公路	%	72.58	-1.3
乡公路	%	49.47	-0.2
村道	%	45.65	-3.2
专用公路	%	97.88	4.6

9-17　乡镇、村通公路、通油路情况
Traffic connection of towns, townships and villages

指　　标	单　　位	数　量
乡镇总数	个	52
通油路乡镇数	个	52
乡镇通油路率	%	100
行政村总数	个	824
通公路行政村数	个	824
行政村通公路率	%	100
通油路行政村数	个	824
行政村通油路率	%	100

9-18 铁路线路里程

Bureau Railway Line Miles

线路名称	起始地点	营业里程（公里）	延展里程（公里）
京包线	郭磊庄	155.50	435.30
太焦线	修文	190.70	251.06
南同蒲线	榆次	478.29	1288.69
侯月线	侯马北	150.29	434.95
北同蒲线	大同	334.65	1134.84
京原线	灵丘	174.74	257.84
石太线	赛鱼	113.48	527.96
口泉线	平旺	9.73	100.50
宁岢线	宁武	95.37	170.20
忻河线	忻州	39.94	58.14
兰村线	汾河	12.66	16.66
太岚线	太北一场	7.19	17.58
西山线	太北四场	17.98	36.53
介西线	介休	46.91	118.57
二峰山线	翼城东	4.32	7.49
礼垣线	礼元	44.28	53.09
大秦线	韩家岭	652.00	1823.02
韩原线	韩家岭		11.23
秦皇岛进出港线	东信号所	0.30	9.96
湖大线	湖东	21.76	64.80
大秦四期煤码头线	柳村南	7.64	68.51
秦东联络线	秦皇岛	14.42	79.89
大秦津蓟上联线	蓟县西	5.10	5.10
大秦津蓟下联线	蓟县西		5.10
义万联线	义棠		5.29
皇太联络线	皇后园		5.77
汾太联络线	太原北		1.36

9-18 续表 1

线路名称	起始地点	营业里程（公里）	延展里程（公里）
榆次联络线	榆北	1.80	0.85
介休洗选线	介休		11.90
洗选介西线	介休工业站		1.66
南联线	东信号所	1.23	1.23
龙联线	秦皇岛东	1.90	10.29
大包下发线	大同二场		5.71
大包上引线	大同北		3.43
薛梅联络线	薛孤		8.78
大同北环线	大西二场		15.68
同蒲大秦上联线	西韩岭	0.23	6.91
同蒲大秦下联线	西韩岭	5.75	5.81
云岗大秦上联线	小站		20.85
云岗大秦下联线	云岗		19.00
汾皇联络线	汾河		2.93
茶高线	茶坞	5.95	2.95
大段上联线	大石庄	8.00	6.65
大段下联线	大石庄	5.00	6.26
大秦三期煤码头线	柳村南		67.06
侯北南环线	侯北上行场		3.11
榆次联 1 线	榆客		1.24
榆次联 2 线	榆客		3.25
高曲联络线	高显		17.06
迁曹线	迁安北		7.40
滦菱线	滦县		1.29
燕大上行联络线	大同东		0.76
古大联络线	大同东		19.28
白彪疏解线	白彪线路所		8.03

9-18 续表 2

线路名称	起始地点	营业里程（公里）	延展里程（公里）
义万疏解线	介西		1.82
云岗线	大同西四场		0.92
玉门沟线	太原西	12.93	42.61
侯西线	侯马	76.60	218.01
太中线	太原南	219.65	516.55
瓦日线	瓦塘	499.78	1092.15
韩原线	韩家岭	153.31	320.26
太兴线	太北六场	164.31	322.76
吕临线	173 线路所	37.98	46.06
东港线	滦南	49.28	164.65
迁曹线	迁安北	121.20	287.82
京唐港线	葡萄线路所	9.11	18.00
滦菱线	滦县	7.93	18.33
曹港联络线	阎武营	3.13	3.21
货联线	榆次		22.05
侯西联络线	侯马北	4.03	7.80
白文疏解线	白文东		4.14
白文北疏解线	白文东		4.19
吕临货联线	173 线路所		5.31
吕临客联线	西属巴	5.51	2.21
曹西线	曹妃甸北	18.39	231.83
北东联络线	陡泉右线路所		1.41
东北联络线	三交东		5.78
东南联络线	陡泉左线路所		1.22
石太客专	太原东	14.11	25.43
大西高速	长风街线路所	520.46	1194.38
中鼎联络线	榆次	13.88	34.07

9-19 邮政线路及通信工具拥有量

The amount of the post office (the) post and telecommunications lines and communication tools

指 标	单 位	2018	2017	比上年增长%
邮路总条数	条	166	136	22.1
邮路总长度	公里	67054.9	62904	6.6
函件	万件	799.23	1106.93	-27.8
包裹	万件	5.21	12	-56.6
快递	万件	14950.57	13431.93	11.3
汇兑业务	万笔	29.02	40.87	-29.0
订销报纸	万份	8020	8252.38	-2.8
订销杂志	万份	367.34	330.41	11.2
局用电话交换机容量	门	21000	173720	-87.9
软交换接入设备容量	门	907488	948897	-4.4
IMS 网络	门	372000	372000	持平

9-20 邮电业务量

Volume of Postal and Telecommunication Services

指 标	单 位	2018	2017	比上年增长%
邮电业务总量	**万 元**	**1893593**	**1590847**	**19.0**
邮政业务总量	万 元	369000	243700	51.4
电信业务总量	万 元	1524593	1347147	13.2
全市电话用户	户	8165496	8194290	-0.4
固定电话用户	户	792257	767111	3.3
# 住宅电话	户	232515	223600	4.0
无线市话	户	4262	4613	-7.6
公用电话	户	149825	145247	3.2
移动电话用户	户	7373239	7427179	-0.7
#3G 用户	户	755918	348371	117.0
4G 用户	户	5942941	5676520	4.7
互联网用户	户	1970799	1414397	39.3
宽带用户	户	1970799	1388470	41.9

第10篇

国内外贸易和旅游

Domestic and Foreign trade, Tourism

资料整理、审核

李红令　　郑慧华　　陶姝钰　　董永新

10-1 社会消费品零售总额
Total retail sales of social consumer goods

单位：万元

指　标	2018	2017	比上年增长%
社会消费品零售额	**18119042**	**16760964**	**8.1**
一、按销售地区分			
城镇	17378980	16096457	8.0
#城区	15776055	14592433	8.1
乡村	740063	664508	11.4
二、按行业分			
批发和零售业	880278	797998	10.3
住宿和餐饮业	17238765	15962967	8.0

10-2 限额以上连锁零售餐饮业经营情况
Management of chain enterprises above designated size and catering service

指　标	单位	总计		
			直营店	加盟店
门店总数	个	3788	1805	1983
营业面积	平方米	2051861	1915586	136275
从业人员	人	31556	20928	10628
销售额	万元	2495296	2220886	274410
#零售额	万元	2463294	2188884	274410
比 2016 年增长速度				
门店总数	%	26.6	36.7	18.6
营业面积	%	11.5	10.5	27.5
从业人员	%	5.7	-2.4	26.4
销售额	%	-0.9	-2.9	19.2
#零售额	%	0.0	-2.0	19.2

10-3 限额以上批发和零售业法人商品购进、销售、库存总额

The purchase, sale and inventory of legal persons in the wholesale and retail trade of the above Designated Size

单位：万元

指 标	法人企业数（个）	从业人员期末人数（人）	商品购进额	#进口	商品销售额	批发额	#出口	零售额	期末商品库存额
总计	**808**	**75377**	**37359281.4**	**466523.9**	**42515118.0**	**34481644.6**	**524522.9**	**8033473.4**	**2179792.4**
一、批发业	**410**	**32382**	**32009888.6**	**357758.6**	**34772713.3**	**34188102.6**	**523642.2**	**584610.7**	**1429396.7**
农、林、牧、渔产品批发	9	1948	79017.7		101920.0	101920.0			75129.1
谷物、豆及薯类批发	5	114	24413.7		24366.8	24366.8			11240.7
种子批发	2	156	6353.8		19985.6	19985.6			23836.1
棉、麻批发	1	8	16499.6		16746.3	16746.3			
林业产品批发	1	1670	31750.6		40821.3	40821.3			40052.3
食品、饮料及烟草制品批发	41	4147	1025292.4		1270097.7	1243690.7		26407.0	101194.0
米、面制品及食用油批发	2	86	72686.8		77415.4	69633.6		7781.8	4141.9
糕点、糖果及糖批发	1	5	4860.5		5182.0	5182.0			330.7
果品、蔬菜批发	2	639	194730.9		189054.9	189054.9			9045.8
肉、禽、蛋、奶及水产品批发	7	498	39610.3		42700.1	36213.4		6486.7	761.1
盐及调味品批发	4	686	57604.4		79702.5	78776.3		926.2	1263.7
营养和保健品批发	1	44	7174.3		8218.2	8218.2			166.2
酒、饮料及茶叶批发	17	1025	151980.5		190605.5	179393.2		11212.3	41282.8
烟草制品批发	1	754	436526.1		611512.6	611512.6			38809.1
其他食品批发	6	410	60118.6		65706.5	65706.5			5392.7
纺织、服装及家庭用品批发	28	5078	1843749.2		1966831.4	1662255.9	422282.4	304575.5	126733.1
纺织品、针织品及原料批发	1	4	1174.7		1392.3	1126.5		265.8	368.0
服装批发	11	4180	493464.0		604855.3	580445.8	422282.4	24409.5	68977.1
鞋帽批发	3	111	18821.6		19824.1	19687.4		136.7	2088.1
化妆品及卫生用品批发	1	68	8516.7		7805.9	7805.9			1762.0
厨具卫具及日用杂品批发	1	64	3157.7		4079.6	4079.6			
家用视听设备批发	1	207	23952.0		23939.1	23939.1			17.2
日用家电批发	10	444	1294662.5		1304935.1	1025171.6		279763.5	53520.7
文化、体育用品及器材批发	23	741	536849.3		624829.2	614205.2	20061.5	10624.0	72190.1
文具用品批发	7	191	146663.4		202629.4	198751.0		3878.4	20055.7
体育用品及器材批发	4	94	38667.4		41848.7	41848.7	20061.5		492.7
图书批发	3	236	133040.5		141995.0	141995.0			9890.1

10-3 续表 1

单位：万元

指　　标	法人企业数（个）	从业人员期末人数（人）	商品购进额	#进口	商品销售额	批发额	#出口	零售额	期末商品库存额
首饰、工艺品及收藏品批发	8	215	218074.3		237783.1	231140.6		6642.5	41650.1
乐器批发	1	5	403.7		573.0	469.9		103.1	101.5
医药及医疗器材批发	76	7309	2654596.3	89.2	3004717.9	2905441.5		99276.4	280610.0
西药批发	30	5265	2258276.0		2432036.5	2332917.5		99119.0	225506.7
中药批发	18	1079	230122.7		275588.5	275588.5			27521.2
医疗用品及器材批发	28	965	166197.6	89.2	297092.9	296935.5		157.4	27582.1
矿产品、建材及化工产品批发	152	11371	22939510.2	342007.6	24706889.4	24621677.4	63112.6	85212.0	701536.6
煤炭及制品批发	63	8774	13335794.2	42784.1	14244997.1	14208852.1	2217.8	36145.0	300012.1
石油及制品批发	17	691	1514432.2		1552493.8	1537341.6		15152.2	100720.0
非金属矿及制品批发	1	21	4784.0		3839.9	3839.9	3596.3		1406.3
金属及金属矿批发	44	1101	2906529.6	299223.5	3638561.9	3607634.2	52931.3	30927.7	221401.2
建材批发	13	356	297316.9		332388.5	329401.4	81.0	2987.1	42342.1
化肥批发	5	273	4705950.7		4752917.2	4752917.2			31103.2
其他化工产品批发	9	155	174702.6		181691.0	181691.0	4286.2		4551.7
机械设备、五金产品及电子产品批发	73	1596	2908575.3	15661.8	3071933.9	3013418.1	11059.0	58515.8	71185.7
农业机械批发	2	80	1993.6		1733.2	1733.2			496.0
汽车及零配件批发	14	181	160178.5		170452.9	153998.6		16454.3	13953.7
五金产品批发	6	141	22704.5		35740.7	33468.9	11059.0	2271.8	1681.1
电气设备批发	5	69	18639.5		20156.4	20156.4			1317.5
计算机、软件及辅助设备批发	11	259	58436.9		69477.3	63125.0		6352.3	8002.8
通讯设备批发	4	193	32855.9		65449.4	52869.5		12579.9	1501.3
其他机械设备及电子产品批发	31	673	2613766.4	15661.8	2708924.0	2688066.5		20857.5	44233.3
贸易经纪与代理	1	8	6580.7		7126.7	7126.7	7126.7		147.8
贸易代理	1	8	6580.7		7126.7	7126.7	7126.7		147.8
其他批发业	7	184	15717.5		18367.1	18367.1			670.3
再生物资回收与批发	3	123	6387.6		6839.7	6839.7			321.5
其他未列明批发业	4	61	9329.9		11527.4	11527.4			348.8
内资企业	403	30372	31297955.1	44613.4	34004966.9	33420437.4	523642.2	584529.5	1267686.9
国有企业	8	1225	475430.7		653416.9	640298.3		13118.6	42769.0
集体企业	4	216	61581.7		64377.2	62277.2		2100.0	37.9
有限责任公司	110	15529	21347776.4	42885.9	22865973.2	22679076.5		186896.7	694419.7
国有独资公司	21	6368	3022682.4	41765.9	3426766.8	3404631.7		22135.1	158967.0
其他有限责任公司	89	9161	18325094.0	1120.0	19439206.4	19274444.8		164761.6	535452.7

10-3　续表 2

单位：万元

指　　标	法人企业数(个)	从业人员期末人数(人)	商品购进额	#进口	商品销售额	批发额	#出口	零售额	期末商品库存额
股份有限公司	7	2692	3200760.8		3562234.7	3540009.7	422282.4	22225.0	98895.9
私营企业	274	10710	6212405.5	1727.5	6858964.9	6498775.7	101359.8	360189.2	431564.4
私营有限责任公司	272	10550	6181152.0	1727.5	6821711.8	6461562.9	101359.8	360148.9	429094.5
私营股份有限公司	2	160	31253.5		37253.1	37212.8		40.3	2469.9
港、澳、台商投资企业	5	1707	680629.7	298103.8	727765.0	727683.8		81.2	157507.3
与港澳台商合资经营企业	3	299	611575.0	298103.8	625271.9	625190.7		81.2	132831.0
港澳台商独资企业	2	1408	69054.7		102493.1	102493.1			24676.3
外商投资企业	2	303	31303.8	15041.4	39981.4	39981.4			4202.5
中外合资经营企业	2	303	31303.8	15041.4	39981.4	39981.4			4202.5
国有控股	75	13682	21325742.2	340989.7	22845292.7	22691042.6		154250.1	739288.3
集体控股	8	516	716401.0		767654.0	765554.0		2100.0	26131.9
私人控股	301	14491	7323688.6	16768.9	8106487.6	7697482.8	523642.2	409004.8	538510.1
港澳台商控股	4	1707	105703.0		140616.0	140534.8		81.2	46462.5
其他	22	1986	2538353.8		2912663.0	2893488.4		19174.6	79003.9
独立门店	259	18940	15898611.4	340388.3	17264705.0	17018000.8	449377.1	246704.2	787922.4
连锁总店（总部）	1	168	11530.0		14849.7	12926.3		1923.4	15614.1
连锁直营店	1	38	31844.1		32726.5	26505.1		6221.4	2250.0
其他	149	13236	16067903.1	17370.3	17460432.1	17130670.4	74265.1	329761.7	623610.2
大型	19	16369	8879091.0		10255795.7	10141234.2	422282.4	114561.5	506652.9
中型	154	12171	16237155.9	58344.1	17235224.8	17078999.3	37498.4	156225.5	607343.6
小型	179	3274	2070595.9	1310.7	2247254.2	2206272.4	63047.8	40981.8	168072.8
微型	58	568	4823045.8	298103.8	5034438.6	4761596.7	813.6	272841.9	147327.4
二、零售业	**398**	**42995**	**5349392.8**	**108765.3**	**7742404.7**	**293542.0**	**880.7**	**7448862.7**	**750395.7**
综合零售	31	12217	827670.6		1542227.4			1542227.4	194671.9
百货零售	16	2650	377727.3		541613.7			541613.7	146841.3
超级市场零售	12	8679	448833.7		982909.1			982909.1	46472.5
便利店零售	1	732			1825.9			1825.9	
其他综合零售	2	156	1109.6		15878.7			15878.7	1358.1
食品、饮料及烟草制品专门零售	44	3211	420542.1		464331.2	56805.5	880.7	407525.7	21737.5
粮油零售	8	186	6039.4		9117.7	1726.7		7391.0	1145.3
糕点、面包零售	1	384	7930.8		13640.9			13640.9	26.9
果品、蔬菜零售	6	70	10002.2		10323.3			10323.3	6.8

10-3 续表 3

单位：万元

指 标	法人企业数（个）	从业人员期末人数（人）	商品购进额	#进口	商品销售额	批发额	#出口	零售额	期末商品库存额
肉、禽、蛋、奶及水产品零售	2	749	27837.9		38171.7			38171.7	136.4
营养和保健品零售	1	24	818.8		880.7	880.7	880.7		274.8
酒、饮料及茶叶零售	12	191	38203.2		42274.6	19536.4		22738.2	9245.2
烟草制品零售	2	90	5828.1		8565.3			8565.3	1568.6
其他食品零售	12	1517	323881.7		341357.0	34661.7		306695.3	9333.5
纺织、服装及日用品专门零售	42	4502	315006.7	108.8	560363.1	13234.3		547128.8	86681.8
纺织品及针织品零售	1	150	27181.5		36140.1			36140.1	15129.5
服装零售	32	3290	263203.7		455233.7	10275.5		444958.2	64352.5
鞋帽零售	1	382			1633.6			1633.6	80.0
化妆品及卫生用品零售	4	489	6900.3	108.8	39344.0			39344.0	6172.5
钟表、眼镜零售	3	181	17041.4		27118.9	2958.8		24160.1	765.3
其他日用品零售	1	10	679.8		892.8			892.8	182.0
文化、体育用品及器材专门零售	18	905	82458.2		88248.4	176.4		88072.0	19511.5
文具用品零售	1	7			207.4			207.4	32.1
体育用品及器材零售	1	4	223.7		284.7			284.7	133.0
图书、报刊零售	5	389	24396.0		25753.1			25753.1	6778.8
珠宝首饰零售	5	413	51324.2		51688.7			51688.7	7650.1
工艺美术品及收藏品零售	1	18	2139.8		2455.2	176.4		2278.8	1608.0
乐器零售	3	64	4029.4		6654.2			6654.2	2705.2
照相器材零售	2	10	345.1		1205.1			1205.1	604.3
医药及医疗器材专门零售	21	8152	219309.6		328020.5	7184.4		320836.1	46123.1
西药零售	16	7856	207077.4		311660.1	7184.4		304475.7	42825.1
中药零售	2	210	8240.2		10272.2			10272.2	3128.5
动物用药品零售	1	50	800.0		978.9			978.9	119.3
医疗用品及器材零售	2	36	3192.0		5109.3			5109.3	50.2
汽车、摩托车、零配件和燃料及其他动力销售	183	11435	2988038.2	108656.5	3837050.3	159064.0		3677986.3	356826.7
汽车新车零售	134	8682	2661540.2	108656.5	2917152.5	44772.7		2872379.8	344168.8
汽车旧车零售	2	12	7151.5		7242.1	6321.1		921.0	560.9
汽车零配件零售	6	172	18809.5		21251.9	7186.5		14065.4	1036.5
摩托车及零配件零售	1	10	687.2		883.1	417.8		465.3	125.5
机动车燃油零售	37	2362	281727.9		870630.5	91282.3		779348.2	10427.5
机动车燃气零售	3	197	18121.9		19890.2	9083.6		10806.6	507.5

10-3 续表 4

单位：万元

指 标	法人企业数（个）	从业人员期末人数（人）	商品购进额	#进口	商品销售额	批发额	#出口	零售额	期末商品库存额
家用电器及电子产品专门零售	35	1660	240640.8		585614.9	37119.3		548495.6	13224.4
日用家电零售	13	1280	134005.6		466351.5	293.6		466057.9	6934.6
计算机、软件及辅助设备零售	10	183	56692.8		62575.0	14247.4		48327.6	2745.1
通信设备零售	8	161	43422.6		49110.0	19818.0		29292.0	3166.9
其他电子产品零售	4	36	6519.8		7578.4	2760.3		4818.1	377.8
五金、家具及室内装饰材料专门零售	15	277	224985.4		248575.2	5796.7		242778.5	7333.6
五金零售	7	73	105278.8		110632.0			110632.0	1143.5
家具零售	3	70	49340.3		54439.8			54439.8	5194.0
陶瓷、石材装饰材料零售	3	111	68297.0		77157.8	5796.7		71361.1	434.9
其他室内装饰材料零售	2	23	2069.3		6345.6			6345.6	561.2
货摊、无店铺及其他零售业	9	636	30741.2		87973.7	14161.4		73812.3	4285.2
互联网零售	6	458	29474.8		66236.6	991.5		65245.1	3803.6
生活用燃料零售	1	155			20282.2	13169.9		7112.3	
其他未列明零售业	2	23	1266.4		1454.9			1454.9	481.6
内资企业	390	41305	5121046.7	108765.3	7464011.7	289696.5	880.7	7174315.2	724387.6
国有企业	10	322	20208.8		24885.4	1600.0		23285.4	855.5
集体企业	9	343	19280.1		25623.3	867.4		24755.9	2340.2
股份合作企业	1	36	9383.4		11073.8			11073.8	261.1
有限责任公司	82	14644	1332619.7	64473.0	2197841.4	60379.3		2137462.1	186972.7
国有独资公司	4	433	32063.6		37185.5			37185.5	6352.1
其他有限责任公司	78	14211	1300556.1	64473.0	2160655.9	60379.3		2100276.6	180620.6
股份有限公司	7	1318	213072.0		644373.0	93821.8		550551.2	6530.5
私营企业	279	24597	3525946.0	44292.3	4559628.9	133028.0	880.7	4426600.9	527425.3
私营独资企业	9	115	11725.3		12479.6			12479.6	125.6
私营有限责任公司	264	18045	3198779.0	44292.3	3691886.8	131149.1	880.7	3560737.7	491666.5
私营股份有限公司	6	6437	315441.7		855262.5	1878.9		853383.6	35633.2
其他企业	2	45	536.7		585.9			585.9	2.3
港、澳、台商投资企业	5	1055	185594.9		231440.2	3845.5		227594.7	20096.4
与港澳台商合资经营企业	2	286	94030.0		98448.7			98448.7	16307.9
港澳台商独资企业	3	769	91564.9		132991.5	3845.5		129146.0	3788.5
外商投资企业	3	635	42751.2		46952.8			46952.8	5911.7

10-3 续表 5

单位：万元

指 标	法人企业数（个）	从业人员期末人数（人）	商品购进额	#进口	商品销售额	批发额	#出口	零售额	期末商品库存额
中外合资经营企业	1	120	7319.0		8560.9			8560.9	1258.3
外资企业	2	515	35432.2		38391.9			38391.9	4653.4
国有控股	28	7208	580816.8		1312254.0	115549.6		1196704.4	44919.9
集体控股	16	1367	170445.1		178125.4	1043.8		177081.6	31434.7
私人控股	320	29499	3948118.5	44292.3	5393162.7	170827.3	880.7	5222335.4	584662.2
港澳台商控股	6	1149	244963.7	59368.8	300460.9	3845.5		296615.4	25020.1
外商控股	3	635	42751.2		46952.8			46952.8	5911.7
其他	22	3058	360752.3	5104.2	509865.5	2275.8		507589.7	58427.3
独立门店	322	20087	3578391.4	108765.3	4406673.3	148573.2		4258100.1	601795.0
连锁总店（总部）	29	12168	1092672.6		2008205.4	102524.7		1905680.7	81110.2
连锁直营店	5	8551	353429.4		933443.6			933443.6	40775.7
其他	42	2189	324899.4		394082.4	42444.1	880.7	351638.3	26714.8
大型	22	21043	1428905.4		3140586.2	90876.5		3049709.7	107504.7
中型	136	17665	2937084.8	89404.8	3472746.8	62039.2		3410707.6	538133.5
小型	159	3857	706319.6	13405.6	798890.8	101228.9	880.7	697661.9	83270.6
微型	81	430	277083.0	5954.9	330180.9	39397.4		290783.5	21486.9
有店铺零售	347	40793	5035240.2	108765.3	7328253.2	254135.8	880.7	7074117.4	714049.2
食杂店	3	44	6029.7		7034.9	3166.7		3868.2	51.0
便利店	10	3030	499423.5		684144.1			684144.1	11932.6
超市	16	1711	113974.8		135452.5	8800.4		126652.1	11102.8
大型超市	9	8142	403911.0		956730.8			956730.8	44669.6
仓储会员店	2	25	743.6		1114.0			1114.0	809.5
百货店	22	1883	293896.2		462893.7	880.7	880.7	462013.0	145407.1
专业店	139	14728	1230285.5	15645.8	2196329.8	144482.8		2051847.0	171988.2
专卖店	115	8181	2006125.7	93119.5	2227260.4	82710.3		2144550.1	260296.9
家居建材商店	5	208	57885.2		64910.9	5796.7		59114.2	4193.6
购物中心	11	2353	231155.9		389490.2	628.3		388861.9	35541.8
厂家直销中心	15	488	191809.1		202891.9	7669.9		195222.0	28056.1
无店铺零售	48	2171	311883.3		408898.6	39406.2		369492.4	36207.3
网上商店	6	458	29474.8		66236.6	991.5		65245.1	3803.6
其他	42	1713	282408.5		342662.0	38414.7		304247.3	32403.7

10-4　限额以上住宿业和餐饮业经营情况(一)

Management of chain enterprises above designated size in hotel and catering service(1)

单位：万元

指　　标	法人企业数（个）	从业人员期末人数（人）	营业额	客房收入	其中：通过公共网络实现的客房收入	其中：通过非自营平台实现的客房收入	餐费收入
总计	**221**	**24992**	**441475.4**	**104906.2**	**10496.5**	**1610.4**	**311053.1**
一、住宿业	**94**	**10154**	**158327.4**	**81277.1**	**9476.5**	**1589.6**	**57919.5**
旅游饭店	52	7608	122867.2	61385.6	6847.3	532.2	46892.6
旅游饭店	52	7608	122867.2	61385.6	6847.3	532.2	46892.6
一般旅馆	40	2527	34763.2	19546.7	2294.4	1057.4	11026.9
经济型连锁酒店	7	167	3968.9	3873.9	84.2	54.2	45.4
其他一般旅馆	33	2360	30794.3	15672.8	2210.2	1003.2	10981.5
其他住宿业	2	19	697.0	344.8	334.8		
其他住宿业	2	19	697.0	344.8	334.8		
内资企业	94	10154	158327.4	81277.1	9476.5	1589.6	57919.5
国有企业	13	4000	58262.5	24583.7	630.8	456.5	28578.5
集体企业	3	115	1115.2	858.0	60.7		141.8
有限责任公司	24	3094	49633.4	24390.4	5412.4		16340.2
国有独资公司	2	251	3650.5	1757.5	270.9		1586.5
其他有限责任公司	22	2843	45982.9	22632.9	5141.5		14753.7
股份有限公司	2	163	2486.9	882.0			403.5
私营企业	52	2782	46829.4	30563.0	3372.6	1133.1	12455.5
私营独资企业	2	281	4893.9	3789.6			1034.0
私营有限责任公司	49	2315	39902.4	25927.4	3372.6	1133.1	10261.0
私营股份有限公司	1	186	2033.1	846.0			1160.5
国有控股	21	4146	60917.6	24367.6	601.1	34.1	26038.5
集体控股	3	115	1115.2	858.0	60.7		141.8
私人控股	62	3552	57764.9	40070.6	8338.1	1133.1	13521.8
其他	3	552	8212.8	2881.7	54.2		2793.1
独立门店	85	9699	149269.9	74448.2	9072.3	1501.3	57219.2
连锁总店（总部）	1	20	551.8	534.7	30.0		5.5
连锁直营店	3	115	3706.9	3461.7	285.9		94.2
连锁加盟店	2	50	941.1	930.1			1.5
其他	3	270	3857.7	1902.4	88.3	88.3	599.1
大型	1	630	16925.0	6385.1			9381.6
中型	15	5140	77209.9	33174.2	6108.1	1205.6	33661.8
小型	69	4332	61901.5	40056.8	3033.6	384.0	14561.2
微型	9	52	2291.0	1661.0	334.8		314.9
五星	5	2071	38343.5	17212.7	5042.2	422.4	17857.9

10-4 续表 1-1

单位：万元

指　标	法人企业数（个）	从业人员期末人数（人）	营业额	客房收入	其中：通过公共网络实现的客房收入	其中：通过非自营平台实现的客房收入	餐费收入
四星	9	920	14112.8	7500.0	12.5		4303.9
三星	18	2430	33973.9	14154.1	667.4	34.1	14375.6
二星	2	135	1672.1	1141.3	42.7		469.7
其他	60	4598	70225.1	41269.0	3711.7	1133.1	20912.4
二、餐饮业	**127**	**14838**	**283148.0**	**23629.1**	**1020.0**	**20.8**	**253133.6**
正餐服务	122	9175	185330.9	23629.1	1020.0	20.8	155316.5
正餐服务	122	9175	185330.9	23629.1	1020.0	20.8	155316.5
快餐服务	4	5648	97516.1				97516.1
快餐服务	4	5648	97516.1				97516.1
其他餐饮业	1	15	301.0				301.0
小吃服务	1	15	301.0				301.0
内资企业	125	10061	196480.9	23629.1	1020.0	20.8	166466.5
国有企业	4	356	3578.4	1199.9	19.3		2334.0
股份合作企业	1	45	457.9	158.3			248.6
有限责任公司	20	2093	37986.2	5684.8	366.8		31063.2
国有独资公司	1	197	2594.7	1130.4	91.9		1345.5
其他有限责任公司	19	1896	35391.5	4554.4	274.9		29717.7
私营企业	100	7567	154458.4	16586.1	633.9	20.8	132820.7
私营独资企业	7	242	2260.1	117.4			2141.5
私营有限责任公司	92	7265	151394.5	15823.8	633.9	20.8	130520.3
私营股份有限公司	1	60	803.8	644.9			158.9
港、澳、台商投资企业	1	1455	23266.3				23266.3
港澳台商独资企业	1	1455	23266.3				23266.3
外商投资企业	1	3322	63400.8				63400.8
外资企业	1	3322	63400.8				63400.8
国有控股	6	594	9283.4	3804.7	111.2		5182.8
私人控股	110	9000	178073.5	17698.3	898.6	20.8	154740.6
港澳台商控股	1	1455	23266.3				23266.3
外商控股	1	3322	63400.8				63400.8
其他	7	262	7018.0	1433.4	10.2		5130.3
独立门店	111	7732	150440.5	22383.3	1009.8	20.8	123010.0
连锁总店（总部）	3	4895	101050.8				100706.1
连锁加盟店	1	20	309.7				309.7
其他	12	2191	31347.0	1245.8	10.2		29107.8
大型	2	4777	86667.1				86667.1
中型	25	6052	117651.0	13864.0	792.1	20.8	100211.6
小型	88	3956	71823.1	9765.1	227.9		60267.1
微型	12	53	7006.8				5987.8

10-4　限额以上住宿业和餐饮业经营情况（二）

Management of chain enterprises above designated size in hotel and catering service(2)

单位：万元

指　　标	其中：通过公共网络实现的餐费收入	其中：通过非自营平台实现的餐费收入	商品销售额收入	其他收入	客房数(间)	床位数(个)	餐位数(位)	年末餐饮营业面积(平方米)
总计	**4848.2**	**1601.8**	**1352.5**	**24163.6**	**16389**	**27220**	**112049**	**533326.0**
一、住宿业	**2324.4**	**1261.9**	**415.6**	**18715.2**	**12577**	**20856**	**22140**	**167137.0**
旅游饭店	1087.0	42.3	208.6	14380.4	8234	13609	16159	123207.0
旅游饭店	1087.0	42.3	208.6	14380.4	8234	13609	16159	123207.0
一般旅馆	1237.4	1219.6	207.0	3982.6	4208	6977	5981	39630.0
经济型连锁酒店			49.6		741	1026	30	2290.0
其他一般旅馆	1237.4	1219.6	157.4	3982.6	3467	5951	5951	37340.0
其他住宿业				352.2	135	270		4300.0
其他住宿业				352.2	135	270		4300.0
内资企业	2324.4	1261.9	415.6	18715.2	12577	20856	22140	167137.0
国有企业	326.9	16.6	57.6	5042.7	2826	4516	6092	32176.0
集体企业				115.4	267	514	404	620.0
有限责任公司	515.2		143.6	8759.2	3383	5680	6550	56025.0
国有独资公司				306.5	354	638	650	7500.0
其他有限责任公司	515.2		143.6	8452.7	3029	5042	5900	48525.0
股份有限公司				1201.4	122	196		1400.0
私营企业	1482.3	1245.3	214.4	3596.5	5979	9950	9094	76916.0
私营独资企业			63.8	6.5	330	638	850	5500.0
私营有限责任公司	1482.3	1245.3	126.6	3587.4	5489	9012	7344	70416.0
私营股份有限公司			24.0	2.6	160	300	900	1000.0
国有控股	312.1		65.2	10446.3	3473	5610	8105	58794.0
集体控股				115.4	267	514	404	620.0
私人控股	1995.7	1245.3	323.7	3848.8	7172	11973	10074	84406.0
其他				2538.0	384	607	980	11800.0
独立门店	2324.4	1261.9	321.5	17281.0	11197	18698	20949	162652.0
连锁总店（总部）			11.6		143	214	20	120.0
连锁直营店			42.1	108.9	590	949	148	960.0
连锁加盟店			9.5		240	301	43	70.0
其他			30.9	1325.3	407	694	980	3335.0
大型				1158.3	400	524		4000.0
中型	2060.2	1235.2	32.8	10341.1	3582	6069	11285	63119.0
小型	251.5	26.7	374.1	6909.4	8080	13326	10528	93033.0
微型	12.7		8.7	306.4	515	937	327	6985.0
五星	530.0	16.6		3272.9	1437	2221	2690	23360.0

10-4 续表 2-1

单位：万元

指　　标	其中：通过公共网络实现的餐费收入	其中：通过非自营平台实现的餐费收入	商品销售额收入	其他收入	客房数（间）	床位数（个）	餐位数（位）	年末餐饮营业面积（平方米）
四星	14.4		61.4	2247.5	1493	2514	2692	10208.0
三星	311.8		68.9	5375.3	2370	4221	6078	40450.0
二星				61.1	306	576	150	620.0
其他	1468.2	1245.3	285.3	7758.4	6971	11324	10530	92499.0
二、餐饮业	**2523.8**	**339.9**	**936.9**	**5448.4**	**3812**	**6364**	**89909**	**366189.0**
正餐服务	2523.8	339.9	936.9	5448.4	3812	6364	74892	319659.0
正餐服务	2523.8	339.9	936.9	5448.4	3812	6364	74892	319659.0
快餐服务							14967	46380.0
快餐服务							14967	46380.0
其他餐饮业							50	150.0
小吃服务							50	150.0
内资企业	2523.8	339.9	936.9	5448.4	3812	6364	76512	323109.0
国有企业			4.5	40.0	300	560	1850	9620.0
股份合作企业				51.0	24	51	300	2000.0
有限责任公司	309.9			1238.2	839	1295	12121	78837.0
国有独资公司	7.8			118.8	167	215	268	2000.0
其他有限责任公司	302.1			1119.4	672	1080	11853	76837.0
私营企业	2213.9	339.9	932.4	4119.2	2649	4458	62241	232652.0
私营独资企业				1.2	45	90	11710	6939.0
私营有限责任公司	2213.9	339.9	932.4	4118.0	2418	4064	49931	216263.0
私营股份有限公司					186	304	600	9450.0
港、澳、台商投资企业							3647	12280.0
港澳台商独资企业							3647	12280.0
外商投资企业							9750	30800.0
外资企业							9750	30800.0
国有控股	7.8		4.1	291.8	528	847	2358	24280.0
私人控股	2516.0	339.9	932.4	4702.2	2854	4706	67630	271601.0
港澳台商控股							3647	12280.0
外商控股							9750	30800.0
其他				454.3	250	469	5264	25318.0
独立门店	2252.9	339.9	346.8	4700.4	3608	5986	60243	273762.0
连锁总店（总部）	266.8			344.7			17307	53080.0
连锁加盟店							148	695.0
其他	4.1		590.1	403.3	204	378	12211	38652.0
大型							13397	43080.0
中型	662.8	32.0	151.5	3423.9	1825	2766	29268	108348.0
小型	1861.0	307.9	195.3	1595.6	1947	3518	44057	179129.0
微型			590.1	428.9	40	80	3187	35632.0

10-5 限额以上批发和

The financial condition of the legal person enterprises in

指 标	法人企业数(个)	执行《2006 年企业会计准则》企业数(个)	一、年初存货	二、期末资产负债	
				流动资产合计	应收帐款
总计	**808**	**668**	**1927838.2**	**16552343.0**	**3234234.7**
一、批发业	**410**	**328**	**1356540.9**	**13907777.2**	**2972340.9**
农、林、牧、渔产品批发	9	9	72426.2	162148.1	42664.1
谷物、豆及薯类批发	5	5	10595.6	13863.4	473.9
种子批发	2	2	28579.0	38520.9	2368.9
棉、麻批发	1	1	0.1	9339.4	2484.0
林业产品批发	1	1	33251.5	100424.4	37337.3
食品、饮料及烟草制品批发	41	32	71576.7	466119.4	91487.9
米、面制品及食用油批发	2		3541.0	6425.2	987.2
糕点、糖果及糖批发	1	1	330.7	1452.5	
果品、蔬菜批发	2	2	1032.0	74812.3	60453.5
肉、禽、蛋、奶及水产品批发	7	6	750.8	5203.9	2854.7
盐及调味品批发	4	3	3535.8	52590.7	5946.9
营养和保健品批发	1	1	266.5	3259.9	1873.0
酒、饮料及茶叶批发	17	14	29392.9	127527.3	6147.4
烟草制品批发	1	1	27504.7	171442.2	
其他食品批发	6	4	5222.3	23405.4	13225.2
纺织、服装及家庭用品批发	28	24	283031.1	778607.6	138546.2
纺织品、针织品及原料批发	1	1	279.0	424.6	50.0
服装批发	11	10	229749.7	395097.8	36771.5
鞋帽批发	3	3	1596.3	16462.4	12224.8
化妆品及卫生用品批发	1	1	929.6	3815.7	1581.3
厨具卫具及日用杂品批发	1			819.8	328.0
家用视听设备批发	1	1	6.1	6372.5	
日用家电批发	10	8	50470.4	355614.8	87590.6
文化、体育用品及器材批发	23	16	75382.0	352526.5	78731.9
文具用品批发	7	4	19774.9	95449.1	27476.5
体育用品及器材批发	4	3	405.9	27077.4	13718.4
图书批发	3	3	7241.6	156542.3	27043.6
首饰、工艺品及收藏品批发	8	5	47688.8	72677.4	10104.3
乐器批发	1	1	270.8	780.3	389.1
医药及医疗器材批发	76	57	255896.9	1959991.3	901497.2
西药批发	30	25	198213.2	1436641.9	655700.0
中药批发	18	13	33751.7	317936.6	116150.9
医疗用品及器材批发	28	19	23932.0	205412.8	129646.3
矿产品、建材及化工产品批发	152	124	530800.1	9730843.1	1523115.6
煤炭及制品批发	63	58	242897.2	7908796.0	1099154.6
石油及制品批发	17	14	92049.6	313608.9	127582.9

零售业法人企业财务状况(一)

the wholesale and retail trade of the above designated size(1)

单位：万元

存货	固定资产合计	固定资产原价	累计折旧	本年折旧	在建工程	非流动资产合计	资产总计
2152345.8	**1944843.3**	**2846501.1**	**896653.1**	**168199.2**	**1445314.8**	**9665323.7**	**26128171.0**
1542127.4	**1595411.5**	**2182935.0**	**587355.3**	**124038.7**	**1371349.4**	**8778579.8**	**22596714.5**
74416.0	11544.2	19751.5	8207.3	771.5	8796.7	56681.1	218829.2
10522.3	4458.1	7067.1	2609.0	15.9	165.4	4773.5	18636.9
23836.1	2426.5	5175.5	2749.0	392.8	1974.6	9220.0	47740.9
0.1	282.5	934.7	652.2	33.4		507.8	9847.2
40057.5	4377.1	6574.2	2197.1	329.4	6656.7	42179.8	142604.2
98371.5	62439.6	122635.1	60195.5	12859.3	36.3	109196.4	575315.8
3430.6	1131.1	2385.7	1254.6	123.8		1137.1	7562.3
381.3	0.8	7.6	6.8	0.1		0.8	1453.3
10711.8	23724.9	32951.9	9227.0	9216.6	30.7	28622.4	103434.7
707.4	185.3	790.9	605.6	6.0		258.7	5462.6
4591.5	5111.2	13015.1	7903.9	386.8		39047.9	91638.6
140.7	28.4	237.4	209.0	4.1		28.4	3288.3
38938.8	9428.4	25282.8	15854.4	803.1		12163.3	139690.6
33476.7	22538.4	46922.1	24383.7	1948.7	5.6	27522.4	198964.6
5992.7	291.1	1041.6	750.5	370.1		415.4	23820.8
258558.9	8209.1	15215.7	6987.2	1042.8	22.7	1889630.4	2668238.0
318.7		9.2	9.2				424.6
201400.0	7538.8	13829.0	6290.2	1149.1	22.7	1860057.5	2255155.3
1825.8	308.4	516.9	208.5	98.8		308.4	16770.8
1748.6	9.4	23.0	13.6	3.6		9.4	3825.1
	0.5	0.7	0.2	0.1		0.5	820.3
17.2	9.9	61.2	51.3	51.3		9.9	6382.4
53248.6	342.1	775.7	414.2	-260.1		29244.7	384859.5
70090.4	19111.3	37057.9	17946.6	1235.0	24.0	116711.6	469238.1
21643.4	1319.1	3291.7	1972.6	187.7		4278.3	99727.4
493.9	682.0	1507.9	825.9	75.9		4146.0	31223.4
9392.1	14904.9	23307.9	8403.0	654.1	24.0	89218.0	245760.3
38232.4	2185.3	8920.4	6735.1	311.3		19049.3	91726.7
328.6	20.0	30.0	10.0	6.0		20.0	800.3
269015.5	72213.6	104348.4	32116.3	13475.9	3517.7	146169.5	2015536.7
210545.3	63562.6	87702.3	24139.7	11055.6	3517.7	123897.0	1560538.9
29126.4	6465.8	10751.1	4266.8	1284.1		16920.8	244233.3
29343.8	2185.2	5895.0	3709.8	1136.2		5351.7	210764.5
699520.3	1390780.0	1827996.1	437085.8	91266.0	1351187.6	5803978.8	15535553.6
284257.3	1325331.9	1685927.5	360485.6	76627.0	1259078.2	5343024.7	13251820.7
87329.3	14346.1	34183.6	19817.2	4300.6	88698.9	124422.9	438031.8

10-5　续表 1-1

指　　标	法人企业数(个)	执行《2006 年企业会计准则》企业数(个)	一、年初存货	二、期末资产负债	
				流动资产合计	应收帐款
非金属矿及制品批发	1	1	1002.0	2157.2	215.3
金属及金属矿批发	44	33	122531.2	979909.4	139856.9
建材批发	13	8	44549.9	234633.6	100887.4
化肥批发	5	4	23162.7	237447.5	43720.2
其他化工产品批发	9	6	4607.5	54290.5	11698.3
机械设备、五金产品及电子产品批发	73	60	66891.7	447358.3	192884.1
农业机械批发	2	2	751.9	7003.7	2466.5
汽车及零配件批发	14	13	11133.6	60359.7	29188.4
五金产品批发	6	5	2863.1	11370.2	6182.7
电气设备批发	5	4	1263.4	13160.9	1780.3
计算机、软件及辅助设备批发	11	9	6264.1	24694.9	12005.9
通讯设备批发	4	3	4466.1	8974.3	613.1
其他机械设备及电子产品批发	31	24	40149.5	321794.6	140647.2
贸易经纪与代理	1	1	76.3	727.8	483.1
贸易代理	1	1	76.3	727.8	483.1
其他批发业	7	5	459.9	9455.1	2930.8
再生物资回收与批发	3	3	236.5	4979.7	1686.7
其他未列明批发业	4	2	223.4	4475.4	1244.1
内资企业	403	321	1297601.5	13589822.2	2920149.8
国有企业	8	8	32066.3	187051.2	1974.8
集体企业	4	4	2238.1	38057.7	8123.7
有限责任公司	110	103	586776.8	7087432.8	1778170.0
国有独资公司	21	20	92058.6	2626352.4	452539.4
其他有限责任公司	89	83	494718.2	4461080.4	1325630.6
股份有限公司	7	7	262898.0	3739220.1	268895.2
私营企业	274	199	413622.3	2538060.4	862986.1
私营有限责任公司	272	198	409330.7	2513348.8	844327.4
私营股份有限公司	2	1	4291.6	24711.6	18658.7
港、澳、台商投资企业	5	5	54517.5	290010.9	47703.0
合资经营企业(港或澳、台资)	3	3	34411.6	262549.1	46382.1
港、澳、台商独资经营企业	2	2	20105.9	27461.8	1320.9
外商投资企业	2	2	4421.9	27944.1	4488.1
中外合资经营企业	2	2	4421.9	27944.1	4488.1
国有控股	75	74	550414.9	8905708.6	1723824.6
集体控股	8	8	22515.8	228353.5	16383.3
私人控股	301	224	677354.6	4029842.5	1033207.0
港澳台商控股	4	4	39476.7	55548.5	2815.5
其他	22	18	66778.9	688324.1	196110.5

单位：万元

存货	固定资产合计	固定资产原价	累计折旧	本年折旧	在建工程	非流动资产合计	资产总计
1212.3	59.2	329.0	269.8	8.5		279.2	2436.4
254406.3	18856.8	56528.0	37671.2	4147.8	3031.8	276165.6	1255816.7
42099.9	22453.6	36362.7	13909.1	2024.5	150.1	37654.7	273278.3
25717.7	8925.1	13065.4	4140.3	4034.4	226.8	20309.7	257757.2
4497.5	807.3	1599.9	792.6	123.2	1.8	2122.0	56412.5
71385.7	29135.3	51610.5	22475.2	3018.7	7614.4	652546.0	1099904.3
703.8	4124.7	5918.1	1793.4	56.8		4224.7	11228.4
15390.3	743.2	1717.2	974.0	306.8		797.8	61157.5
2759.2	745.3	1385.4	640.1	36.8	1888.6	2636.3	14006.5
1148.3	101.7	243.7	142.0	40.5		103.4	13264.3
4544.4	488.4	1210.7	722.3	109.3		570.6	25265.5
1936.1	63.1	205.8	142.7	18.0		72.3	9046.6
44903.6	22868.9	40929.6	18060.7	2450.5	5725.8	644140.9	965935.5
147.8	13.7	29.7	16.0	7.1		13.7	741.5
147.8	13.7	29.7	16.0	7.1		13.7	741.5
621.3	1964.7	4290.1	2325.4	362.4	150.0	3652.3	13357.3
320.5	1240.4	1945.2	704.8	181.9		2687.9	7667.6
300.8	724.3	2344.9	1620.6	180.5	150.0	964.4	5689.7
1385472.2	1578755.6	2151968.7	573044.9	121859.4	1365758.7	8713966.9	22214146.6
36446.8	27892.3	56803.5	28911.2	2174.9	5.6	35351.7	222402.9
2722.9	6660.9	15036.4	8375.5	477.0		48788.2	86845.9
686454.1	1414612.7	1867344.5	452582.1	101300.2	1353439.6	4917811.2	12005244.0
136991.4	1287189.4	1627885.6	340565.9	72531.0	1258092.4	3445373.0	6071725.4
549462.7	127423.3	239458.9	112016.2	28769.2	95347.2	1472438.2	5933518.6
238358.6	28529.4	42608.1	14078.7	2384.8		3393852.6	7133072.7
421489.8	101060.3	170176.2	69097.4	15522.5	12313.5	318163.2	2766581.1
419234.8	99666.1	167905.3	68220.7	15340.4	12313.5	313518.0	2737224.3
2255.0	1394.2	2270.9	876.7	182.1		4645.2	29356.8
152458.2	16321.6	29578.7	13257.1	2005.6	3024.3	60311.8	350322.7
130966.2	1994.3	8336.9	6342.6	251.0		38187.9	300737.0
21492.0	14327.3	21241.8	6914.5	1754.6	3024.3	22123.9	49585.7
4197.0	334.3	1387.6	1053.3	173.7	2566.4	4301.1	32245.2
4197.0	334.3	1387.6	1053.3	173.7	2566.4	4301.1	32245.2
724879.7	1402837.0	1833697.2	430729.9	87343.6	1347973.8	5529063.5	14434772.1
23748.2	23904.5	59299.4	35394.9	1723.9	35.9	218413.3	446766.8
671004.3	132694.1	220957.9	88245.3	26896.6	16886.0	2473337.3	6413537.3
41413.4	16310.3	29543.5	13233.2	2005.2	3024.3	30356.8	85905.3
81081.8	19665.6	39437.0	19752.0	6069.4	3429.4	527408.9	1215733.0

10-5 续表 1-2

指标	法人企业数(个)	执行《2006 年企业会计准则》企业数(个)	一、年初存货	二、期末资产负债	
				流动资产合计	应收帐款
独立门店	259	199	756676.6	5580321.0	1457693.9
连锁总店（总部）	1	1	15634.0	41640.8	17335.8
连锁直营店	1	1	2594.7	3087.3	476.3
其他	149	127	581635.6	8282728.1	1496834.9
大型	19	17	597283.9	4742571.3	1166190.2
中型	154	128	561439.4	7547026.8	1256804.7
小型	179	136	148326.6	776850.3	235208.2
微型	58	47	49491.0	841328.8	314137.8
二、零售业	**398**	**340**	**571297.3**	**2644565.8**	**261893.8**
综合零售	31	29	59567.8	686231.9	5813.0
百货零售	16	14	16074.6	535778.1	2599.4
超级市场零售	12	12	42873.9	141968.1	-1553.1
便利店零售	1	1		2653.2	121.7
其他综合零售	2	2	619.3	5832.5	4645.0
食品、饮料及烟草制品专门零售	44	38	34123.8	122953.5	27378.9
粮油零售	8	7	8806.9	16237.4	1517.8
糕点、面包零售	1	1	626.3	2267.1	476.6
果品、蔬菜零售	6	6	150.9	2783.4	2409.7
肉、禽、蛋、奶及水产品零售	2	2	272.1	9697.7	8778.5
营养和保健品零售	1		3.4	576.1	149.7
酒、饮料及茶叶零售	12	9	8219.9	30273.1	5486.2
烟草制品零售	2	2	1554.4	6529.8	68.1
其他食品零售	12	11	14489.9	54588.9	8492.3
纺织、服装及日用品专门零售	42	38	81618.7	281153.6	63364.3
纺织品及针织品零售	1	1	11955.7	26140.5	8977.2
服装零售	32	29	63714.8	229054.4	51810.6
鞋帽零售	1	1	7.5	4632.4	
化妆品及卫生用品零售	4	4	5242.4	8522.1	689.5
钟表、眼镜零售	3	2	564.4	12155.3	1472.9
其他日用品零售	1	1	133.9	648.9	414.1
文化、体育用品及器材专门零售	18	12	16526.4	39519.5	1614.1
文具用品零售	1		72.1	783.7	12.0
体育用品及器材零售	1		98.0	134.4	0.5
图书、报刊零售	5	4	6363.2	16197.2	633.0
珠宝首饰零售	5	3	4779.7	15072.2	1117.3
工艺美术品及收藏品零售	1		1973.4	2564.2	45.0
乐器零售	3	3	2653.8	3532.2	-742.9
照相器材零售	2	2	586.2	1235.6	549.2

单位：万元

存货	固定资产合计	固定资产原价	累计折旧	本年折旧	在建工程	非流动资产合计	资产总计
897821.4	1446868.8	1921903.4	474886.7	97021.4	1241448.7	5634851.6	11214910.2
13549.6	339.6	1262.2	922.6	48.2		9524.8	51165.6
2240.4	7.2	214.5	207.3	4.0		7.2	3094.5
628516.0	148195.9	259554.9	111338.7	26965.1	129900.7	3134196.2	11327544.2
633298.7	1384289.6	1767758.4	383358.8	94059.6	1266474.7	5800148.9	10542720.1
586493.1	152666.5	312327.1	159602.4	20012.0	104332.6	2194090.8	9651257.6
175627.3	45966.1	79639.4	33673.3	8929.9	392.1	99596.6	876664.5
146708.3	12489.3	23210.1	10720.8	1037.2	150.0	684743.5	1526072.3
610218.4	**349431.8**	**663566.1**	**309297.8**	**44160.5**	**73965.4**	**886743.9**	**3531456.5**
71652.3	121480.4	218913.9	94370.3	5405.7	7622.5	302208.9	988440.8
15159.7	36204.9	55910.4	18134.4	3567.3	5064.9	146643.1	682421.2
56037.0	83760.5	161439.1	76186.5	1804.0	326.4	148711.7	290679.8
44.1	1262.1	1284.5	22.4	22.4		2593.2	5246.4
411.5	252.9	279.9	27.0	12.0	2231.2	4260.9	10093.4
30708.2	23798.2	40750.3	16952.1	2695.1	40550.1	118870.3	241823.8
7618.3	6212.0	10150.9	3938.9	145.0	88.5	13984.4	30221.8
691.2	1010.7	2535.3	1524.6	58.1	33915.2	36085.2	38352.3
113.6	3244.5	3596.9	352.4	313.9	36.3	4504.3	7287.7
237.1	320.0	532.2	212.2	63.0	2381.7	4317.4	14015.1
274.8	0.1	0.6	0.5	0.2		0.1	576.2
9090.1	3316.6	4230.5	913.9	419.8		3716.8	33989.9
1568.6	863.0	1398.9	535.9	41.9		866.5	7396.3
11114.5	8831.3	18305.0	9473.7	1653.2	4128.4	55395.6	109984.5
81979.7	35370.7	77297.4	41926.7	3864.5	1890.1	64541.0	345694.6
12931.1	2952.9	3873.2	920.3	163.0		7631.6	33772.1
62336.1	25128.1	63807.0	38678.9	2758.2	72.4	43142.7	272197.1
7.5	5519.7	6151.9	632.2	47.3	1751.3	9547.9	14180.3
5788.2	1211.0	1895.1	684.1	635.7	66.4	3179.6	11701.7
765.3	557.4	1558.5	1001.1	259.9		1037.6	13192.9
151.5	1.6	11.7	10.1	0.4		1.6	650.5
16774.9	12261.5	20085.8	7824.3	346.4	389.0	18783.3	58302.8
27.4							783.7
133.0	131.2	131.2				131.2	265.6
4739.1	2729.5	6112.8	3383.3	250.0	389.0	4527.1	20724.3
6952.4	9330.7	13396.4	4065.7	67.2		14050.1	29122.3
1612.1	2.7	113.6	110.9	16.2		2.7	2566.9
2705.2	66.4	155.3	88.9	12.5		71.2	3603.4
605.7	1.0	176.5	175.5	0.5		1.0	1236.6

10–5 续表 1–3

指　　标	法人企业数(个)	执行《2006 年企业会计准则》企业数(个)	一、年初存货	二、期末资产负债	
				流动资产合计	应收帐款
医药及医疗器材专门零售	21	16	35751.3	143846.8	23409.0
西药零售	16	12	32578.1	134997.6	20362.8
中药零售	2	2	3010.1	4989.4	1062.6
动物用药品零售	1	1	16.3	349.6	161.2
医疗用品及器材零售	2	1	146.8	3510.2	1822.4
汽车、摩托车、零配件和燃料及其他动力销售	183	159	319732.8	1154697.9	79423.3
汽车新车零售	134	120	290331.8	883621.3	68673.8
汽车旧车零售	2	2	791.6	5459.9	860.1
汽车零配件零售	6	5	912.9	6672.2	205.5
摩托车及零配件零售	1	1	206.1	859.3	529.9
机动车燃油零售	37	28	27271.0	243691.3	8409.7
机动车燃气零售	3	3	219.4	14393.9	744.3
家用电器及电子产品专门零售	35	30	13518.6	112872.7	26539.0
日用家电零售	13	11	8640.3	78075.7	13109.2
计算机、软件及辅助设备零售	10	8	2614.9	14632.2	3538.9
通信设备零售	8	7	1973.3	12111.7	4264.6
其他电子产品零售	4	4	290.1	8053.1	5626.3
五金、家具及室内装饰材料专门零售	15	11	7211.4	58735.8	10565.4
五金零售	7	4	1097.3	19990.8	6213.7
家具零售	3	2	4496.1	6761.1	652.6
陶瓷、石材装饰材料零售	3	3	1226.7	30676.5	2916.6
其他室内装饰材料零售	2	2	391.3	1307.4	782.5
货摊、无店铺及其他零售业	9	7	3246.5	44554.1	23786.8
互联网零售	6	6	2653.1	11666.8	4772.1
生活用燃料零售	1	1	163.6	30767.3	18301.2
其他未列明零售业	2		429.8	2120.0	713.5
内资企业	390	332	544221.5	2562628.6	247432.9
国有企业	10	9	8043.0	19885.3	2024.4
集体企业	9	7	8575.2	13315.5	1314.7
股份合作企业	1	1	103.9	1001.0	106.1
有限责任公司	82	74	156485.5	644422.5	99555.7
国有独资公司	4	4	4903.0	19222.6	1458.3
其他有限责任公司	78	70	151582.5	625199.9	98097.4
股份有限公司	7	6	23989.5	196245.1	3094.2
私营企业	279	233	346877.5	1686225.8	139924.5
私营独资企业	9	7	995.9	3634.1	874.4
私营有限责任公司	264	221	316288.7	1565348.3	137097.0

单位：万元

存货	固定资产合计	固定资产原价	累计折旧	本年折旧	在建工程	非流动资产合计	资产总计
43437.0	4718.0	13995.7	9277.7	1900.0		43646.8	187493.6
39995.0	4438.9	13408.6	8969.7	1804.5		43333.6	178331.2
3128.2	144.0	312.4	168.4	45.1		164.6	5154.0
102.9	22.5	23.1	0.6	0.6		33.0	382.6
210.9	112.6	251.6	139.0	49.8		115.6	3625.8
338444.8	123713.5	251152.7	125666.6	27232.2	6278.2	272166.3	1427010.4
323838.5	78804.9	158892.1	79956.0	19901.2	4207.9	123409.9	1007177.5
525.5	7.0	72.3	65.3	3.0		7.2	5467.1
1023.9	54.6	242.1	187.5	99.0		61.6	6733.8
125.5							859.3
12830.7	42038.0	87149.9	43470.5	6389.1	2070.3	139480.4	383171.6
100.7	2809.0	4796.3	1987.3	839.9		9207.2	23601.1
15911.3	1432.1	4400.9	2968.8	418.0	2077.1	12553.6	125426.3
9659.4	1005.1	3055.4	2050.3	199.4	2077.1	8051.7	86127.4
2613.8	191.8	577.6	385.8	151.8		4128.3	18760.5
3273.3	191.4	589.1	397.7	47.4		329.1	12440.8
364.8	43.8	178.8	135.0	19.4		44.5	8097.6
6531.4	4056.7	7200.5	3143.1	715.7		6184.1	64920.5
846.5	132.9	261.1	127.5	11.6		136.6	20128.0
5009.3	3682.4	6294.6	2612.2	630.4		5151.9	11913.0
387.0	221.6	326.1	104.5	11.2		828.0	31504.5
288.6	19.8	318.7	298.9	62.5		67.6	1375.0
4778.8	22600.7	29768.9	7168.2	1582.9	15158.4	47789.6	92343.7
4133.5	2419.5	3033.4	613.9	254.1		7333.2	19000.0
163.7	20166.4	26567.0	6400.6	1315.7	15158.4	38941.6	69708.9
481.6	14.8	168.5	153.7	13.1		1514.8	3634.8
582876.1	340348.5	630350.0	288208.4	39319.2	73891.0	871621.2	3434396.6
6591.1	7145.7	12222.5	5076.8	856.4	279.1	20984.5	40869.8
5555.3	2739.2	10727.7	7988.5	313.4		5170.2	18485.7
225.1	394.9	623.4	228.5	38.2		434.9	1435.9
173181.2	82912.9	148219.0	65068.8	15879.7	55571.0	232037.1	876587.7
4142.3	5508.0	10897.2	5389.2	398.9	198.4	7078.3	26300.9
169038.9	77404.9	137321.8	59679.6	15480.8	55372.6	224958.8	850286.8
6930.1	31510.2	63165.3	30405.4	2616.7	214.7	97097.9	293343.0
390310.6	212410.9	391812.2	179095.2	19306.7	17789.9	511402.1	2197646.6
978.9	61.9	413.8	47.5	16.9		367.6	4001.7
347473.8	133942.2	254579.2	120635.3	19215.5	17789.9	371724.3	1937091.3

10-5　续表 1-4

指　　标	法人企业数(个)	执行《2006 年企业会计准则》企业数(个)	一、年初存货	二、期末资产负债	
				流动资产合计	应收帐款
私营股份有限公司	6	5	29592.9	117243.4	1953.1
其他企业	2	2	146.9	1533.4	1413.3
港、澳、台商投资企业	5	5	18960.5	70739.9	13898.1
合资经营企业 (港或澳、台资)	2	2	14569.3	22871.0	2106.2
港、澳、台商独资经营企业	3	3	4391.2	47868.9	11791.9
外商投资企业	3	3	8115.3	11197.3	562.8
中外合资经营企业	1	1	2278.1	1707.1	
外资企业	2	2	5837.2	9490.2	562.8
国有控股	28	27	58490.4	439091.8	37726.5
集体控股	16	12	34716.5	52107.7	3901.7
私人控股	320	270	395698.6	1853270.9	171429.2
港澳台商控股	6	6	23632.8	96938.0	14419.6
外商控股	3	3	8115.3	11197.3	562.8
其他	22	19	50445.1	189962.7	32328.7
独立门店	322	277	418383.0	1667623.5	179864.9
连锁总店（总部)	29	27	84874.3	707497.7	55220.4
连锁直营店	5	5	35661.2	143053.4	12389.4
其他	42	31	32378.8	126391.2	14419.1
大型	22	22	106353.6	851164.5	51797.2
中型	136	124	348585.9	1297196.6	98552.4
小型	159	128	93496.6	381539.4	87302.6
微型	81	66	22861.2	114665.3	24241.6
有店铺零售	347	295	545428.2	2472294.3	214615.1
食杂店	3	2	711.7	3558.2	2727.5
便利店	10	10	9016.1	70660.3	3707.8
超市	16	15	7289.9	31550.7	5156.6
大型超市	9	9	43163.4	133966.1	525.3
仓储会员店	2	1	984.4	1782.5	185.8
百货店	22	18	13376.9	365870.2	22021.8
专业店	139	115	173002.8	726835.4	73654.0
专卖店	115	101	229450.8	729296.6	73749.6
家居建材商店	5	5	5633.0	8361.6	1450.5
购物中心	11	9	33939.6	321036.9	15754.3
厂家直销中心	15	10	28859.6	79375.8	15681.9
无店铺零售	48	42	24029.5	168054.1	46850.1
网上商店	6	6	2653.1	11666.8	4772.1
其他	42	36	21376.4	156387.3	42078.0

单位：万元

存货	固定资产合计	固定资产原价	累计折旧	本年折旧	在建工程	非流动资产合计	资产总计
41857.9	78406.8	136819.2	58412.4	74.3		139310.2	256553.6
82.7	3234.7	3579.9	345.2	308.1	36.3	4494.5	6027.9
20595.9	8463.8	24336.1	15872.3	4775.0	66.4	12488.2	83228.1
15735.7	6275.0	9794.0	3519.0	3519.0		8337.3	31208.3
4860.2	2188.8	14542.1	12353.3	1256.0	66.4	4150.9	52019.8
6746.4	619.5	8880.0	5217.1	66.3	8.0	2634.5	13831.8
1099.6	241.1	4770.8	3038.6	−286.1	8.0	249.1	1956.2
5646.8	378.4	4109.2	2178.5	352.4		2385.4	11875.6
45817.6	89927.5	157479.1	66214.6	10602.5	18923.6	231359.6	670451.4
35118.2	7037.3	21397.5	14360.2	2636.2	33915.2	46457.2	98564.9
446776.3	225315.2	419150.1	193397.6	22400.1	20792.7	542960.3	2396378.0
24829.0	10788.4	28527.3	17738.9	5059.0	66.4	14833.4	111771.4
6746.4	619.5	8880.0	5217.1	66.3	8.0	2634.5	13831.8
50837.9	12427.5	24261.9	11815.6	3072.9	223.2	43915.8	233878.5
455321.1	215186.4	390619.3	174889.5	34037.3	34977.9	468146.9	2135917.3
78636.4	51375.0	124661.0	68992.9	7791.0	38325.8	237550.5	945048.2
46442.9	69586.6	126025.2	56438.6	470.8		152248.6	295302.0
29818.0	13283.8	22260.6	8976.8	1861.4	661.7	28797.9	155189.0
111161.5	130911.3	263625.6	129825.0	12686.8	4414.0	391839.5	1243004.0
382122.2	178112.5	319801.0	140196.4	24831.3	61250.9	412885.9	1710100.6
92159.8	31097.0	66884.8	35637.1	5516.3	6223.4	65039.7	446707.9
24774.9	9311.0	13254.7	3639.3	1126.1	2077.1	16978.8	131644.0
578913.2	308887.6	607084.1	293360.0	40289.4	54759.5	803387.1	3275828.3
450.6	225.7	271.4	45.7	11.2	1237.1	2517.1	6075.3
10760.7	19044.9	40295.9	19902.3	4564.3	3935.7	136471.7	207132.0
10438.7	6828.5	11119.3	4290.8	1297.6	2366.1	16876.3	48427.0
53399.1	78966.0	157076.0	75065.6	1525.4	263.8	144111.8	278077.9
809.5	17.3	56.7	39.4	7.1		117.3	1899.8
13893.9	57227.5	93573.9	36327.6	3918.6	4817.6	148609.4	514479.6
170633.0	73268.6	141620.7	68059.4	14623.0	5250.5	180122.6	906957.9
251069.7	60837.3	127600.0	66762.7	11316.7	36480.5	128834.8	858149.5
4257.2	3661.4	6399.1	2737.7	686.1		5783.9	14145.5
32395.0	3187.5	19747.0	16559.5	1823.1	319.7	29535.7	350572.6
30805.8	5622.9	9324.1	3569.3	516.3	88.5	10406.5	89911.2
29515.9	39156.4	54127.7	14971.3	3769.7	19205.9	76303.4	244357.4
4133.5	2419.5	3033.4	613.9	254.1		7333.2	19000.0
25382.4	36736.9	51094.3	14357.4	3515.6	19205.9	68970.2	225357.4

10-5 限额以上批发和

The financial condition of the legal person enterprises in

指　标				
	流动负债合计	应付帐款	负债合计	所有者权益合计
总计	**15594249.1**	**2978893.3**	**18939795.0**	**7188525.8**
一、批发业	**13100721.5**	**2455084.7**	**16080823.3**	**6516041.0**
农、林、牧、渔产品批发	96912.9	22594.7	101863.5	116965.7
谷物、豆及薯类批发	11705.1	309.8	14108.5	4528.4
种子批发	22265.6	3308.2	24666.9	23074.0
棉、麻批发	3135.1		3281.0	6566.2
林业产品批发	59807.1	18976.7	59807.1	82797.1
食品、饮料及烟草制品批发	310092.8	141962.1	319837.0	255478.8
米、面制品及食用油批发	7148.0	4680.3	7148.0	414.3
糕点、糖果及糖批发	903.9	152.1	903.9	549.4
果品、蔬菜批发	88189.9	74247.2	96189.9	7244.8
肉、禽、蛋、奶及水产品批发	8751.3	5813.6	8751.3	-3288.7
盐及调味品批发	53749.6	25899.1	54625.2	37013.4
营养和保健品批发	1988.6	587.8	2134.6	1153.7
酒、饮料及茶叶批发	105947.0	15889.3	106669.6	33021.0
烟草制品批发	28947.3	11746.6	28947.3	170017.3
其他食品批发	14467.2	2946.1	14467.2	9353.6
纺织、服装及家庭用品批发	1045526.5	183847.3	1069891.8	1598346.2
纺织品、针织品及原料批发	582.1	23.7	582.1	-157.5
服装批发	640827.3	37634.5	665142.5	1590012.8
鞋帽批发	14824.9	3422.7	14824.9	1945.9
化妆品及卫生用品批发	1366.5	-693.8	1366.5	2458.6
厨具卫具及日用杂品批发	688.8	11.4	688.8	131.5
家用视听设备批发	6149.8	5367.9	6149.8	232.6
日用家电批发	381087.1	138080.9	381137.2	3722.3
文化、体育用品及器材批发	264735.9	108726.1	265036.6	204201.5
文具用品批发	81768.2	26565.1	81863.9	17863.5
体育用品及器材批发	26625.9	25807.0	26640.9	4582.5
图书批发	116993.1	71689.1	117183.1	128577.2
首饰、工艺品及收藏品批发	38575.4	-15908.4	38575.4	53151.3
乐器批发	773.3	573.3	773.3	27.0
医药及医疗器材批发	1536347.9	522010.4	1551532.6	464004.0
西药批发	1192012.0	391234.9	1206836.1	353702.8
中药批发	196651.3	67756.1	197001.0	47232.3
医疗用品及器材批发	147684.6	63019.4	147695.5	63068.9
矿产品、建材及化工产品批发	9498867.3	1244768.7	12422485.1	3113068.5
煤炭及制品批发	7957059.0	817559.9	10742091.6	2509729.1
石油及制品批发	371230.8	186493.3	475508.4	-37476.6

零售业法人企业财务状况(二)

the wholesale and retail trade of the above designated size(2)

单位：万元

实收资本	国家资本	集体资本	法人资本	个人资本	港澳台资本	外商资本
5362209.3	**903965.2**	**96460.9**	**3650422.8**	**667705.9**	**37956.5**	**5698.0**
2750692.1	**880301.3**	**87147.6**	**1373414.0**	**380872.7**	**25956.5**	**3000.0**
35671.4	8980.4		13691.0	13000.0		
3980.4	3980.4					
20000.0	5000.0		2000.0	13000.0		
11691.0			11691.0			
97215.0	52790.2	5213.8	32043.5	7167.5		
690.0			690.0			
50.0			50.0			
18000.0			18000.0			
1360.0			752.5	607.5		
8650.9		5000.9	3600.0	50.0		
1000.0			1000.0			
59570.3	51106.4	212.9	3766.0	4485.0		
1683.8	1683.8					
6210.0			4185.0	2025.0		
172907.7			19115.1	149916.0	3876.6	
110.0				110.0		
152537.6			4110.0	144551.0	3876.6	
2160.0			2000.0	160.0		
2500.0			1500.0	1000.0		
0.1			0.1			
15600.0			11505.0	4095.0		
75513.9	15419.6		46048.1	12898.4	1147.8	
5124.0	2159.0		2100.0	865.0		
3410.0			200.0	3210.0		
15460.4	13260.4		2200.0			
51492.5	0.2		41548.1	8796.4	1147.8	
27.0				27.0		
303351.2	102830.0	31.0	134379.3	66110.9		
236446.6	100080.0	31.0	96655.0	39680.6		
37275.4	2750.0		18810.0	15715.4		
29629.2			18914.3	10714.9		
1952275.3	663522.4	80250.7	1107442.4	101059.8		
1396524.7	387899.4	9021.0	985825.3	13779.0		
-6594.1	-29326.5	222.4	11578.0	10932.0		

10-5 续表 2-1

指标	流动负债合计	应付帐款	负债合计	所有者权益合计
非金属矿及制品批发	2131.4	188.5	2131.4	305.0
金属及金属矿批发	656072.6	114473.8	683481.1	572335.6
建材批发	278202.9	62944.6	278202.9	-4924.6
化肥批发	197921.0	29684.6	204820.1	52937.1
其他化工产品批发	36249.6	33424.0	36249.6	20162.9
机械设备、五金产品及电子产品批发	340695.7	229235.6	340937.3	759116.9
农业机械批发	7801.8	4559.9	7944.8	3283.6
汽车及零配件批发	54837.2	39394.2	54935.8	6221.6
五金产品批发	10882.7	9457.8	10882.7	3123.8
电气设备批发	7690.7	6922.8	7690.7	5573.6
计算机、软件及辅助设备批发	11819.3	5084.1	11819.3	13446.2
通讯设备批发	6676.9	2128.3	6676.9	2369.7
其他机械设备及电子产品批发	240987.1	161688.5	240987.1	725098.4
贸易经纪与代理	371.1	348.8	371.1	370.4
贸易代理	371.1	348.8	371.1	370.4
其他批发业	7171.4	1591.0	8868.3	4489.0
再生物资回收与批发	3407.0	-81.3	5103.9	2563.7
其他未列明批发业	3764.4	1672.3	3764.4	1925.3
内资企业	12929136.3	2342327.2	15909238.1	6305058.3
国有企业	48936.1	14801.8	49336.1	173066.8
集体企业	46438.7	19883.7	48613.3	38232.6
有限责任公司	6764317.0	1318259.0	9135901.1	2869342.8
国有独资公司	3055137.9	159634.5	5057294.8	1014430.6
其他有限责任公司	3709179.1	1158624.5	4078606.3	1854912.2
股份有限公司	3790347.7	291114.7	4383573.1	2749499.6
私营企业	2279096.8	698268.0	2291814.5	474916.5
私营有限责任公司	2261924.1	693143.4	2274447.6	462926.6
私营股份有限公司	17172.7	5124.6	17366.9	11989.9
港、澳、台商投资企业	160665.5	103496.9	160665.5	189657.2
合资经营企业(港或澳、台资)	148444.8	93281.9	148444.8	152292.2
港、澳、台商独资经营企业	12220.7	10215.0	12220.7	37365.0
外商投资企业	10919.7	9260.6	10919.7	21325.5
中外合资经营企业	10919.7	9260.6	10919.7	21325.5
国有控股	8317903.9	1359906.9	11034414.3	3400357.8
集体控股	219664.3	36168.5	222203.4	224563.4
私人控股	3867341.4	903795.5	4127252.9	2286434.2
港澳台商控股	35950.2	19939.9	35950.2	49955.1
其他	659861.7	135273.9	661002.5	554730.5

单位：万元

实收资本	国家资本	集体资本	法人资本	个人资本	港澳台资本	外商资本
500.0				500.0		
462042.8	285646.5	70727.3	76319.1	29349.9		
56090.0	15000.0		7710.0	33380.0		
37301.0		280.0	25600.0	11421.0		
6410.9	4303.0		410.0	1697.9		
109936.6	35365.5	374.3	20544.6	29720.1	20932.1	3000.0
1329.5	1190.7	138.8				
6117.3		227.5	2770.6	3119.2		
2933.2			385.2	2548.0		
5353.0			3353.0	2000.0		
11101.3			6135.3	4966.0		
1610.5			810.5	800.0		
81491.8	34174.8	8.0	7090.0	16286.9	20932.1	3000.0
200.0				200.0		
200.0				200.0		
3621.0	1393.2	1277.8	150.0	800.0		
2727.8	1300.0	1277.8	150.0			
893.2	93.2			800.0		
2558944.5	730301.3	87147.6	1371946.7	369548.9		
5346.8	5208.0	138.8				
7405.2		7405.2				
1333903.1	719393.1	76564.6	497969.3	39976.1		
350387.7	323539.2		25200.0	1648.5		
983515.4	395853.9	76564.6	472769.3	38327.6		
768543.5	5700.0	2000.0	610132.5	150711.0		
443745.9	0.2	1039.0	263844.9	178861.8		
436830.5	0.2	1039.0	263844.9	171946.4		
6915.4				6915.4		
183697.6	150000.0		1444.8	6296.3	25956.5	
158888.9	150000.0		1444.8	6296.3	1147.8	
24808.7					24808.7	
8050.0			22.5	5027.5		3000.0
8050.0			22.5	5027.5		3000.0
1361069.8	873121.1	5468.6	467311.6	15168.5		
81132.5		80412.5	500.0	220.0		
819965.3	980.2	1266.5	456558.2	358160.4		3000.0
33697.6			1444.8	6296.3	25956.5	
454826.9	6200.0		447599.4	1027.5		

10-5 续表 2-2

指 标	流动负债合计	应付帐款	负债合计	所有者权益合计
独立门店	5669326.9	1118349.3	7635826.6	3579233.5
连锁总店（总部）	52449.5	274.5	52449.5	-1283.9
连锁直营店	2114.7	-382.7	2114.7	979.8
其他	7376830.4	1336843.6	8390432.5	2937111.6
大型	4758196.2	632770.8	6806892.4	3735827.7
中型	6961134.9	1265577.6	7883328.9	1767928.6
小型	678813.4	226577.5	683046.5	193617.9
微型	702577.0	330158.8	707555.5	818666.8
二、零售业	**2493527.6**	**523808.6**	**2858971.7**	**672484.8**
综合零售	576445.8	101753.3	793460.9	194979.9
百货零售	299543.1	53465.0	510719.1	171702.1
超级市场零售	264547.2	36814.5	265386.3	25293.5
便利店零售	7423.5	6702.6	7423.5	-2177.1
其他综合零售	4932.0	4771.2	9932.0	161.4
食品、饮料及烟草制品专门零售	160179.8	66847.3	190953.1	50870.7
粮油零售	18307.1	1143.6	25801.4	4420.4
糕点、面包零售	33559.4	7120.6	54355.8	-16003.5
果品、蔬菜零售	1426.8	619.5	1451.6	5836.1
肉、禽、蛋、奶及水产品零售	12891.6	2779.8	12891.6	1123.5
营养和保健品零售	330.0	120.3	330.0	246.2
酒、饮料及茶叶零售	20303.0	5459.4	20814.0	13175.9
烟草制品零售	662.3	482.7	662.3	6734.0
其他食品零售	72699.6	49121.4	74646.4	35338.1
纺织、服装及日用品专门零售	248202.4	87325.4	288464.4	57230.2
纺织品及针织品零售	15195.9	10231.9	18195.9	15576.2
服装零售	220367.3	76473.7	257629.3	14567.8
鞋帽零售	2623.5		2623.5	11556.8
化妆品及卫生用品零售	7621.7	-527.1	7621.7	4080.0
钟表、眼镜零售	2289.8	1044.0	2289.8	10903.1
其他日用品零售	104.2	102.9	104.2	546.3
文化、体育用品及器材专门零售	38428.0	17209.1	40038.9	18263.9
文具用品零售	14.6	14.2	14.6	769.1
体育用品及器材零售	65.5		65.5	200.1
图书、报刊零售	17503.1	10029.6	17833.1	2891.2
珠宝首饰零售	19735.3	7447.0	20716.2	8406.1
工艺美术品及收藏品零售	434.9	4.6	434.9	2132.0
乐器零售	547.0	-410.8	547.0	3056.4
照相器材零售	127.6	124.5	427.6	809.0

单位：万元

实收资本	国家资本	集体资本	法人资本	个人资本	港澳台资本	外商资本
1165625.2	445733.9	80751.9	342861.4	295130.2	1147.8	
3200.0			3200.0			
1000.0			1000.0			
1580866.9	434567.4	6395.7	1026352.6	85742.5	24808.7	3000.0
1180492.1	414557.1	4921.0	605077.9	152059.5	3876.6	
1094598.7	267843.3	76462.6	594112.2	131100.7	22079.9	3000.0
211489.3	14316.8	1347.4	114035.6	81789.5		
264112.0	183584.1	4416.6	60188.3	15923.0		
2611517.2	**23663.9**	**9313.3**	**2277008.8**	**286833.2**	**12000.0**	**2698.0**
172207.1	2872.1	833.4	34457.6	131396.0		2648.0
140253.1	1135.7	833.4	8430.0	127206.0		2648.0
30854.0	1736.4		25927.6	3190.0		
1100.0			100.0	1000.0		
35301.4	10133.9	554.9	20790.6	3822.0		
5998.1	5103.9		680.0	214.2		
1926.6			1926.6			
715.0	30.0	50.0	25.0	610.0		
3010.0			3010.0			
232.3			232.3			
11489.2	5000.0		5090.2	1399.0		
400.5		220.5	180.0			
11529.7		284.4	9646.5	1598.8		
44806.9	500.0		28720.0	9536.9	6000.0	50.0
5000.0			5000.0			
35956.9	500.0		21460.0	8946.9	5000.0	50.0
200.0			160.0	40.0		
2050.0			1050.0		1000.0	
1100.0			1000.0	100.0		
500.0			50.0	450.0		
11325.8	40.1	2327.7	5528.5	3429.5		
750.1			750.1			
100.0				100.0		
2140.1	40.1		2100.0			
3735.6		1529.2	2118.4	88.0		
1000.0		798.5		201.5		
3000.0				3000.0		
600.0			560.0	40.0		

10-5 续表 2-3

指 标	流动负债合计	应付帐款	负债合计	所有者权益合计
医药及医疗器材专门零售	131469.6	39846.6	131471.3	56022.3
西药零售	123827.1	35804.4	123828.8	54502.4
中药零售	4559.3	1988.7	4559.3	594.7
动物用药品零售	365.1	342.7	365.1	17.5
医疗用品及器材零售	2718.1	1710.8	2718.1	907.7
汽车、摩托车、零配件和燃料及其他动力销售	1108505.1	178788.8	1174270.6	252739.8
汽车新车零售	860116.5	161947.7	871274.1	135903.4
汽车旧车零售	4783.5	3904.4	4783.5	683.6
汽车零配件零售	5349.6	2231.2	5349.6	1384.2
摩托车及零配件零售	869.6	-359.3	869.6	-10.3
机动车燃油零售	213593.4	9604.9	268201.3	114970.3
机动车燃气零售	23792.5	1459.9	23792.5	-191.4
家用电器及电子产品专门零售	99013.5	6117.6	102998.4	22427.9
日用家电零售	76163.9	-4330.2	79463.2	6664.2
计算机、软件及辅助设备零售	6175.8	1763.8	6861.4	11899.1
通信设备零售	13237.5	5872.9	13237.5	-796.7
其他电子产品零售	3436.3	2811.1	3436.3	4661.3
五金、家具及室内装饰材料专门零售	53590.9	18361.0	53590.9	11329.6
五金零售	18039.4	16203.7	18039.4	2088.6
家具零售	4152.1	1426.3	4152.1	7760.9
陶瓷、石材装饰材料零售	30615.2	180.2	30615.2	889.3
其他室内装饰材料零售	784.2	550.8	784.2	590.8
货摊、无店铺及其他零售业	77692.5	7559.5	83723.2	8620.5
互联网零售	20497.6	7520.6	20497.6	-1497.6
生活用燃料零售	57077.9		63108.6	6600.3
其他未列明零售业	117.0	38.9	117.0	3517.8
内资企业	2412024.9	492004.2	2770171.5	664225.1
国有企业	21784.3	2044.5	29444.0	11425.8
集体企业	8262.3	5686.2	10347.6	8138.1
股份合作企业	1048.9	31.6	1048.9	387.0
有限责任公司	654839.4	148097.4	711043.5	165544.2
国有独资公司	21019.7	10884.2	21917.4	4383.5
其他有限责任公司	633819.7	137213.2	689126.1	161160.7
股份有限公司	184061.2	1404.2	235972.6	57370.4
私营企业	1541201.6	334605.5	1781462.9	416183.7
私营独资企业	3005.3	659.3	3012.9	988.8
私营有限责任公司	1334724.3	327994.6	1573197.1	363894.2

单位：万元

实收资本	国家资本	集体资本	法人资本	个人资本	港澳台资本	外商资本
38442.6	3136.8		29663.9	5641.9		
37075.1	3119.3		28788.9	5166.9		
550.0			500.0	50.0		
17.5	17.5					
800.0			375.0	425.0		
2272514.4	4881.0	5597.3	2145784.9	110251.2	6000.0	
2207985.9	3800.0	5148.9	2088687.0	104350.0	6000.0	
700.0			700.0			
1330.0			1230.0	100.0		
100.0			100.0			
54068.5	100.0	399.4	48190.9	5378.2		
8330.0	981.0	49.0	6877.0	423.0		
22601.9			9383.4	13218.5		
9753.3			5524.0	4229.3		
7150.2			1865.0	5285.2		
1460.0			766.0	694.0		
4238.4			1228.4	3010.0		
2876.0			1247.8	1628.2		
1558.0			768.0	790.0		
710.0				710.0		
500.0			402.0	98.0		
108.0			77.8	30.2		
11441.1	2100.0		1432.1	7909.0		
5441.1			1432.1	4009.0		
3000.0	2100.0			900.0		
3000.0				3000.0		
2591149.0	23663.9	9313.3	2273338.6	284833.2		
12464.3	5587.3		6877.0			
961.5		787.8	53.7	120.0		
200.0		200.0				
151023.5	18046.6	7245.9	109583.1	16147.9		
3942.0	1772.1	69.9	2100.0			
147081.5	16274.5	7176.0	107483.1	16147.9		
3185.4			185.4	3000.0		
2423199.3		1029.6	2156614.4	265555.3		
695.1			350.0	345.1		
2416696.2			2152856.0	263840.2		

10-5　续表 2-4

指　　标	流动负债合计	应付帐款	负债合计	所有者权益合计
私营股份有限公司	203472.0	5951.6	205252.9	51300.7
其他企业	827.2	134.8	852.0	5175.9
港、澳、台商投资企业	48835.7	26891.8	55089.7	28138.4
合资经营企业（港或澳、台资）	20093.6	14840.7	20093.6	11114.7
港、澳、台商独资经营企业	28742.1	12051.1	34996.1	17023.7
外商投资企业	32667.0	4912.6	33710.5	−19878.7
中外合资经营企业	18274.7	600.8	18274.7	−16318.5
外资企业	14392.3	4311.8	15435.8	−3560.2
国有控股	445906.0	56680.9	513688.1	156763.3
集体控股	72067.7	37885.6	95192.5	3372.4
私人控股	1702495.9	359730.5	1942757.2	453620.8
港澳台商控股	58213.6	27242.4	64467.6	47303.8
外商控股	32667.0	4912.6	33710.5	−19878.7
其他	180922.5	36965.2	207876.1	26002.4
独立门店	1478477.7	385832.4	1715191.7	420725.6
连锁总店（总部）	676862.9	94226.5	804685.5	140362.7
连锁直营店	223510.2	16066.7	223527.5	71774.5
其他	114676.8	27683.0	115567.0	39622.0
大型	865145.8	119432.1	969675.3	273328.7
中型	1195133.3	274184.6	1418394.4	291706.2
小型	335695.6	84262.5	370561.0	76146.9
微型	97552.9	45929.4	100341.0	31303.0
有店铺零售	2289891.6	497586.7	2641596.6	634231.7
食杂店	5162.3	2826.7	5162.3	913.0
便利店	76589.1	50301.6	130926.6	76205.4
超市	34708.4	16628.2	40647.5	7779.5
大型超市	259654.9	31929.5	260665.1	17412.8
仓储会员店	1261.1	278.4	1261.1	638.7
百货店	211934.3	62002.7	398445.2	116034.4
专业店	686999.4	108896.0	693165.3	213792.6
专卖店	718006.3	158548.1	751117.3	107032.2
家居建材商店	6380.0	667.8	6380.0	7765.5
购物中心	223813.6	37864.0	284675.5	65897.1
厂家直销中心	65382.2	27643.7	69150.7	20760.5
无店铺零售	198269.8	25249.1	207440.2	36917.2
网上商店	20497.6	7520.6	20497.6	−1497.6
其他	177772.2	17728.5	186942.6	38414.8

单位：万元

实收资本	国家资本	集体资本	法人资本	个人资本	港澳台资本	外商资本
5808.0		1029.6	3408.4	1370.0		
115.0	30.0	50.0	25.0	10.0		
14670.2			670.2	2000.0	12000.0	
8000.0				2000.0	6000.0	
6670.2			670.2		6000.0	
5698.0			3000.0			2698.0
3000.0			3000.0			
2698.0						2698.0
80151.5	22793.8	118.9	54141.8	3097.0		
9904.6		6514.8	2580.3	809.5		
2460738.9		1029.6	2181910.6	277798.7		
15990.7			1990.7	2000.0	12000.0	
5698.0			3000.0			2698.0
38878.4	800.0	1600.0	33360.4	3118.0		
2496493.7	19557.9	9313.3	2209656.8	251915.7	6000.0	50.0
60628.4	3026.0		30250.3	18704.1	6000.0	2648.0
27328.4			25138.4	2190.0		
27066.7	1080.0		11963.3	14023.4		
121039.2	3026.0		87296.2	22069.0	6000.0	2648.0
2320620.1	10355.3	6412.4	2132114.0	165738.4	6000.0	
88898.0	4502.6	2817.4	44901.6	36626.4		50.0
80959.9	5780.0	83.5	12697.0	62399.4		
1581734.2	20395.8	9264.3	1269657.3	267718.8	12000.0	2698.0
780.0			290.0	490.0		
56530.0	30.0	50.0	52439.8	4010.2		
7130.9	1836.4		1564.3	2730.2	1000.0	
28635.0			24797.0	1190.0		2648.0
600.0			500.0	100.0		
135201.4	1535.7	833.4	11512.3	121320.0		
190558.4	7893.7	3101.6	96242.0	77321.1	6000.0	
1120235.2	8800.0	5279.3	1062516.9	43639.0		
581.0			383.0	198.0		
31446.1			11750.0	14646.1	5000.0	50.0
10036.2	300.0		7662.0	2074.2		
1028535.3	2151.0	49.0	1007220.9	19114.4		
5441.1			1432.1	4009.0		
1023094.2	2151.0	49.0	1005788.8	15105.4		

10-5 限额以上批发和

The financial condition of the legal person enterprises in

指 标	三、损益及分配				
	营业收入	主营业务收入	营业成本	主营业务成本	税金及附加
总计	**36689775.0**	**36408487.0**	**34408377.2**	**34313042.5**	**136180.2**
一、批发业	**30034037.5**	**29892661.5**	**28449549.5**	**28392386.6**	**113033.1**
农、林、牧、渔产品批发	103550.2	101850.6	78813.9	78683.2	158.0
谷物、豆及薯类批发	24362.9	24297.4	23863.1	23863.1	0.4
种子批发	20317.1	19985.6	13501.4	13370.7	64.1
棉、麻批发	16746.3	16746.3	16499.6	16499.6	3.1
林业产品批发	42123.9	40821.3	24949.8	24949.8	90.4
食品、饮料及烟草制品批发	1133870.7	1130296.2	898067.0	897830.2	74780.4
米、面制品及食用油批发	70094.1	70078.0	67822.8	67822.8	61.0
糕点、糖果及糖批发	4449.9	4449.9	4073.1	4073.1	7.0
果品、蔬菜批发	188713.4	188213.3	177849.0	177842.3	21.6
肉、禽、蛋、奶及水产品批发	40194.1	39070.9	36503.1	36503.1	77.9
盐及调味品批发	69641.8	69034.6	50511.9	50506.8	323.6
营养和保健品批发	7120.1	7120.1	6635.0	6635.0	12.3
酒、饮料及茶叶批发	164836.4	163636.7	131122.6	130897.8	616.5
烟草制品批发	526677.3	526565.6	369162.9	369162.9	73522.0
其他食品批发	62143.6	62127.1	54386.6	54386.4	138.5
纺织、服装及家庭用品批发	1683494.3	1674818.8	1456663.9	1447790.7	1455.9
纺织品、针织品及原料批发	1214.4	1214.4	1133.8	1133.8	0.5
服装批发	525139.7	524586.4	325377.3	325081.8	680.7
鞋帽批发	17043.1	17043.1	15915.2	15915.2	19.6
化妆品及卫生用品批发	6913.3	6705.6	6004.4	5742.2	16.7
厨具卫具及日用杂品批发	4079.6	4079.6	3264.4	3264.4	
家用视听设备批发	21689.9	21689.9	20637.3	20637.3	23.7
日用家电批发	1107414.3	1099499.8	1084331.5	1076016.0	714.7
文化、体育用品及器材批发	576308.3	576060.4	539041.6	538980.2	577.3
文具用品批发	190615.3	190484.0	184072.2	184057.5	243.5
体育用品及器材批发	41601.3	41601.3	38667.4	38667.4	19.1
图书批发	136829.9	136713.3	111979.9	111933.2	153.0
首饰、工艺品及收藏品批发	206759.8	206759.8	203907.1	203907.1	161.1
乐器批发	502.0	502.0	415.0	415.0	0.6
医药及医疗器材批发	2658942.2	2645157.1	2383640.1	2382724.7	6985.4
西药批发	2118589.7	2105654.7	1931759.3	1930846.6	5125.1
中药批发	273919.9	273645.1	238110.7	238108.0	823.0
医疗用品及器材批发	266432.6	265857.3	213770.1	213770.1	1037.3
矿产品、建材及化工产品批发	21186273.0	21077678.8	20495583.1	20450138.0	26125.6
煤炭及制品批发	12107555.5	12012918.3	11592882.4	11551779.9	14814.2
石油及制品批发	1339164.3	1336946.7	1290650.0	1288714.8	1328.0

零售业法人企业财务状况(三)
the wholesale and retail trade of the above designated size(3)

单位：万元

主营业务税金及附加	其他业务利润	销售费用	管理费用	财务费用	利息收入
123689.8	**139283.1**	**1085872.2**	**560280.7**	**296077.1**	**29209.4**
102237.3	**73887.5**	**681914.1**	**371013.1**	**236368.4**	**22751.5**
116.2	1043.4	10188.1	5973.6	1155.9	151.7
0.4		533.2	963.4	36.6	4.2
22.3	110.0	1332.2	3300.7	913.9	31.6
3.1		57.8	105.2	119.9	119.2
90.4	933.4	8264.9	1604.3	85.5	-3.3
74780.0	3482.9	54598.2	39522.3	-2637.2	7057.1
61.0		1499.2	496.6	124.1	
7.0		278.7		-0.1	0.3
21.6	493.6	6023.8	2493.5	1876.8	
77.9	1123.2	4825.2	653.2	27.0	3.4
323.6	156.9	10857.5	4138.2	1303.5	5.0
12.3		338.3	88.8	11.4	
616.1	1066.9	21723.0	7875.9	-565.7	1367.9
73522.0		5071.3	22558.7	-5679.2	5680.0
138.5	642.3	3981.2	1217.4	265.0	0.5
1167.0	209.3	164819.9	35427.1	6987.4	491.5
0.5			37.2		
680.7	271.7	151685.4	31282.2	4626.7	-59.0
19.6		512.7	409.3	575.6	11.7
16.7		662.1	302.3	27.3	0.4
		229.0	576.5	8.4	1.1
23.7		858.2	154.3	9.8	
425.8	-62.4	10872.5	2665.3	1739.6	537.3
577.3	393.1	12063.9	12969.2	-72.9	1354.2
243.5	116.5	2709.0	2059.9	482.9	193.3
19.1	206.6	1881.5	1253.7	-276.2	-281.1
153.0	70.0	5246.0	8735.1	-1414.7	1436.9
161.1		2215.3	854.9	1134.8	5.1
0.6		12.1	65.6	0.3	
6801.4	11509.6	102402.0	65752.4	30562.1	2226.1
4979.2	7694.2	66610.1	42079.1	24934.1	-1631.6
820.3	3815.4	16523.5	10200.9	5184.0	3853.3
1001.9		19268.4	13472.4	444.0	4.4
15878.8	55259.1	313678.0	188392.8	198217.4	11435.6
11644.9	49689.9	231557.8	163699.6	176543.4	5511.5
1313.0	139.3	19663.1	1191.6	6658.1	755.8

10-5　续表 3-1

指　　标	三、损益及分配				
	营业收入	主营业务收入	营业成本	主营业务成本	营业税金及附加
非金属矿及制品批发	3310.2	3310.2	2928.7	2928.7	2.5
金属及金属矿批发	3152045.3	3147228.9	3060464.5	3060213.1	8116.0
建材批发	292667.2	287974.7	272972.2	271121.3	386.7
化肥批发	4133961.7	4131896.8	4121480.0	4121174.9	1410.4
其他化工产品批发	157568.8	157403.2	154205.3	154205.3	67.8
机械设备、五金产品及电子产品批发	2668304.4	2663646.6	2577696.1	2576265.1	2883.9
农业机械批发	2223.5	1727.0	1566.3	1566.3	3.9
汽车及零配件批发	147067.3	146807.3	142743.1	142684.7	114.5
五金产品批发	30820.0	30820.0	27939.3	27939.3	46.6
电气设备批发	17841.2	17841.2	16498.6	16498.6	27.3
计算机、软件及辅助设备批发	60257.8	59816.9	51711.3	51633.1	169.5
通讯设备批发	56636.7	56407.4	52179.7	52179.7	35.8
其他机械设备及电子产品批发	2353457.9	2350226.8	2285057.8	2283763.4	2486.3
贸易经纪与代理	7057.3	7057.3	6509.2	6509.2	9.0
贸易代理	7057.3	7057.3	6509.2	6509.2	9.0
其他批发业	16237.1	16095.7	13534.6	13465.3	57.6
再生物资回收与批发	6169.9	6122.2	5452.9	5452.9	10.9
其他未列明批发业	10067.2	9973.5	8081.7	8012.4	46.7
内资企业	29368586.1	29230541.1	27822853.0	27766923.9	112382.0
国有企业	566579.2	565971.0	406142.3	406142.3	73580.2
集体企业	56672.1	56125.5	48919.9	48897.4	254.8
有限责任公司	19731134.5	19623621.3	19009305.0	18956310.2	21289.1
国有独资公司	3000503.2	2921942.4	2714913.9	2673691.6	6908.9
其他有限责任公司	16730631.3	16701678.9	16294391.1	16282618.6	14380.2
股份有限公司	3071284.9	3066888.2	2728714.1	2728714.1	3940.3
私营企业	5942915.4	5917935.1	5629771.7	5626859.9	13317.6
私营有限责任公司	5910370.7	5885408.3	5600621.2	5597712.1	13191.8
私营股份有限公司	32544.7	32526.8	29150.5	29147.8	125.8
港、澳、台商投资企业	629768.3	627589.8	597721.6	596487.8	546.6
合资经营企业(港或澳、台资)	540341.5	539489.0	527602.8	527601.0	283.6
港、澳、台商独资经营企业	89426.8	88100.8	70118.8	68886.8	263.0
外商投资企业	35683.1	34530.6	28974.9	28974.9	104.5
中外合资经营企业	35683.1	34530.6	28974.9	28974.9	104.5
国有控股	19661850.9	19561359.0	18785664.8	18740867.8	95034.2
集体控股	692263.9	688725.8	675246.5	674958.9	327.9
私人控股	7046244.3	7013056.7	6505869.8	6495028.6	14724.8
港澳台商控股	123304.9	121978.9	102299.5	101067.5	302.9
其他	2510373.5	2507541.1	2380468.9	2380463.8	2643.3

单位：万元

主营业务税金及附加	其他业务利润	销售费用	管理费用	财务费用	利息收入
2.5	18.8	287.1	71.6	15.2	
2332.3	3440.6	46506.3	12893.9	9856.0	2880.8
367.1	1952.4	8479.6	6327.2	1827.3	40.6
151.2	18.1	5550.3	2883.8	3135.5	2071.9
67.8		1633.8	1325.1	181.9	175.0
2854.3	1954.3	22835.6	21399.4	2128.9	73.0
3.9		396.6	757.3	0.1	0.6
97.6	195.6	2182.0	1160.0	175.2	0.3
46.6		1189.6	1553.3	23.3	2.3
25.3		799.6	429.2	0.2	0.3
158.8	140.4	5259.5	1671.5	329.4	14.5
35.8	229.2	2978.8	1125.1	125.3	3.7
2486.3	1389.1	10029.5	14703.0	1475.4	51.3
9.0		452.9			
9.0		452.9			
53.3	35.8	875.5	1576.3	26.8	–37.7
6.6		227.8	713.8	65.8	1.3
46.7	35.8	647.7	862.5	–39.0	–39.0
101586.2	72732.9	662642.2	363716.6	233440.4	22150.1
73580.2		6391.2	24979.2	–5617.2	5682.7
236.2		858.6	3618.7	1269.7	1.4
16674.9	44999.7	279731.7	211524.2	169646.2	16514.6
3727.1	35654.6	129291.5	125728.2	120422.5	6740.9
12947.8	9345.1	150440.2	85796.0	49223.7	9773.7
3940.3	4396.7	212391.5	44509.5	45602.9	1960.7
7154.6	23336.5	163269.2	79085.0	22538.8	–2009.3
7028.8	23321.4	161671.7	78376.7	21780.8	–2009.3
125.8	15.1	1597.5	708.3	758.0	
546.6	2.0	16748.5	5305.2	3037.7	601.4
283.6		7493.7	1971.3	2820.1	610.7
263.0	2.0	9254.8	3333.9	217.6	–9.3
104.5	1152.6	2523.4	1991.3	–109.7	
104.5	1152.6	2523.4	1991.3	–109.7	
90536.5	45977.0	256807.3	222109.0	192619.8	25465.5
309.3	2731.8	4199.9	8132.8	4457.6	23.3
8560.9	23981.3	322025.5	120456.5	31701.4	–3177.5
302.9	2.0	11238.5	3734.1	988.8	–9.3
2527.7	1195.4	87642.9	16580.7	6600.8	449.5

10-5　续表 3-2

指　　标	三、损益及分配				
	营业收入	主营业务收入	营业成本	主营业务成本	税金及附加
独立门店	15035473.4	14932395.6	14052487.7	14010198.5	91764.3
连锁总店（总部）	14029.7	13486.6	12135.9	11856.4	77.2
连锁直营店	28173.2	28173.2	27700.0	27700.0	17.3
其他	14956361.2	14918606.1	14357225.9	14342631.7	21174.3
大型	8768407.7	8679284.3	7859535.2	7818323.0	86685.0
中型	15011590.6	14966939.7	14524027.6	14510255.0	14598.1
小型	1942797.6	1936983.8	1825626.1	1823449.9	8850.4
微型	4311241.6	4309453.7	4240360.6	4240358.7	2899.6
二、零售业	**6655737.5**	**6515825.5**	**5958827.7**	**5920655.9**	**23147.1**
综合零售	1344324.2	1294514.5	1157612.2	1155141.2	5838.6
百货零售	467783.5	445363.7	371890.6	371338.4	4337.7
超级市场零售	859490.1	832116.9	769905.0	767986.2	1216.6
便利店零售	1191.6	1174.9	1068.2	1068.2	11.6
其他综合零售	15859.0	15859.0	14748.4	14748.4	272.7
食品、饮料及烟草制品专门零售	408697.8	398990.0	362780.2	361496.4	1052.4
粮油零售	8936.4	8932.8	8650.1	8650.1	8.4
糕点、面包零售	9662.7	9515.8	6919.7	6807.6	57.2
果品、蔬菜零售	9845.1	9845.1	9317.7	9317.7	6.7
肉、禽、蛋、奶及水产品零售	32906.6	32906.6	28901.0	28901.0	102.3
营养和保健品零售	871.5	871.5	547.5	547.5	1.4
酒、饮料及茶叶零售	36923.0	36922.0	32153.7	32153.7	72.5
烟草制品零售	7983.2	7983.2	5970.2	5970.2	36.3
其他食品零售	301569.3	292013.0	270320.3	269148.6	767.6
纺织、服装及日用品专门零售	505975.1	492345.4	402389.9	402091.6	2980.4
纺织品及针织品零售	31199.0	31019.9	23432.4	23325.0	178.2
服装零售	415280.6	402098.4	338881.6	338690.7	2491.7
鞋帽零售	1191.3	1191.3	130.8	130.8	1.6
化妆品及卫生用品零售	34155.7	33911.2	23621.5	23621.5	157.4
钟表、眼镜零售	23380.8	23356.9	15661.3	15661.3	149.3
其他日用品零售	767.7	767.7	662.3	662.3	2.2
文化、体育用品及器材专门零售	77556.2	76810.9	66255.6	66173.2	872.1
文具用品零售	185.1	185.1	111.2	111.2	1.3
体育用品及器材零售	245.4	245.4	228.9	228.9	0.2
图书、报刊零售	23574.3	22829.0	18554.5	18472.1	70.2
珠宝首饰零售	44580.2	44580.2	39581.7	39581.7	784.6
工艺美术品及收藏品零售	2201.0	2201.0	1988.7	1988.7	4.0
乐器零售	5732.0	5732.0	4837.5	4837.5	10.6
照相器材零售	1038.2	1038.2	953.1	953.1	1.2

单位：万元

主营业务税金及附加	其他业务利润	销售费用	管理费用	财务费用	
					利息收入
87132.7	58472.8	434208.7	262820.5	149535.7	16013.8
77.2	263.5	1653.2	1558.2	18.2	5.4
17.3		207.0	212.0	-1.9	3.5
15010.1	15151.2	245845.2	106422.4	86816.4	6728.8
83557.4	42985.9	411656.4	209894.0	137176.2	13520.6
13021.5	26410.8	193565.1	117623.9	83003.4	8009.5
3043.6	3377.3	59996.0	33536.4	7760.4	593.6
2614.8	1113.5	16696.6	9958.8	8428.4	627.8
21452.5	**65395.6**	**403958.1**	**189267.6**	**59708.7**	**6457.9**
4709.1	26638.4	114963.7	36022.4	23421.1	4893.4
3235.3	18491.3	39191.9	24855.3	16947.3	4918.9
1205.8	8147.1	73198.1	10398.2	6084.5	-25.5
		2144.7	141.8	2.6	
268.0		429.0	627.1	386.7	
1027.7	902.0	22096.5	13041.6	1009.9	-91.0
7.6	14.6	469.3	720.8	70.6	6.9
57.2		977.0	856.6	675.1	0.5
6.7		450.7	49.7	1.2	
102.3		4149.1	164.0	212.7	0.8
1.4		16.8	288.0		
48.6		1704.1	1372.7	-18.6	-45.3
36.3		275.7	1020.1	0.1	5.1
767.6	887.4	14053.8	8569.7	68.8	-59.0
2969.6	7938.0	48383.7	33769.1	3681.5	429.3
178.2		4062.7	2325.3	179.1	
2491.7	7212.6	34986.7	28056.3	3372.6	403.8
1.6			242.5	51.7	11.7
157.4	701.5	6152.2	2248.7	48.0	0.3
138.5	23.9	3119.0	864.7	29.9	13.5
2.2		63.1	31.6	0.2	
872.0	682.4	7561.0	3250.0	368.9	18.7
1.3	72.6	49.7	27.7	-1.3	1.3
0.2		13.1	3.0		
70.1	568.0	4018.7	1534.8	-2.3	14.4
784.6	41.8	2531.1	1456.0	337.0	2.7
4.0		189.2	91.8	6.2	
10.6		717.3	105.5	29.2	0.3
1.2		41.9	31.2	0.1	

10-5　续表 3-3

指　标	三、损益及分配				
	营业收入	# 主营业务收入	营业成本	# 主营业务成本	税金及附加
医药及医疗器材专门零售	290179.5	285753.7	212044.0	212044.0	1420.6
西药零售	275759.4	271333.6	199959.4	199959.4	1377.7
中药零售	8912.6	8912.6	7664.1	7664.1	16.5
动物用药品零售	861.5	861.5	609.5	609.5	5.0
医疗用品及器材零售	4646.0	4646.0	3811.0	3811.0	21.4
汽车、摩托车、零配件和燃料及其他动力销售	3342037.0	3301996.9	3143119.0	3129355.2	7056.2
汽车新车零售	2540103.9	2507486.3	2380684.5	2373749.7	5764.2
汽车旧车零售	6234.4	6234.4	6133.7	6133.7	2.7
汽车零配件零售	18482.7	18482.7	17395.5	17395.5	44.7
摩托车及零配件零售	761.3	761.3	719.8	719.8	1.2
机动车燃油零售	757721.7	750299.9	720227.1	713398.1	1226.5
机动车燃气零售	18733.0	18732.3	17958.4	17958.4	16.9
家用电器及电子产品专门零售	355123.3	353559.6	318687.3	318226.2	685.7
日用家电零售	249972.5	248693.8	220475.6	220035.7	569.6
计算机、软件及辅助设备零售	55147.1	55080.7	51891.8	51891.8	42.7
通信设备零售	42579.9	42361.3	40072.0	40050.8	34.8
其他电子产品零售	7423.8	7423.8	6247.9	6247.9	38.6
五金、家具及室内装饰材料专门零售	233781.5	233708.8	207910.8	207910.8	3132.9
五金零售	106839.6	106839.6	94292.5	94292.5	67.0
家具零售	51594.5	51594.5	46014.5	46014.5	68.4
陶瓷、石材装饰材料零售	69809.1	69808.6	62603.3	62603.3	2981.8
其他室内装饰材料零售	5538.3	5466.1	5000.5	5000.5	15.7
货摊、无店铺及其他零售业	98062.9	78145.7	88028.7	68217.3	108.2
互联网零售	58945.5	58500.2	50828.6	50726.8	88.9
生活用燃料零售	37865.7	18393.8	36165.6	16456.0	16.3
其他未列明零售业	1251.7	1251.7	1034.5	1034.5	3.0
内资企业	6404741.4	6273212.9	5753738.0	5717799.8	21713.9
国有企业	23891.4	23789.3	21348.3	21344.7	47.1
集体企业	24862.5	24503.4	18791.7	18791.5	215.1
股份合作企业	9520.6	9520.6	9179.7	9179.7	27.0
有限责任公司	1778547.2	1727968.6	1555488.6	1531199.2	6412.0
国有独资公司	34083.2	33436.4	28481.9	28403.1	103.9
其他有限责任公司	1744464.0	1694532.2	1527006.7	1502796.1	6308.1
股份有限公司	555348.9	548846.6	546646.8	541155.9	528.8
私营企业	4011984.9	3937998.5	3601748.2	3595594.1	14483.3
私营独资企业	11575.6	11575.6	10608.6	10608.6	19.7
私营有限责任公司	3267174.3	3208454.3	2921822.6	2917255.8	13132.7

单位：万元

主营业务税金及附加	其他业务利润	销售费用	管理费用	财务费用	
					利息收入
1420.6	1533.6	57299.3	13686.1	638.8	298.3
1377.7	1396.4	56201.6	12585.8	525.4	298.6
16.5	137.2	878.9	364.7	93.7	0.5
5.0		115.8	166.9	1.1	
21.4		103.0	568.7	18.6	−0.8
6856.4	21826.8	118313.0	68428.7	26358.4	878.5
5703.9	19875.4	78579.7	52270.8	24757.3	824.3
2.7		45.2	45.9		−0.2
44.7		362.8	430.5	6.4	0.9
1.2		19.1	43.3	0.1	
1087.0	1951.4	37504.0	14527.9	1532.4	51.4
16.9		1802.2	1110.3	62.2	2.1
372.3	711.4	26430.1	11181.2	1418.7	−2.7
256.2	9.0	23003.1	7999.0	1237.4	−6.4
42.7	31.2	1501.6	1465.5	79.4	3.5
34.8	671.2	1773.8	861.2	76.9	0.2
38.6		151.6	855.5	25.0	
3132.9	0.5	3778.2	2518.5	101.9	4.1
67.0		763.8	356.0	0.6	0.2
68.4		1259.9	621.2	4.7	1.1
2981.8	0.5	1437.3	1383.6	89.8	2.4
15.7		317.2	157.7	6.8	0.4
91.9	5162.5	5132.6	7370.0	2709.5	29.3
88.9	245.2	2927.6	6360.9	1024.8	0.5
	4917.3	2167.7	785.4	1684.5	28.8
3.0		37.3	223.7	0.2	
20019.3	58825.3	379162.6	179179.3	59260.8	6039.9
46.3	16.6	1705.6	1450.1	80.0	8.8
212.2	2.4	1556.5	2855.1	101.1	3.2
27.0			246.5	4.5	2.1
4897.3	17866.1	134516.5	56000.7	18148.4	625.0
85.7	568.0	3853.2	2431.0	44.1	15.2
4811.6	17298.1	130663.3	53569.7	18104.3	609.8
443.8	1008.2	22180.4	6964.2	746.1	−6.6
14392.1	39932.0	219200.9	111621.9	40179.9	5407.4
19.7		533.2	275.3	10.5	
13057.9	39825.5	167759.0	104999.2	35421.0	5371.6

10–5 续表 3–4

指　标	三、损益及分配				
	营业收入	主营业务收入	营业成本	主营业务成本	税金及附加
私营股份有限公司	733235.0	717968.6	669317.0	667729.7	1330.9
其他企业	585.9	585.9	534.7	534.7	0.6
港、澳、台商投资企业	209485.3	202147.6	172743.9	170510.3	1265.2
合资经营企业（港或澳、台资）	87696.7	83564.4	78603.7	76370.1	468.8
港、澳、台商独资经营企业	121788.6	118583.2	94140.2	94140.2	796.4
外商投资企业	41510.8	40465.0	32345.8	32345.8	168.0
中外合资经营企业	7560.9	6816.3	5875.4	5875.4	19.2
外资企业	33949.9	33648.7	26470.4	26470.4	148.8
国有控股	1146725.3	1110142.7	1034363.1	1008433.8	3049.9
集体控股	161101.1	158473.4	144652.1	144539.8	611.6
私人控股	4586111.9	4506582.3	4121819.7	4114661.5	16085.4
港澳台商控股	268986.6	261648.9	226001.0	223767.4	1475.5
外商控股	41510.8	40465.0	32345.8	32345.8	168.0
其他	449716.4	437003.3	398411.3	395672.9	1750.0
独立门店	3913751.1	3819965.4	3511187.6	3482659.5	16434.2
连锁总店（总部）	1592568.6	1567729.6	1415807.4	1408610.3	4024.3
连锁直营店	808672.7	791415.8	723284.4	721697.1	1867.5
其他	340745.1	336714.7	308548.3	307689.0	821.1
大型	2589214.8	2538205.1	2298952.8	2289487.4	6304.2
中型	3058038.1	2974080.2	2741275.2	2713779.5	11560.1
小型	704931.7	700932.1	640249.0	639962.1	2077.4
微型	303552.9	302608.1	278350.7	277426.9	3205.4
有店铺零售	6270660.8	6153420.5	5603510.0	5586579.8	22208.5
食杂店	6974.3	6974.3	6667.4	6667.4	21.4
便利店	601948.0	587314.1	549312.8	542361.0	1393.0
超市	124383.2	120647.1	100337.0	100032.1	341.2
大型超市	832039.9	807250.6	745921.1	744292.8	1160.1
仓储会员店	1087.5	1087.5	857.3	857.3	0.6
百货店	399581.2	376642.7	315639.6	315495.2	4398.8
专业店	1768256.2	1752728.4	1587416.3	1584501.3	8219.5
专卖店	1930272.2	1907459.1	1788040.4	1784917.5	4260.3
家居建材商店	61129.2	61056.5	53934.9	53934.9	107.1
购物中心	357103.9	345530.8	289922.6	289323.9	2072.7
厂家直销中心	187885.2	186729.4	165460.6	164196.4	233.8
无店铺零售	379698.1	357026.4	350515.4	329273.8	931.4
网上商店	58945.5	58500.2	50828.6	50726.8	88.9
其他	320752.6	298526.2	299686.8	278547.0	842.5

主营业务税金及附加	其他业务利润	销售费用	管理费用	财务费用	利息收入
1314.5	106.5	50908.7	6347.4	4748.4	35.8
0.6		2.7	40.8	0.8	
1265.2	5523.0	17634.6	9209.5	-320.2	405.4
468.8	1898.6	3814.6	1279.5	-22.1	48.2
796.4	3624.4	13820.0	7930.0	-298.1	357.2
168.0	1047.3	7160.9	878.8	768.1	12.6
19.2	744.6	1897.8	319.2	619.3	1.8
148.8	302.7	5263.1	559.6	148.8	10.8
1950.6	13301.2	90524.0	24471.9	3619.1	433.5
479.6	1267.8	6404.3	6845.3	1004.8	-0.1
15635.0	42533.2	253408.0	127080.6	48597.7	5467.6
1475.5	5523.0	19387.2	9819.4	185.9	377.8
168.0	1047.3	7160.9	878.8	768.1	12.6
1737.1	1723.1	26954.3	19962.5	5533.7	165.0
15173.4	54367.7	189935.6	121402.8	45331.4	5782.0
3626.1	7548.0	127825.1	44725.4	9008.2	687.1
1867.5	1990.5	68722.7	8183.4	4484.7	-0.9
785.5	1489.4	17474.7	14956.0	884.4	-10.3
5906.0	8415.5	207889.4	59645.4	13062.5	760.9
10366.5	51627.5	161882.0	99076.0	42581.9	5847.6
2000.1	4262.1	29546.8	26811.4	3656.1	-173.2
3179.9	1090.5	4639.9	3734.8	408.2	22.6
20565.1	59408.5	386122.9	173694.7	55937.2	6404.7
21.4		42.6	197.9	13.8	
1296.4	999.2	35150.0	10990.7	701.9	21.1
336.5	466.1	16717.4	4722.0	609.6	-13.5
1149.7	9284.9	70100.6	9254.1	6038.1	-15.4
0.6		7.9	173.3	-4.8	-5.2
3296.2	19366.6	33191.2	22716.4	14699.5	4972.7
7860.9	7378.9	121403.2	53227.8	10841.9	745.1
4191.4	16713.2	75587.7	41242.5	16736.9	447.2
107.1	0.5	2296.0	1044.4	75.4	2.8
2072.7	5187.8	25045.0	26076.0	5354.2	360.3
232.2	11.3	6581.3	4049.6	870.7	-110.4
880.6	5987.1	17670.3	15467.0	3710.6	53.2
88.9	245.2	2927.6	6360.9	1024.8	0.5
791.7	5741.9	14742.7	9106.1	2685.8	52.7

10-5 限额以上批发和

The financial condition of the legal person enterprises in

指 标	利息支出	资产减值损失	投资收益	营业利润
总计	**248349.6**	**52570.2**	**110281.1**	**295417.4**
一、批发业	**211690.1**	**51944.6**	**105880.7**	**278517.8**
农、林、牧、渔产品批发	1058.8	189.1	203.2	7413.7
谷物、豆及薯类批发	40.8	194.0		-1227.8
种子批发	929.3	-4.9	203.2	1551.9
棉、麻批发	0.7			-39.4
林业产品批发	88.0			7129.0
食品、饮料及烟草制品批发	186.8	43.6	13.8	70225.3
米、面制品及食用油批发				90.1
糕点、糖果及糖批发				91.2
果品、蔬菜批发	0.1	112.3	-139.2	196.8
肉、禽、蛋、奶及水产品批发	16.7			-1894.4
盐及调味品批发	38.6	104.9		2402.2
营养和保健品批发				34.3
酒、饮料及茶叶批发	81.1	-178.9	153.0	4488.1
烟草制品批发				62041.6
其他食品批发	50.3	5.3		2775.4
纺织、服装及家庭用品批发	2930.4	-346.6	95.4	18564.9
纺织品、针织品及原料批发				42.9
服装批发	272.5	-932.1	68.6	12470.9
鞋帽批发	505.0			-389.1
化妆品及卫生用品批发	20.2			-99.6
厨具卫具及日用杂品批发				1.3
家用视听设备批发				6.6
日用家电批发	2132.7	585.5	26.8	6531.9
文化、体育用品及器材批发	934.6	40.1	1896.3	13829.0
文具用品批发	572.4	40.1		1019.0
体育用品及器材批发				288.3
图书批发			1890.0	14020.5
首饰、工艺品及收藏品批发	362.2		6.3	-1507.2
乐器批发				8.4
医药及医疗器材批发	23442.2	724.2	965.0	69854.8
西药批发	23039.9	1451.0	728.0	47378.1
中药批发	132.4	-381.7	235.9	3690.8
医疗用品及器材批发	269.9	-345.1	1.1	18785.9
矿产品、建材及化工产品批发	181107.6	50728.3	91611.5	48254.8
煤炭及制品批发	163798.7	31634.9	130730.8	51429.3
石油及制品批发	6662.5	2331.1	-5245.8	12098.8

零售业法人企业财务状况(四)

the wholesale and retail trade of the above designated size(4)

单位：万元

			四、人工成本及增值税
营业外收入	利润总额	所得税费用	应付职工薪酬（本年贷方累计发生额）
33188.5	**268765.9**	**92512.8**	**615337.9**
26080.9	**251891.7**	**74025.0**	**432459.4**
1310.3	8545.8	290.5	5834.3
1140.6	-87.2	3.0	484.2
119.4	1667.8	54.2	1348.3
40.3	0.9		60.0
10.0	6964.3	233.3	3941.8
1463.2	71490.2	17430.5	37812.7
	90.1	22.8	386.8
	91.2	22.9	31.2
525.7	672.5		2472.0
289.4	-1610.4	322.0	1559.4
368.6	2760.8	40.5	5647.3
	34.3	8.6	169.3
215.2	4678.9	278.4	11046.4
47.9	61981.8	16032.8	12544.8
16.4	2791.0	702.5	3955.5
873.2	19161.2	1677.8	18287.1
0.4	43.3	1.6	14.4
57.5	12318.6	705.1	13364.5
390.2	0.6	5.6	279.0
	-99.6	-3.3	390.4
	1.3	0.1	257.4
0.1	4.1		965.0
425.0	6892.9	968.7	3016.4
241.8	14035.5	3982.0	6183.7
16.5	1032.3	338.1	1458.0
211.1	499.4	122.6	733.4
12.5	14011.1	3485.9	3074.7
1.7	-1515.7	34.6	899.6
	8.4	0.8	18.0
1687.9	70795.2	18461.7	63801.2
1279.1	48192.2	12251.7	50130.6
299.1	3768.9	1379.8	6594.0
109.7	18834.1	4830.2	7076.6
14348.3	11811.9	28353.7	287125.5
9227.4	50691.3	17653.9	241781.6
1724.6	13521.7	2238.4	13207.5

10-5　续表 4-1

指　标	利息支出	资产减值损失	投资收益	营业利润
非金属矿及制品批发				23.9
金属及金属矿批发	8892.5	16527.5	-34135.4	-35580.2
建材批发	1397.4	85.2	246.3	2834.7
化肥批发	50.1	176.5		598.6
其他化工产品批发	306.4	-26.9	15.6	16849.7
机械设备、五金产品及电子产品批发	1962.6	333.6	11095.5	50343.7
农业机械批发				-650.5
汽车及零配件批发	144.1	23.5		848.0
五金产品批发	12.0	-12.0		79.7
电气设备批发	0.4	1.8		84.3
计算机、软件及辅助设备批发	305.4	-19.7		1135.9
通讯设备批发	-0.1			191.7
其他机械设备及电子产品批发	1500.8	340.0	11095.5	48654.6
贸易经纪与代理				86.2
贸易代理				86.2
其他批发业	67.1	232.3		-54.6
再生物资回收与批发	67.1	232.2		-533.5
其他未列明批发业		0.1		478.9
内资企业	211591.6	51854.8	105440.0	270897.7
国有企业	40.8	194.0	57.9	60815.0
集体企业		97.0		1473.3
有限责任公司	155968.2	52162.4	-23210.2	9339.8
国有独资公司	114099.8	26539.5	9022.4	-88018.5
其他有限责任公司	41868.4	25622.9	-32232.6	97358.3
股份有限公司	36873.5	1386.9	128304.4	163043.6
私营企业	18709.1	-1985.5	287.9	36226.0
私营有限责任公司	18709.1	-1654.1	52.0	35454.3
私营股份有限公司		-331.4	235.9	771.7
港、澳、台商投资企业	95.0	89.8	440.7	5421.7
合资经营企业(港或澳、台资)		89.8	440.7	732.7
港、澳、台商独资经营企业	95.0			4689.0
外商投资企业	3.5			2198.4
中外合资经营企业	3.5			2198.4
国有控股	179922.7	40857.0	63254.2	175325.4
集体控股	2301.8	9078.5	-51044.2	-58600.3
私人控股	23372.7	-1069.0	2350.6	53915.3
港澳台商控股	95.0			3191.4
其他	5997.9	3078.1	91320.1	104686.0

单位：万元

			四、人工成本及增值税
营业外收入	利润总额	所得税费用	应付职工薪酬（本年贷方累计发生额）
14.5	38.4	0.6	126.1
2580.6	-73013.2	7275.1	26743.8
638.7	3465.3	797.6	3314.0
158.2	736.5	367.0	1367.1
4.3	16371.9	21.1	585.4
6009.5	55882.9	3677.4	12289.1
2330.0	1667.5	252.0	331.4
148.5	993.8	261.5	1224.1
24.5	101.2	33.3	421.5
	83.9	13.4	348.7
165.6	1296.6	411.7	1438.0
3.8	195.2	48.0	930.0
3337.1	51544.7	2657.5	7595.4
	86.2	8.1	40.0
	86.2	8.1	40.0
146.7	82.8	143.3	1085.8
77.3	-464.9	2.1	665.8
69.4	547.7	141.2	420.0
25768.6	244081.0	71635.0	421885.0
2681.0	63363.3	16290.9	15348.7
278.2	1729.6	45.9	2511.3
19736.5	-21867.4	44569.6	256326.6
9647.9	-88340.3	17509.8	157685.6
10088.6	66472.9	27059.8	98641.0
269.2	163183.4	1599.6	11511.0
2803.7	37672.1	9129.0	136187.4
2756.0	36857.1	8926.0	135107.5
47.7	815.0	203.0	1079.9
4.2	5340.7	1177.8	9765.4
0.1	723.7	557.6	2600.1
4.1	4617.0	620.2	7165.3
308.1	2470.0	1212.2	809.0
308.1	2470.0	1212.2	809.0
21032.0	185190.5	57521.3	256463.3
396.8	-97978.3	49.7	4880.6
3512.4	55918.7	11536.1	150137.7
4.2	3110.4	620.2	8498.3
1135.5	105650.4	4297.7	12479.5

10-5　续表 4-2

指　　标	利息支出	资产减值损失	投资收益	营业利润
独立门店	131740.7	38552.9	-41103.1	-7916.7
连锁总店（总部）		182.9		-1595.9
连锁直营店	1.6			38.8
其他	79947.8	13208.8	146983.8	287991.6
大型	124696.4	20526.0	103238.3	172743.6
中型	75078.1	31611.2	2126.4	66884.6
小型	5507.7	-1732.0		8830.3
微型	6407.9	1539.4	516.0	30059.3
二、零售业	**36659.5**	**625.6**	**4400.4**	**16899.6**
综合零售	11314.9	8.8	1872.2	8331.3
百货零售	10218.0	8.1	1857.2	12418.1
超级市场零售	710.7	0.7		-1318.5
便利店零售				-2177.3
其他综合零售	386.2		15.0	-591.0
食品、饮料及烟草制品专门零售	905.3	-117.3	483.6	9607.1
粮油零售	76.9	0.1		-697.9
糕点、面包零售	675.6			177.1
果品、蔬菜零售	0.6	0.6	1.7	21.5
肉、禽、蛋、奶及水产品零售	124.7			-622.6
营养和保健品零售				17.8
酒、饮料及茶叶零售	6.0			1640.5
烟草制品零售				680.8
其他食品零售	21.5	-118.0	481.9	8389.9
纺织、服装及日用品专门零售	3382.4	-122.3	-399.2	14227.8
纺织品及针织品零售		-329.1		1350.4
服装零售	3341.4	206.8	-399.2	6200.0
鞋帽零售	40.0			764.7
化妆品及卫生用品零售	0.4			2347.9
钟表、眼镜零售	0.6			3556.5
其他日用品零售				8.3
文化、体育用品及器材专门零售	8.3		19.2	-694.2
文具用品零售				-3.5
体育用品及器材零售				
图书、报刊零售	0.1			-601.5
珠宝首饰零售			19.2	-52.4
工艺美术品及收藏品零售	0.2			-78.9
乐器零售	8.0			31.7
照相器材零售				10.4

单位：万元

			四、人工成本及增值税
营业外收入	利润总额	所得税费用	应付职工薪酬（本年贷方累计发生额）
15391.4	-42798.8	51686.2	325485.4
13.2	-1765.4		872.6
0.5	36.3	9.1	115.4
10675.8	296419.6	22329.7	105986.0
9403.3	171992.1	49879.3	229964.2
7273.1	32027.2	18663.7	97203.0
2175.8	10734.9	3536.3	82254.7
7228.7	37137.5	1945.7	23037.5
7107.6	**16874.2**	**18487.8**	**182878.5**
2058.5	9097.6	4347.9	41905.8
233.9	12504.3	3988.4	14170.6
1789.4	-670.9	323.1	26808.0
0.4	-2177.0		515.2
34.8	-558.8	36.4	412.0
1460.9	10539.4	2689.9	14075.1
705.2	-268.0	7.4	404.7
58.0	66.0		914.1
35.3	49.0	0.4	166.1
21.9	-600.7		3933.3
	17.8		55.5
1.0	1634.7	268.7	773.5
8.3	688.7	181.7	681.1
631.2	8951.9	2231.7	7146.8
369.9	14406.7	4410.6	22064.1
78.7	1428.9	395.6	1137.7
191.4	6225.0	2443.4	16961.6
19.4	782.1	0.3	9.1
77.4	2404.1	671.2	2055.0
2.5	3557.8	899.2	1867.0
0.5	8.8	0.9	33.7
210.3	-503.8	14.3	3161.6
0.4	-6.6	0.1	33.0
	0.2		13.2
192.4	-427.4	2.5	768.7
15.9	-34.8	3.4	1917.9
	-78.9		120.8
0.5	32.2	4.3	272.1
1.1	11.5	4.0	35.9

10-5　续表 4-3

指　　标	利息支出	资产减值损失	投资收益	营业利润
医药及医疗器材专门零售	385.8	326.1	2087.6	7036.7
西药零售	310.5	326.1	2087.6	6918.7
中药零售	75.1			31.7
动物用药品零售				−36.8
医疗用品及器材零售	0.2			123.1
汽车、摩托车、零配件和燃料及其他动力销售	18635.7	−8.0	298.3	−24062.6
汽车新车零售	18028.5	45.9	5.0	−5458.2
汽车旧车零售	−0.3			6.9
汽车零配件零售	2.9			1.7
摩托车及零配件零售	0.1			−22.6
机动车燃油零售	559.9	−12.2	293.1	−16138.5
机动车燃气零售	44.6	−41.7	0.2	−2451.9
家用电器及电子产品专门零售	104.0	25.1	38.7	−3289.5
日用家电零售	80.7	0.1	195.7	−3124.9
计算机、软件及辅助设备零售	11.7	8.2	−132.2	24.1
通信设备零售	11.6	16.8	−24.8	−293.4
其他电子产品零售				104.7
五金、家具及室内装饰材料专门零售	78.0	12.2		5290.5
五金零售				323.1
家具零售	5.6			3625.8
陶瓷、石材装饰材料零售	65.5	12.1		1301.2
其他室内装饰材料零售	6.9	0.1		40.4
货摊、无店铺及其他零售业	1845.1	501.0		452.5
互联网零售	140.4			−2285.7
生活用燃料零售	1704.7	501.0		2785.2
其他未列明零售业				−47.0
内资企业	36046.1	636.1	4400.4	7649.8
国有企业	73.9			−727.0
集体企业	2.3	5.5	−0.2	1335.7
股份合作企业				62.9
有限责任公司	14357.1	911.5	2392.4	15965.7
国有独资公司	44.3			−830.7
其他有限责任公司	14312.8	911.5	2392.4	16796.4
股份有限公司	477.4	1.7	−44.7	−21795.0
私营企业	21134.8	−283.2	2051.2	12798.6
私营独资企业	10.2	0.1		71.8
私营有限责任公司	21060.1	−283.3	2048.4	12058.8

单位：万元

			四、人工成本及增值税
营业外收入	利润总额	所得税费用	应付职工薪酬（本年贷方累计发生额）
139.4	6976.0	1257.9	32672.5
139.4	6865.4	1238.2	31665.7
	31.7	8.2	676.5
	-36.9		193.6
	115.8	11.5	136.7
2093.8	-26585.1	4835.9	54120.2
1953.5	-5750.1	3419.0	43845.2
0.7	7.6	0.8	38.5
0.4	1.8	14.5	405.9
0.4	-25.2	1.1	32.6
138.7	-18366.9	1410.7	8565.0
0.1	-2452.3	-10.2	1233.0
515.1	-3042.2	67.9	9067.3
293.4	-2966.8	7.4	6589.9
36.4	53.8	30.3	1181.6
1.1	-298.0	7.5	1118.6
184.2	168.8	22.7	177.2
17.5	5296.5	107.5	1268.5
8.7	323.1	66.6	240.6
	3624.9	8.6	296.7
5.6	1305.0	30.9	611.0
3.2	43.5	1.4	120.2
242.2	689.1	755.9	4543.4
241.4	-2045.0	53.6	2725.8
	2781.3	702.0	1719.8
0.8	-47.2	0.3	97.8
6845.8	7531.6	16519.6	174109.0
671.2	-71.9	9.1	1098.2
9.3	1158.0	255.8	1622.5
0.5	63.2	15.8	250.8
1767.0	16979.8	8168.8	65391.0
665.4	-207.7	3.0	1088.4
1101.6	17187.5	8165.8	64302.6
95.2	-23883.0	3.8	5462.1
4267.3	13249.0	8066.3	100224.9
	71.3	6.5	333.8
3211.9	12603.7	8056.1	80036.1

10-5　续表 4-4

指　　标	利息支出	资产减值损失	投资收益	营业利润
私营股份有限公司	64.5		2.8	668.0
其他企业	0.6	0.6	1.7	8.9
港、澳、台商投资企业	1.0			9353.6
合资经营企业（港或澳、台资）	1.0			3534.7
港、澳、台商独资经营企业				5818.9
外商投资企业	612.4	−10.5		−103.8
中外合资经营企业	613.0			−1170.0
外资企业	−0.6	−10.5		1066.2
国有控股	2506.3	523.0	2356.1	−1465.5
集体控股	776.7	5.5	16.2	1591.9
私人控股	28260.5	−274.2	2024.9	7624.0
港澳台商控股	514.5	17.1		12501.9
外商控股	612.4	−10.5		−103.8
其他	3988.4	364.1	1.5	−3267.6
独立门店	34038.3	734.2	1766.0	21486.5
连锁总店（总部）	2034.2	−460.2	2809.8	−4654.2
连锁直营店	1.0	343.8		1775.6
其他	586.0	7.8	−175.4	−1708.3
大型	2845.8	314.3	3079.3	6918.3
中型	31938.0	247.4	1332.8	9338.6
小型	1644.5	58.3	−11.5	−521.5
微型	231.2	5.6	−0.2	1164.2
有店铺零售	33990.5	171.9	4444.9	19081.8
食杂店	13.2			31.2
便利店	390.4	−127.3	619.8	5527.9
超市	438.7	0.1	15.0	2085.2
大型超市	666.3	−9.8		−414.0
仓储会员店				53.2
百货店	13264.7	88.0	1857.2	10703.0
专业店	6928.2	345.7	2104.1	−11521.9
专卖店	12080.5	63.3	247.9	900.0
家居建材商店	75.1	12.1		3659.3
购物中心	117.2	128.9	−399.2	7791.7
厂家直销中心	16.2	−329.1	0.1	266.2
无店铺零售	2608.7	453.7	−44.5	−2178.5
网上商店	140.4			−2285.7
其他	2468.3	453.7	−44.5	107.2

单位：万元

营业外收入	利润总额	所得税费用	四、人工成本及增值税 应付职工薪酬（本年贷方累计发生额）
1055.4	574.0	3.7	19855.0
35.3	36.5		59.5
204.7	9425.3	1951.6	6223.5
108.2	3584.3	690.8	3135.2
96.5	5841.0	1260.8	3088.3
57.1	-82.7	16.6	2546.0
68.4	-1101.6		429.4
-11.3	1018.9	16.6	2116.6
1559.9	-2211.7	5827.2	31559.4
152.6	1352.2	298.9	5099.4
4718.0	8353.7	8465.2	121710.4
256.4	12587.6	2746.7	7291.8
57.1	-82.7	16.6	2546.0
327.3	-3169.3	1133.0	14408.6
3588.8	21926.6	13075.6	93750.9
1331.5	-6104.9	4607.9	50740.3
907.9	1644.9	468.1	28766.8
1279.4	-592.4	336.2	9620.5
2550.3	5810.8	7310.9	80532.7
2834.5	10039.5	9930.8	84368.0
1410.5	-308.5	1041.8	16497.6
312.3	1332.4	204.3	1480.2
6398.2	18564.5	17527.7	173119.2
1.6	30.1	7.3	90.5
721.6	5927.3	2941.6	6777.3
891.0	2898.9	1011.7	6834.7
997.9	-575.5	2.0	24824.1
	53.2	4.2	95.4
204.8	10809.1	4045.1	11132.1
1295.1	-12679.4	3983.5	67665.7
1229.4	-201.3	2721.8	40636.6
9.0	3665.6	34.7	1030.6
225.9	7889.5	2344.2	11061.5
821.9	747.0	431.6	2970.7
698.6	-1697.4	957.7	9641.7
241.4	-2045.0	53.6	2725.8
457.2	347.6	904.1	6915.9

10-6 限额以上住宿和

The financial condition hotels and catering

指标	法人企业数(个)	执行《2006年企业会计准则》企业数(个)	一、年初存货	二、期末资产负债		
				流动资产合计	应收帐款	存货
总计	**221**	**183**	**17850.9**	**227360.8**	**32619.1**	**13187.9**
一、住宿业	**94**	**74**	**6602.8**	**124470.1**	**17942.8**	**5867.0**
旅游饭店	52	42	5583.5	88251.5	10457.8	4355.0
旅游饭店	52	42	5583.5	88251.5	10457.8	4355.0
一般旅馆	40	30	1001.8	34600.2	7353.2	1494.9
经济型连锁酒店	7	3	41.2	3555.3	142.0	79.2
其他一般旅馆	33	27	960.6	31044.9	7211.2	1415.7
其他住宿业	2	2	17.5	1618.4	131.8	17.1
其他住宿业	2	2	17.5	1618.4	131.8	17.1
内资企业	94	74	6602.8	124470.1	17942.8	5867.0
国有企业	13	10	2915.5	29685.6	5053.1	2044.8
集体企业	3	3	16.1	569.9	53.0	46.2
有限责任公司	24	19	1696.8	45793.7	7942.7	1926.7
国有独资公司	2	2	98.8	1261.6	59.2	81.1
其他有限责任公司	22	17	1598.0	44532.1	7883.5	1845.6
股份有限公司	2	1	50.5	873.2	2.9	47.5
私营企业	52	41	1923.9	47547.7	4891.1	1801.8
私营独资企业	2	2	179.8	4404.6	291.7	110.4
私营有限责任公司	49	38	1705.6	37205.5	3538.6	1614.1
私营股份有限公司	1	1	38.5	5937.6	1060.8	77.3
国有控股	21	16	1846.0	32411.1	6799.0	1568.3
集体控股	3	3	16.1	569.9	53.0	46.2
私人控股	62	48	2106.1	62524.4	10345.5	2497.3
其他	3	2	333.3	12227.3	192.6	285.3
独立门店	85	69	6435.2	119393.7	17649.3	5696.7
连锁总店（总部）	1	1		728.5	18.6	
连锁直营店	3	3	16.0	1125.2	105.5	7.0
连锁加盟店	2		27.5	769.3	-12.9	38.2
其他	3	1	124.1	2453.4	182.3	125.1
大型	1	1	628.0	9378.8	105.4	683.9
中型	15	15	3473.4	59460.4	6540.1	2251.7
小型	69	51	2480.0	53530.6	10159.9	2911.7
微型	9	7	21.4	2100.3	1137.4	19.7
五星	5	5	1898.9	30610.2	933.5	1753.8
四星	9	9	1039.5	15198.9	2692.0	1013.5
三星	18	11	881.9	18722.7	2664.0	932.9

餐饮业法人企业财务状况(一)

corporation on enterprise above designated size(1)

单位：万元

固定资产合计	固定资产原价	累计折旧	# 本年折旧	在建工程	非流动资产合计	资产总计	流动负债合计	应付账款
290437.8	**602019.2**	**309261.2**	**29611.9**	**36296.0**	**445034.6**	**673418.6**	**516403.3**	**94685.5**
225491.0	**446610.1**	**221062.9**	**20999.3**	**19706.6**	**300166.2**	**425658.4**	**292440.4**	**42422.4**
218010.7	416106.8	198039.9	19738.6	15181.1	277514.1	365765.6	246802.1	28206.0
218010.7	416106.8	198039.9	19738.6	15181.1	277514.1	365765.6	246802.1	28206.0
7465.7	30328.6	22862.9	1256.2	4450.8	22084.9	57707.2	44204.5	13938.9
263.8	1310.2	1046.4	227.7		1717.8	5273.1	4297.4	209.6
7201.9	29018.4	21816.5	1028.5	4450.8	20367.1	52434.1	39907.1	13729.3
14.6	174.7	160.1	4.5	74.7	567.2	2185.6	1433.8	277.5
14.6	174.7	160.1	4.5	74.7	567.2	2185.6	1433.8	277.5
225491.0	446610.1	221062.9	20999.3	19706.6	300166.2	425658.4	292440.4	42422.4
141817.2	261213.0	119395.8	12425.0	9421.9	158860.6	189568.2	129031.9	11931.8
335.1	1847.2	1512.1	88.7		347.4	917.3	2003.3	299.0
73188.5	142960.3	69771.8	3758.5	984.3	101832.1	147625.8	73984.8	12175.0
3661.2	9664.3	6003.1	347.4		4245.8	5507.4	2295.6	318.9
69527.3	133296.0	63768.7	3411.1	984.3	97586.3	142118.4	71689.2	11856.1
1450.3	5195.0	3744.7	107.0	273.1	2191.7	3064.9	3139.8	1820.2
8699.9	35394.6	26638.5	4620.1	9027.3	36934.4	84482.2	84280.6	16196.4
287.6	1357.3	1069.7	92.0		2578.7	6983.3	6990.0	1427.8
8057.4	31113.9	23000.3	1959.6	9027.3	33999.2	71204.8	73858.5	13409.1
354.9	2923.4	2568.5	2568.5		356.5	6294.1	3432.1	1359.5
115471.6	226478.4	111006.8	5875.8	9537.1	136521.6	169954.7	123233.9	9461.0
335.1	1847.2	1512.1	88.7		347.4	917.3	2003.3	299.0
17255.1	55432.2	38120.9	5696.1	9769.3	67992.7	130517.2	103219.3	23987.7
6217.8	15405.8	9188.0	295.3		6375.6	18602.9	22063.1	1465.1
221037.5	434715.6	213621.9	20438.9	19706.6	294116.4	414532.2	278940.4	39732.5
7.2	65.8	58.6	1.3		46.5	775.0	50.1	11.4
93.8	759.3	665.5	49.9		891.1	2016.3	6497.1	1194.5
171.8	874.2	702.4	134.0		209.1	978.4	1715.1	1023.6
4180.7	10195.2	6014.5	375.2		4903.1	7356.5	5237.7	460.4
17355.4	57610.1	40254.7	6918.8		17394.2	26773.0	5784.5	2107.1
179876.7	280633.1	100756.4	6945.9	12901.6	225820.0	285280.4	177781.4	13811.8
28282.7	108142.2	79859.4	7094.8	6805.0	56237.4	110790.1	107541.3	26442.9
-23.8	224.7	192.4	39.8		714.6	2814.9	1333.2	60.6
89319.2	169584.8	80265.6	9871.2	79.5	109224.2	139834.4	47391.1	6126.7
16593.1	45550.3	28957.2	4151.5	358.9	23440.2	38639.1	22645.8	6324.1
63082.4	96240.0	33157.6	2544.6	9661.6	82837.5	101560.2	92405.9	5103.1

10-6　续表 1-1

指　　标	法人企业数（个）	执行《2006 年企业会计准则》企业数（个）	一、年初存货	二、期末资产负债		
				流动资产合计	应收帐款	存货
二星	2	2	36.5	645.1	77.5	44.4
其他	60	47	2746.0	59293.2	11575.8	2122.4
二、餐饮业	**127**	**109**	**11248.1**	**102890.7**	**14676.3**	**7320.9**
正餐服务	122	105	10294.9	89870.5	14368.9	6182.3
正餐服务	122	105	10294.9	89870.5	14368.9	6182.3
快餐服务	4	3	937.0	12879.6	282.5	1119.9
快餐服务	4	3	937.0	12879.6	282.5	1119.9
其他餐饮业	1	1	16.2	140.6	24.9	18.7
小吃服务	1	1	16.2	140.6	24.9	18.7
内资企业	125	108	10455.0	97389.8	14550.3	6418.1
国有企业	4	3	351.1	1205.5	118.1	286.3
股份合作企业	1	1	12.5	66.8	8.2	5.8
有限责任公司	20	19	1122.7	21722.2	2151.2	1059.6
国有独资公司	1	1	234.0	3798.2	186.5	231.0
其他有限责任公司	19	18	888.7	17924.0	1964.7	828.6
私营企业	100	85	8968.7	74395.3	12272.8	5066.4
私营独资企业	7	4	164.8	507.0	105.3	167.0
私营有限责任公司	92	80	8746.3	69355.1	7754.2	4843.7
私营股份有限公司	1	1	57.6	4533.2	4413.3	55.7
港、澳、台商投资企业	1		250.9	1748.8	105.2	311.7
港澳台商独资企业	1		250.9	1748.8	105.2	311.7
外商投资企业	1	1	542.2	3752.1	20.8	591.1
外资企业	1	1	542.2	3752.1	20.8	591.1
国有控股	6	5	481.1	8031.6	725.9	394.3
私人控股	110	94	9657.9	85246.8	13517.8	5664.0
港澳台商控股	1		250.9	1748.8	105.2	311.7
外商控股	1	1	542.2	3752.1	20.8	591.1
其他	7	7	163.9	3341.3	213.5	191.1
独立门店	111	97	9155.0	77456.0	12340.3	5371.7
连锁总店（总部）	3	2	1393.2	10549.5	197.6	986.8
连锁加盟店	1	1	25.8	103.1	5.5	10.6
其他	12	9	674.1	14782.1	2132.9	951.8
大型	2	1	793.1	5500.9	126.0	902.8
中型	25	25	7122.6	49894.7	5089.4	3432.0
小型	88	73	3154.0	42331.2	8200.9	2516.7
微型	12	10	178.4	5163.9	1260.0	469.4

单位：万元

固定资产合计	固定资产原价	累计折旧	本年折旧	在建工程	非流动资产合计	资产总计	流动负债合计	应付账款
161.9	1311.4	1149.5	61.7	34.8	283.9	929.0	986.9	98.9
56334.4	133923.6	77533.0	4370.3	9571.8	84380.4	144695.7	129010.7	24769.6
64946.8	**155409.1**	**88198.3**	**8612.6**	**16589.4**	**144868.4**	**247760.2**	**223962.9**	**52263.1**
54272.0	135282.6	79522.7	7645.8	13308.5	110079.5	199951.1	197965.5	44380.6
54272.0	135282.6	79522.7	7645.8	13308.5	110079.5	199951.1	197965.5	44380.6
10671.4	20115.7	8668.2	962.7	3280.9	34785.5	47665.1	25969.0	7865.1
10671.4	20115.7	8668.2	962.7	3280.9	34785.5	47665.1	25969.0	7865.1
3.4	10.8	7.4	4.1		3.4	144.0	28.4	17.4
3.4	10.8	7.4	4.1		3.4	144.0	28.4	17.4
54410.1	136018.1	80120.1	7701.7	15240.5	112888.7	210279.6	202513.3	47852.1
700.8	2774.8	2074.0	220.2	23.0	1441.2	2646.7	1378.8	548.3
86.8	162.3	75.5	11.4		86.8	153.6	21.8	5.4
17684.7	44913.1	25818.7	1282.3	9235.3	33349.3	55071.5	74089.2	11403.7
2188.4	9982.3	7793.9	122.8		2558.0	6356.2	598.5	161.8
15496.3	34930.8	18024.8	1159.5	9235.3	30791.3	48715.3	73490.7	11241.9
35937.8	88167.9	52151.9	6187.8	5982.2	78011.4	152407.8	127023.5	35894.7
439.7	730.0	290.3	79.2	30.5	892.2	1399.2	817.1	25.9
31205.6	80285.3	49001.5	5731.0	5951.7	72826.7	142182.9	120380.7	30673.0
4292.5	7152.6	2860.1	377.6		4292.5	8825.7	5825.7	5195.8
7098.7	8843.1	1744.4	670.7	578.3	18543.4	20292.2	15163.7	2242.7
7098.7	8843.1	1744.4	670.7	578.3	18543.4	20292.2	15163.7	2242.7
3438.0	10547.9	6333.8	240.2	770.6	13436.3	17188.4	6285.9	2168.3
3438.0	10547.9	6333.8	240.2	770.6	13436.3	17188.4	6285.9	2168.3
2996.0	12037.4	9041.4	261.1		4388.5	12420.1	4149.7	829.6
49262.2	118208.2	67458.1	7081.7	15217.5	105419.6	190667.5	196144.4	45927.3
7098.7	8843.1	1744.4	670.7	578.3	18543.4	20292.2	15163.7	2242.7
3438.0	10547.9	6333.8	240.2	770.6	13436.3	17188.4	6285.9	2168.3
1544.2	3391.8	1847.6	161.5		2449.9	5791.2	1049.3	716.5
50848.7	123543.2	71206.6	6306.6	14683.2	107502.3	184959.4	190579.8	41707.4
11183.2	20716.5	8757.2	1324.1	1348.9	33006.2	43555.7	22531.1	4411.0
3.2	27.2	24.0	5.2		85.5	188.6	192.8	31.2
2911.7	11122.2	8210.5	976.7	557.3	4274.4	19056.5	10659.2	6113.5
10536.7	19391.0	8078.2	910.9	1348.9	31979.7	37480.6	21449.6	4411.0
24996.7	80791.4	54355.7	4335.6	11866.7	52447.2	102341.9	136082.6	29522.3
26549.4	47618.1	21019.8	3024.9	3347.2	53127.7	95460.0	55725.4	16554.3
2864.0	7608.6	4744.6	341.2	26.6	7313.8	12477.7	10705.3	1775.5

10-6　限额以上住宿和

The financial condition hotels and catering

指　标	负债合计	所有者权益合计	实收资本	国家资本	集体资本	法人资本
总计	**591587.1**	**81831.5**	**262838.5**	**96629.0**	**447.8**	**110328.1**
一、住宿业	**358922.0**	**66736.4**	**196289.6**	**94402.5**	**407.8**	**76352.5**
旅游饭店	306171.3	59594.3	166689.5	80800.5		73675.9
旅游饭店	306171.3	59594.3	166689.5	80800.5		73675.9
一般旅馆	51316.9	6390.3	28490.1	13602.0	407.8	2676.6
经济型连锁酒店	4297.4	975.7	1450.0			400.0
其他一般旅馆	47019.5	5414.6	27040.1	13602.0	407.8	2276.6
其他住宿业	1433.8	751.8	1110.0			
其他住宿业	1433.8	751.8	1110.0			
内资企业	358922.0	66736.4	196289.6	94402.5	407.8	76352.5
国有企业	166012.2	23556.0	67256.6	67256.6		
集体企业	2003.3	−1086.0	417.8	10.0	407.8	
有限责任公司	92222.4	55403.4	91711.4	27135.9		60395.9
国有独资公司	2295.6	3211.8	5287.1	5287.1		
其他有限责任公司	89926.8	52191.6	86424.3	21848.8		60395.9
股份有限公司	4218.8	−1153.9	100.0			
私营企业	94465.3	−9983.1	36803.8			15956.6
私营独资企业	6990.0	−6.7	2020.0			2000.0
私营有限责任公司	82691.2	−11486.4	33273.8			13956.6
私营股份有限公司	4784.1	1510.0	1510.0			
国有控股	146580.5	23374.2	70927.0	47468.2		21289.2
集体控股	2003.3	−1086.0	417.8	10.0	407.8	
私人控股	113971.0	16546.2	69173.8			46216.6
其他	24142.1	−5539.2	8846.7			8846.7
独立门店	345422.0	69110.2	188099.2	91111.1	407.8	72602.5
连锁总店（总部）	50.1	724.9	50.0			
连锁直营店	6497.1	−4480.8	304.0			210.0
连锁加盟店	1715.1	−736.7	55.0			50.0
其他	5237.7	2118.8	7781.4	3291.4		3490.0
大型	18709.7	8063.3	2985.0	2985.0		
中型	218409.4	66871.0	121097.9	59366.3		58562.0
小型	120469.7	−9679.6	70156.7	32051.2	407.8	17010.5
微型	1333.2	1481.7	2050.0			780.0
五星	60849.0	78985.4	95334.0	40334.0		55000.0
四星	36598.7	2040.4	21210.0	11000.0		1700.0
三星	99551.4	2008.8	28389.7	16970.4		9149.7

餐饮业法人企业财务状况(二)

corporation on enterprise above designated size(2)

单位：万元

			三、损益及分配					
个人资本	港澳台资本	外商资本	营业收入	主营业务收入	营业成本	主营业务成本	税金及附加	主营业务税金及附加
53680.3	**7.0**	**1746.3**	**426347.1**	**419995.1**	**173548.2**	**170096.1**	**5043.1**	**4833.5**
25126.8			**151376.7**	**147281.4**	**44212.3**	**40860.5**	**3358.4**	**3174.1**
12213.1			117105.7	113783.2	35586.5	32239.4	3063.4	2910.0
12213.1			117105.7	113783.2	35586.5	32239.4	3063.4	2910.0
11803.7			33621.0	33163.4	8612.3	8607.6	291.6	260.7
1050.0			3899.3	3867.0	1056.8	1056.2	19.8	19.8
10753.7			29721.7	29296.4	7555.5	7551.4	271.8	240.9
1110.0			650.0	334.8	13.5	13.5	3.4	3.4
1110.0			650.0	334.8	13.5	13.5	3.4	3.4
25126.8			151376.7	147281.4	44212.3	40860.5	3358.4	3174.1
			55461.7	55450.3	13152.4	13152.4	1758.5	1753.1
			1076.3	973.5	180.8	180.8	4.3	4.0
4179.6			47416.4	45948.4	12449.5	11252.9	1071.8	1071.8
			3474.7	3474.7	677.0	677.0	94.1	94.1
4179.6			43941.7	42473.7	11772.5	10575.9	977.7	977.7
100.0			2340.2	502.7	2192.7	41.6	143.2	1.5
20847.2			45082.1	44406.5	16236.9	16232.8	380.6	343.7
20.0			4624.4	4624.4	1305.6	1305.6	40.7	40.7
19317.2			38549.2	37873.6	14267.1	14263.0	330.8	293.9
1510.0			1908.5	1908.5	664.2	664.2	9.1	9.1
2169.6			57969.1	57414.6	13709.7	13432.6	1762.4	1757.0
			1076.3	973.5	180.8	180.8	4.3	4.0
22957.2			55561.2	54827.6	17613.0	17608.3	434.1	397.2
			7738.8	5034.4	5496.2	2426.2	162.1	20.4
23977.8			142748.9	138678.4	41035.2	37683.4	3271.1	3086.8
50.0			543.4	543.4	31.7	31.7	1.9	1.9
94.0			3492.7	3467.9	631.8	631.8	17.3	17.3
5.0			905.3	905.3	718.1	718.1	3.6	3.6
1000.0			3686.4	3686.4	1795.5	1795.5	64.5	64.5
			15966.9	15966.9	4241.7	4241.7	876.7	876.7
3169.6			74911.2	73541.8	19940.2	18775.2	1669.3	1665.7
20687.2			59141.6	56462.2	19735.4	17548.6	805.1	624.4
1270.0			1357.0	1310.5	295.0	295.0	7.3	7.3
			36592.5	35725.6	10642.1	9723.2	1338.1	1338.1
8510.0			12646.2	12102.4	3529.7	3252.6	243.8	241.2
2269.6			32110.7	30240.9	10690.4	8538.7	1050.6	903.5

10-6 续表 2-1

指标	负债合计	所有者权益合计	实收资本	国家资本	集体资本	法人资本
二星	986.9	-57.9	276.0	101.6	174.4	
其他	160936.0	-16240.3	51079.9	25996.5	233.4	10502.8
二、餐饮业	**232665.1**	**15095.1**	**66548.9**	**2226.5**	**40.0**	**33975.6**
正餐服务	205349.9	-5398.8	56410.4	2226.5	40.0	25575.6
正餐服务	205349.9	-5398.8	56410.4	2226.5	40.0	25575.6
快餐服务	27286.8	20378.3	10038.5			8300.0
快餐服务	27286.8	20378.3	10038.5			8300.0
其他餐饮业	28.4	115.6	100.0			100.0
小吃服务	28.4	115.6	100.0			100.0
内资企业	209997.7	281.9	59810.4	2226.5	40.0	28975.6
国有企业	3235.8	-589.1	349.8	349.8		
股份合作企业	21.8	131.8	100.0			
有限责任公司	78696.6	-23625.1	14464.5	1840.7		11117.5
国有独资公司	5055.9	1300.3	5000.0			5000.0
其他有限责任公司	73640.7	-24925.4	9464.5	1840.7		6117.5
私营企业	128043.5	24364.3	44896.1	36.0	40.0	17858.1
私营独资企业	817.1	582.1	854.5			450.0
私营有限责任公司	121400.7	20782.2	41041.6	36.0	40.0	17408.1
私营股份有限公司	5825.7	3000.0	3000.0			
港、澳、台商投资企业	15163.7	5128.5	5000.0			5000.0
港澳台商独资企业	15163.7	5128.5	5000.0			5000.0
外商投资企业	7503.7	9684.7	1738.5			
外资企业	7503.7	9684.7	1738.5			
国有控股	10464.1	1956.0	7792.3	1996.9		5000.0
私人控股	197314.4	-6646.9	47607.0	36.0	40.0	19858.1
港澳台商控股	15163.7	5128.5	5000.0			5000.0
外商控股	7503.7	9684.7	1738.5			
其他	1049.3	4741.9	4217.5			4117.5
独立门店	198064.2	-13104.8	54129.0	2226.5	40.0	24045.1
连锁总店（总部）	23748.9	19806.8	7438.5			5700.0
连锁加盟店	192.8	-4.2	440.9			
其他	10659.2	8397.3	4540.5			4230.5
大型	22667.4	14813.2	6738.5			5000.0
中型	140869.6	-38527.7	22187.7	500.0		14662.0
小型	58422.8	37037.2	34562.7	1185.8	40.0	12868.6
微型	10705.3	1772.4	3060.0	540.7		1445.0

单位：万元

			三、损益及分配					
个人资本	港澳台资本	外商资本	营业收入	# 主营业务收入	营业成本	# 主营业务成本	税金及附加	主营业务税金及附加
			1656.4	1645.0	365.2	365.2	17.2	17.2
14347.2			68370.9	67567.5	18984.9	18980.8	708.7	674.1
28553.5	**7.0**	**1746.3**	**274970.4**	**272713.7**	**129335.9**	**129235.6**	**1684.7**	**1659.4**
28553.5	7.0	7.8	179096.3	176839.6	83365.5	83265.2	1636.4	1611.1
28553.5	7.0	7.8	179096.3	176839.6	83365.5	83265.2	1636.4	1611.1
		1738.5	95581.9	95581.9	45809.0	45809.0	38.2	38.2
		1738.5	95581.9	95581.9	45809.0	45809.0	38.2	38.2
			292.2	292.2	161.4	161.4	10.1	10.1
			292.2	292.2	161.4	161.4	10.1	10.1
28553.5	7.0	7.8	189623.2	187366.5	89276.5	89176.2	1651.5	1626.2
			3385.6	3385.6	1338.0	1338.0	32.6	32.6
100.0			443.8	395.3	214.4	214.4	6.9	6.9
1506.3			35741.2	35142.3	15374.9	15288.7	289.9	289.9
			2459.3	2459.3	667.7	667.7	0.6	0.6
1506.3			33281.9	32683.0	14707.2	14621.0	289.3	289.3
26947.2	7.0	7.8	150052.6	148443.3	72349.2	72335.1	1322.1	1296.8
404.5			2183.1	2183.1	1070.2	1070.2	17.4	17.4
23542.7	7.0	7.8	147091.5	145482.2	71186.5	71172.4	1300.4	1275.1
3000.0			778.0	778.0	92.5	92.5	4.3	4.3
			21946.4	21946.4	6757.3	6757.3	20.1	20.1
			21946.4	21946.4	6757.3	6757.3	20.1	20.1
		1738.5	63400.8	63400.8	33302.1	33302.1	13.1	13.1
		1738.5	63400.8	63400.8	33302.1	33302.1	13.1	13.1
795.4			8823.5	8781.3	3770.3	3685.6	55.5	55.5
27658.1	7.0	7.8	172188.4	170022.4	81614.1	81598.5	1532.2	1506.9
			21946.4	21946.4	6757.3	6757.3	20.1	20.1
		1738.5	63400.8	63400.8	33302.1	33302.1	13.1	13.1
100.0			6624.4	6575.9	3041.6	3041.6	40.9	40.9
27802.6	7.0	7.8	145509.7	143253.0	61906.8	61806.5	1103.6	1089.9
		1738.5	99154.3	99154.3	50628.0	50628.0	440.8	440.8
440.9			300.7	300.7	92.0	92.0	1.1	1.1
310.0			30005.7	30005.7	16709.1	16709.1	139.2	127.6
		1738.5	85347.2	85347.2	40059.4	40059.4	33.2	33.2
7025.7			111725.1	110497.7	51084.3	50999.6	1001.5	989.9
20453.5	7.0	7.8	71192.5	70571.7	34402.6	34387.0	591.1	582.0
1074.3			6705.6	6297.1	3789.6	3789.6	58.9	54.3

10–6 限额以上住宿和
The financial condition hotels and catering

指标	其他业务利润	销售费用	管理费用	财务费用		
					利息收入	利息支出
总计	**11727.6**	**158259.5**	**84138.6**	**4527.4**	**395.1**	**2186.9**
一、住宿业	**8344.1**	**58531.4**	**54080.1**	**2272.3**	**250.7**	**1009.0**
旅游饭店	7716.9	44258.9	43874.5	1483.0	193.4	318.5
旅游饭店	7716.9	44258.9	43874.5	1483.0	193.4	318.5
一般旅馆	312.0	13922.9	9992.7	788.8	57.3	690.5
经济型连锁酒店	0.4	1799.2	1032.7	51.6	0.1	43.0
其他一般旅馆	311.6	12123.7	8960.0	737.2	57.2	647.5
其他住宿业	315.2	349.6	212.9	0.5		
其他住宿业	315.2	349.6	212.9	0.5		
内资企业	8344.1	58531.4	54080.1	2272.3	250.7	1009.0
国有企业	6888.9	20522.2	27763.9	999.2	99.3	2.6
集体企业		48.4	855.0	2.4		0.1
有限责任公司	1.4	19597.8	16218.7	149.3	125.5	63.8
国有独资公司		1518.4	1145.7	7.1	0.3	
其他有限责任公司	1.4	18079.4	15073.0	142.2	125.2	63.8
股份有限公司		361.9	60.2	1.4	17.0	14.9
私营企业	1453.8	18001.1	9182.3	1120.0	8.9	927.6
私营独资企业		2794.4	492.2	3.6		0.9
私营有限责任公司	1453.8	14470.4	8050.4	1109.8	8.9	926.7
私营股份有限公司		736.3	639.7	6.6		
国有控股	6890.0	25178.7	21582.3	568.6	195.8	46.4
集体控股		48.4	855.0	2.4		0.1
私人控股	1454.1	22741.7	13240.9	1152.6	11.3	947.6
其他		1628.1	1781.1	18.7	17.8	14.9
独立门店	8342.9	55329.0	51189.9	2259.0	250.4	1006.9
连锁总店（总部）	0.1	242.3	224.3	0.8		
连锁直营店	1.1	1614.8	1172.1	9.2	0.1	3.0
连锁加盟店		87.4	261.8	3.2		1.9
其他		1257.9	1232.0	0.1	0.2	–2.8
大型		357.5	11722.3	–23.4	25.1	
中型	6888.9	34521.8	23011.0	1258.9	191.0	700.2
小型	1390.0	22933.3	18930.2	1035.6	34.6	308.8
微型	65.2	718.8	416.6	1.2		
五星		9255.1	20810.3	75.1	29.6	59.6
四星		5879.4	4949.2	44.1	5.5	–6.1
三星	49.5	15844.5	7355.1	243.3	95.1	161.2

餐饮业法人企业财务状况(三)

corporation on enterprise above designated size(3)

单位：万元

资产减值损失	公允价值变动收益	投资收益	其他收益	营业利润	营业外收入	利润总额	所得税费用	四、人工成本及增值税 应付职工薪酬（本年贷方累计发生额）	应交增值税
161.3	**-0.3**	**577.7**	**1302.9**	**-1974.4**	**4211.9**	**1492.0**	**4170.8**	**101998.1**	**7403.1**
19.6	**-0.2**	**-1.3**	**1131.3**	**-12668.4**	**2968.3**	**-9946.9**	**308.1**	**50529.8**	**3435.7**
19.8		-1.3	1131.3	-12056.9	2946.7	-9324.9	168.0	42160.4	2810.8
19.8		-1.3	1131.3	-12056.9	2946.7	-9324.9	168.0	42160.4	2810.8
-0.2	-0.2			-681.6	21.6	-692.1	128.2	8286.8	601.2
				-61.6	0.4	-61.4	4.5	452.4	56.0
-0.2	-0.2			-620.0	21.2	-630.7	123.7	7834.4	545.2
				70.1		70.1	11.9	82.6	23.7
				70.1		70.1	11.9	82.6	23.7
19.6	-0.2	-1.3	1131.3	-12668.4	2968.3	-9946.9	308.1	50529.8	3435.7
-2.6			1066.2	-7665.4	2252.7	-5470.2	4.0	25192.5	1561.2
				-14.8	0.6	-15.1	0.1	376.5	41.5
22.4		4.9		-2089.1	54.5	-2196.0	215.7	14512.3	1180.5
12.4				20.0	3.3	19.8		1337.9	93.4
10.0		4.9		-2109.1	51.2	-2215.8	215.7	13174.4	1087.1
				-419.2	578.1	156.2	5.8	1454.0	13.1
-0.2	-0.2	-6.2	65.1	-2479.9	82.4	-2421.8	82.5	8994.5	639.4
		-6.2		-18.4	3.3	-16.0		1104.1	35.7
-0.2	-0.2		65.1	-2313.9	77.8	-2259.5	82.5	7170.3	584.2
				-147.6	1.3	-146.3		720.1	19.5
24.6		4.9		-4852.2	1007.4	-3991.1	175.4	20461.5	1298.9
				-14.8	0.6	-15.1	0.1	376.5	41.5
-4.7	-0.2	-6.2	65.1	-2258.3	94.9	-2196.6	130.5	11482.5	996.7
				-1347.4	585.6	-801.3	2.1	3392.6	126.9
23.9	-0.2	-1.3	1131.3	-11929.9	2867.1	-9291.5	262.1	48643.8	3101.5
				42.2		42.2		21.3	-1.0
-4.3				51.7	1.3	51.8	44.3	349.9	119.0
				-168.7	0.1	-168.8		173.4	30.0
				-663.7	99.8	-580.6	1.7	1341.4	186.2
			1066.2	-141.7	154.1	-0.9		6884.5	641.0
14.0		-1.3		-7495.1	2051.6	-5628.8	160.2	26938.0	1259.1
5.6	-0.2			-5013.9	761.9	-4300.0	131.5	16537.0	1504.6
			65.1	-17.7	0.7	-17.2	16.4	170.3	31.0
5.9		4.9	1066.2	-4463.3	1159.3	-3370.0		16670.7	1223.3
8.1				-2009.4	31.7	-2044.9	-1.8	3741.4	183.3
12.4				-3085.6	1538.8	-1593.2	77.4	13815.7	839.1

10-6 续表 3-1

指标	其他业务利润	销售费用	管理费用	财务费用		
					利息收入	利息支出
二星		863.3	422.7	1.8		-0.3
其他	8294.6	26689.1	20542.8	1908.0	120.5	794.6
二、餐饮业	**3383.5**	**99728.1**	**30058.5**	**2255.1**	**144.4**	**1177.9**
正餐服务	3383.5	65910.9	24077.1	1738.7	120.2	1177.6
正餐服务	3383.5	65910.9	24077.1	1738.7	120.2	1177.6
快餐服务		33705.5	5980.4	514.8	24.2	0.3
快餐服务		33705.5	5980.4	514.8	24.2	0.3
其他餐饮业		111.7	1.0	1.6		
小吃服务		111.7	1.0	1.6		
内资企业	3383.5	68953.9	24155.9	1740.6	122.9	1177.9
国有企业	16.9	1353.4	1771.2	2.5	0.6	
股份合作企业		166.9	45.7	0.7		
有限责任公司		11959.4	4649.9	103.6	89.9	72.2
国有独资公司		845.4	1422.1	-61.8	61.8	
其他有限责任公司		11114.0	3227.8	165.4	28.1	72.2
私营企业	3366.6	55474.2	17689.1	1633.8	32.4	1105.7
私营独资企业		551.2	508.1	-0.1	0.3	
私营有限责任公司	3366.6	54143.4	16913.9	1631.2	32.1	1105.7
私营股份有限公司		779.6	267.1	2.7		
港、澳、台商投资企业		12886.5	756.6	536.0		
港澳台商独资企业		12886.5	756.6	536.0		
外商投资企业		17887.7	5146.0	-21.5	21.5	
外资企业		17887.7	5146.0	-21.5	21.5	
国有控股	16.9	2837.7	2524.8	-52.9	63.2	
私人控股	3366.6	63693.9	18544.2	1786.7	59.0	1177.1
港澳台商控股		12886.5	756.6	536.0		
外商控股		17887.7	5146.0	-21.5	21.5	
其他		1589.0	1786.1	6.0	0.7	0.8
独立门店	3383.5	58548.5	20534.8	1596.7	119.4	1162.4
连锁总店（总部）		33169.4	6058.9	520.8	21.9	
连锁加盟店		153.7	117.6	0.9		
其他		7856.5	3347.2	136.7	3.1	15.5
大型		30774.2	5902.6	514.5	21.5	
中型	460.6	42678.4	12259.1	750.3	86.1	418.8
小型	1336.9	24135.8	11943.2	973.8	35.8	758.4
微型	1586.0	2139.7	-46.4	16.5	1.0	0.7

单位：万元

								四、人工成本及增值税	
资产减值损失	公允价值变动收益	投资收益	其他收益	营业利润	营业外收入	利润总额	所得税费用	应付职工薪酬（本年贷方累计发生额）	应交增值税
				−13.8	2.2	−13.3	0.1	631.5	51.4
−6.8	−0.2	−6.2	65.1	−3096.3	236.3	−2925.5	232.4	15670.5	1138.6
141.7	**−0.1**	**579.0**	**171.6**	**10694.0**	**1243.6**	**11438.9**	**3862.7**	**51468.3**	**3967.4**
1.1	−0.1	579.0	145.2	1674.2	1079.8	2506.4	1564.6	35266.2	4394.3
1.1	−0.1	579.0	145.2	1674.2	1079.8	2506.4	1564.6	35266.2	4394.3
140.6			26.4	9019.8	163.8	8926.1	2297.3	16150.1	−435.7
140.6			26.4	9019.8	163.8	8926.1	2297.3	16150.1	−435.7
						6.4	0.8	52.0	8.8
						6.4	0.8	52.0	8.8
1.1	−0.1	579.0	145.2	3144.9	1083.5	3987.2	1952.9	37646.6	4410.0
				−1095.1	631.3	−496.3		1313.1	180.1
				9.2		8.8	5.3	124.5	14.2
−0.4		−16.6		3236.1	19.8	3229.6	673.7	6910.1	1063.0
				−414.8		−419.8		981.1	1.3
−0.4		−16.6		3650.9	19.8	3649.4	673.7	5929.0	1061.7
1.5	−0.1	595.6	145.2	994.7	432.4	1245.1	1273.9	29298.9	3152.7
				33.3	0.1	32.3	15.5	567.7	54.6
1.5	−0.1	595.6	145.2	1329.8	432.3	1581.2	1258.4	28479.2	3051.2
				−368.4		−368.4		252.0	46.9
				989.8	5.8	948.9	193.4	4116.9	−443.0
				989.8	5.8	948.9	193.4	4116.9	−443.0
140.6			26.4	6559.3	154.3	6502.8	1716.4	9704.8	0.4
140.6			26.4	6559.3	154.3	6502.8	1716.4	9704.8	0.4
−0.4		−16.6		−399.1	3.6	−404.6	12.0	2653.5	131.0
1.5	−0.1	595.6	145.2	4427.7	445.5	4674.3	1881.8	33396.3	3686.5
				989.8	5.8	948.9	193.4	4116.9	−443.0
140.6			26.4	6559.3	154.3	6502.8	1716.4	9704.8	0.4
				137.6	3.5	138.9	59.1	798.3	486.1
1.1	−0.1	579.0	145.2	1130.2	947.6	1839.2	1390.6	32075.1	3459.8
140.6			26.4	7822.2	160.1	7724.8	1909.8	14073.7	−303.4
				−64.6	0.1	−64.5	0.5	59.4	9.0
				1806.2	135.8	1939.4	561.8	5260.1	802.0
140.6			26.4	7549.1	160.1	7451.7	1909.8	13821.7	−442.6
0.1		−3.3		3946.1	221.6	4023.3	1377.2	23337.4	2271.9
1.0	−0.1	582.3	145.8	−1460.3	861.5	−694.8	566.3	13567.6	2018.4
			−0.6	659.1	0.4	658.7	9.4	741.6	119.7

10-7 对外贸易进出口情况(海关数)
Import and export of foreign trade (customs number)

单位：万美元

指 标	2018	2017	比上年增长%
地区进出口总额	**1647020**	**1352718**	**21.8**
出口总额	1003871	845168	18.8
进口总额	643149	507550	26.8

10-8 三资企业情况
The situation of foreign-funded enterprises, sino-foreign joint ventures and sino-foreign cooperative enterprises

指 标	单位	2018	2017	比上年增长%
年内新批三资企业	个	13	19	-31.6
总投资额	万美元	193342	340008	-43.1
合同外资额	万美元	42948	129049	-66.7
实际利用外商投资额	万美元	863	10713	-91.9

10-9 旅游人数及收入
Number of tourists and income

指 标	2018	2017
一、海外旅游人数（人次）	**238822**	**229451**
外国人	168770	162061
香港同胞	38931	37628
澳门同胞	4901	4440
台湾同胞	26220	25322
二、国内旅游人数（万人次）	**8102.32**	**6757.77**
三、旅游外汇收入（万美元）	**10702.70**	**9998.73**
四、国内旅游收入（亿元）	**985.30**	**815.72**

第11篇

财政、金融、税务和保险

Finance, Banking, Taxation and Insurance

资料整理、审核

郑慧华　　李红令　　陶姝钰

11-1　公共财政预算收入
Financial general budget revenue

单位：万元

指　标	2018	2017
一般公共预算收入	**3732275**	**3118503**
一、税收收入	**2969292**	**2479259**
增值税	1076688	919674
企业所得税	395638	
个人所得税	144288	378614
资源税	63164	121722
城市维护建设税	251490	46180
房产税	156444	207569
印花税	93539	105332
城镇土地使用税	67424	75866
土地增值税	397976	54182
车船税	67447	297935
耕地占用税	20298	61708
契税	228274	13936
环境保护税	6622	196541
二、非税收入	**762983**	**639244**
专项收入	308312	231279
行政事业性收费收入	98680	112733
罚没收入	97364	54977
国有资本经营收入	20	20206
国有资源(资产)有偿使用收入	166463	63934
其他收入	92144	156115

11-2　公共财政预算支出
General budget expenditure

单位：万元

指　标	2018	2017
一般公共预算支出	**5424589**	**4790558**
一般公共服务支出	492748	391947
公共安全支出	359639	336542
教育支出	808097	730005
科学技术支出	250447	185297
文化体育与传媒支出	212742	90215
社会保障和就业支出	723921	722360
医疗卫生与计划生育支出	410207	336158
节能环保支出	190199	234296
城乡社区支出	1144389	982622
农林水支出	276351	232883
交通运输支出	171136	110174
资源勘探信息等支出	135149	115889
商业服务业等支出	17415	19612
金融支出	50140	3030
国土海洋气象等支出	45550	56546
住房保障支出	78654	191638
粮油物资储备支出	7270	10826
其他支出	9394	16128
债务付息支出	41141	24390

11-3 财政收入分级情况

Classification of financial income

单位：万元

指　　标	全市	地级	县区
本年收入合计	**3732275**	**1836211**	**1896064**
一、税收收入	**2969292**	**1313527**	**1655765**
增值税	1076688	399513	677175
企业所得税	395638	301035	94603
个人所得税	144288	82892	61396
资源税	63164	37388	25776
城市维护建设税	251490	122110	129380
房产税	156444	63899	92545
印花税	93539	31361	62178
城镇土地使用税	67424	21788	45636
土地增值税	397976	48193	349783
车船税	67447	1903	65544
耕地占用税	20298		20298
契税	228274	200508	27766
环境保护税	6622	2937	3685
二、非税收入	**762983**	**522684**	**240299**
专项收入	308312	200000	108312
行政事业性收费收入	98680	63707	34973
罚没收入	97364	74822	22542
国有资本经营收入	20	16	4
国有资源(资产)有偿使用收入	166463	95036	71427
其他收入	92144	89103	3041

11-4 财政支出分级情况

Classification of financial expenditure

单位：万元

指　　标	全市	市级	县级	乡镇级
本年支出合计	**5424589**	**2497793**	**2823910**	**102886**
一般公共服务支出	492748	129545	329748	33455
公共安全支出	359639	255046	104591	2
教育支出	808097	315388	477970	14739
科学技术支出	250447	67710	182735	2
文化体育与传媒支出	212742	194878	16906	958
社会保障和就业支出	723921	278880	435962	9079
医疗卫生与计划生育支出	410207	245222	162573	2412
节能环保支出	190199	67420	120832	1947
城乡社区支出	1144389	582703	545787	15899
农林水支出	276351	43337	212374	20640
交通运输支出	171136	121647	49028	461
资源勘探信息等支出	135149	31546	103396	207
商业服务业等支出	17415	6412	11003	0
金融支出	50140	50000	140	0
国土海洋气象等支出	45550	12775	30593	2182
住房保障支出	78654	58446	19710	498
粮油物资储备支出	7270	6052	1218	0
其他支出	9394	1978	7011	405
债务付息支出	41141	28808	12333	0

11-5 金融机构(含外资)本外币信贷收支

Financial institutions (including foreign capital) in this foreign currency credit

单位：万元

指 标	2018年末余额	2017年末余额
资金来源		
一、各项存款	123172721	119259610
(一)境内存款	123141518	119227826
1.住户存款	48286235	44445091
(1)活期存款	13543110	12999161
(2)定期及其他存款	34743125	31445931
2.非金融企业存款	45376957	44594055
(1)活期存款	21974425	21086226
(2)定期及其他存款	23402532	23507830
3.广义政府存款	26795422	26423073
(1)财政性存款	7228573	6115339
(2)机关团体存款	19566849	20307734
4.非银行业金融机构存款	2682904	3765606
(二)境外存款	31203	31784
二、金融债券	729901	200000
其中:境外发行		
三、卖出回购资产		51585
四、借款及非银行业金融机构拆入	745606	535429
五、联行往来(净)	12503036	7203193
六、应付及暂收款	3427030	2872686
七、各项准备	4299164	4436002
八、所有者权益	3493114	3306340
其中:实收资本	1338298	1178051
九、其他	-2390719	-3608131
资金运用		
一、各项贷款	126842096	114447977
(一)境内贷款	126838449	114407070
1.住户贷款	19284469	16290562
(1)短期贷款	2203676	2404790
消费贷款	1231133	1188857
经营贷款	972544	1215933
(2)中长期贷款	17080792	13885772
消费贷款	15636855	12666365
经营贷款	1443937	1219408
2.非金融企业及机关团体贷款	107553980	98116508
(1)短期贷款	26056880	27004527
(2)中长期贷款	74389682	64965137
(3)票据融资	6423886	5451563
(4)融资租赁	447524	319707
(5)各项垫款	236008	375575
3.非银行金融机构贷款		
(二)境外贷款	3647	40907
二、债券投资	9677388	10346114
其中:境外债券		
三、股权及其他资产	5967635	6588674
四、买入返售资产	484205	171676
五、存放非银行业金融机构款项	95313	77545
六、联行往来(净)		
其中:境内存放二级准备金	2250407	2551972
七、金银占款		
八、中央银行外汇占款		
九、应收及预付款	1870372	1559706
十、投资性房地产	2912	14490
十一、固定资产	1039932	1050534

11-6　金融机构(含外资)人民币信贷收支

Financial institutions (including foreign capital) of the RMB credit

单位：万元

指　标	2018年末余额	2017年末余额
资金来源		
一、各项存款	120194953	116212803
（一）境内存款	120168733	116185681
1.住户存款	47674645	43848818
（1）活期存款	13278266	12743285
（2）定期及其他存款	34396378	31105533
2.非金融企业存款	43030412	42170363
（1）活期存款	21561907	20581838
（2）定期及其他存款	21468505	21588525
3.广义政府存款	26790444	26410820
（1）财政性存款	7228573	6115339
（2）机关团体存款	19561871	20295480
4.非银行业金融机构存款	2673232	3755681
（二）境外存款	26220	27122
二、金融债券	729901	200000
其中:境外发行		
三、卖出回购资产		51585
四、借款及非银行业金融机构拆入	30940	20200
五、联行往来（净）	14410608	9879438
六、应付及暂收款	3288601	2834616
七、各项准备	4271167	4408377
八、所有者权益	3485062	3261672
其中：实收资本	1333150	1173150
九、其他	-2387542	-3670550
资金运用		
一、各项贷款	124917412	113402851
（一）境内贷款	124914794	113400881
1.住户贷款	19283532	16289707
（1）短期贷款	2202739	2403935
消费贷款	1230196	1188001
经营贷款	972544	1215933
（2）中长期贷款	17080792	13885772
消费贷款	15636855	12666365
经营贷款	1443937	1219408
2.非金融企业及机关团体贷款	105631263	97111174
（1）短期贷款	24535987	26037204
（2）中长期贷款	73988508	64927744
（3）票据融资	6423886	5451563
（4）融资租赁	447524	319707
（5）各项垫款	235358	374956
3.非银行业金融机构贷款		
（二）境外贷款	2618	1970
二、债券投资	9677388	10346114
其中：境外债券		
三、股权及其他资产	5967635	6588674
四、买入返售资产	484205	171676
五、存放非银行业金融机构款项	95304	77535
六、联行往来（净）		
其中：境内存放二级准备金	2241731	2544341
七、金银占款		
八、中央银行外汇占款		
九、应收及预付款	1838928	1546289
十、投资性房地产	2912	14490
十一、固定资产	1039908	1050513

11-7 国税系统税收入库情况

Tax system and the storage of tax

单位：万元

指　标	2018	2017
合　计	**6025980**	**5127592**
一、按税种分(不含海关代征)		
国内增值税	2896704	2457292
国内消费税	211397	197978
企业所得税	1103241	1009428
个人所得税	411982	343070
资源税合计	71495	33498
城市维护建设税合计	193587	158550
房产税合计	130528	77361
印花税合计	69247	54890
城镇土地使用税合计	57269	45319
土地增值税合计	381686	275901
车船税合计	65780	58114
车辆购置税	193129	213373
耕地占用税合计	11039	10869
契税合计	206836	176940
环境保护税合计	9222	
其他税收合计	12838	15009
二、按经济类型分(含海关代征)		
国有企业	548087	405767
集体企业	37193	32558
股份合作公司	8040	5378
联营企业	63	31
有限责任公司	3420457	2783305
股份有限公司	1097253	1085510
私营企业	392358	304437
港、澳、台商投资企业	37706	25776
外商投资企业	87862	81036
个体经营	363143	354462
其他企业	143604	140069

注：税收入库不含省直二分局和综合区税务局数字。

11-8　保险业基本情况

Basic situation of insurance

项　　目	原保险保费收入		原保险赔款与给付支出	
	金额(万元)	增长(%)	金额(万元)	增长(%)
合　　计	**2230863.72**	**12.10%**	**636332.75**	**11.29%**
中国人民财产保险股份有限公司太原市分公司	140283.45	12.27%	80019.39	21.42%
中国太平洋财产保险股份有限公司太原中心支公司	55303.08	14.61%	27165.79	26.52%
永安财产保险股份有限公司太原中心支公司	10690.66	25.59%	3564.06	-17.14%
天安财产保险股份有限公司太原中心支公司(虚拟)	204242.42	32.78%	68180.05	25.97%
天安财产保险股份有限公司太原中心支公司	8389.14	21.88%	3800.42	25.25%
中国大地财产保险股份有限公司太原中心支公司	23694.00	39.31%	8822.20	5.81%
太平财产保险有限公司太原中心支公司	19406.98	9.59%	7973.74	46.83%
华安财产保险股份有限公司太原中心支公司(虚拟)	19457.68	1.44%	7713.90	11.57%
安邦财产保险股份有限公司太原中心支公司	923.92	-80.86%	2578.40	145.42%
永诚财产保险股份有限公司太原中心支公司	6250.99	26.47%	1902.31	-31.66%
阳光财产保险股份有限公司太原中心支公司	22284.11	27.43%	7499.17	21.77%
中国人寿财产保险股份有限公司太原市中心支公司	38362.36	14.76%	19516.13	-7.89%
渤海财产保险股份有限公司太原中心支公司	2117.57	-30.74%	1166.57	51.90%
都邦财产保险股份有限公司太原中心支公司	2070.94	-20.94%	1548.10	-17.46%
华泰财产保险有限公司太原中心支公司(虚拟)	6304.70	-21.92%	3998.75	-4.16%
中国出口信用保险公司太原中心支公司(虚拟)	6285.02	6.17%	2868.01	284.22%
安盛天平财产保险股份有限公司太原中心支公司(虚拟)	7805.75	-37.88%	4349.49	-29.81%
安诚财产保险股份有限公司太原中心支公司(虚拟)	3143.09	-52.42%	3230.87	27.25%
国任财产保险股份有限公司太原中心支公司(虚拟)	10194.38	43.95%	2682.73	4.56%
中银保险有限公司太原中心支公司(虚拟)	9701.50	-7.54%	5617.22	-19.87%
中煤财产保险股份有限公司太原中心支公司	24741.37	40.77%	11954.57	37.62%
英大泰和财产保险股份有限公司太原中心支公司(虚拟)	16751.24	-8.46%	9666.82	1.37%
紫金财产保险股份有限公司太原中心支公司(虚拟)	6206.42	-11.58%	2815.71	-9.94%
中华联合财产保险股份有限公司太原中心支公司(虚拟)	11829.96	36.76%	6729.05	10.35%
华农财产保险股份有限公司太原中心支公司(虚拟)	22666.54	18.46%	6077.18	138.94%
诚泰财产保险股份有限公司太原中心支公司(虚拟)	6477.44	13.07%	3567.96	473.45%
众安在线财产保险股份有限公司太原中心支公司(虚拟)	10181.28	103.55%	2481.35	16.38%
中国铁路财产保险自保有限公司太原中心支公司(虚拟)	872.61	-73.22%	254.61	-61.26%
泰康在线财产保险股份有限公司太原中心支公司(虚拟)	4431.93	130.39%	689.24	209.99%
阳光渝融信用保证保险股份有限公司太原中心支公司(虚拟)	102.70	2708.46%	52.30	246201.70%
安心财产保险有限责任公司太原中心支公司(虚拟)	1.72	-54.81%	1.60	371.33%
易安财产保险股份有限公司太原中心支公司(虚拟)	0.16	14.04%	0.00	0.00%
众惠财产相互保险社太原中心支公司(虚拟)	0.00	-100.00%	0.00	0.00%
中国人寿保险股份有限公司太原分公司	223793.10	-0.40%	68475.66	-25.80%
中国太平洋人寿保险股份有限公司太原中心支公司	126440.56	7.23%	31401.78	42.96%
中国平安人寿保险股份有限公司太原中心支公司(虚拟)	361057.39	22.41%	48100.37	38.57%
新华人寿保险股份有限公司太原中心支公司	61516.40	11.63%	64235.94	75.70%
泰康人寿保险有限责任公司太原中心支公司(虚拟)	140352.62	7.87%	26372.50	5.06%
平安养老保险股份有限公司太原中心支公司(虚拟)	11198.45	9.44%	3300.99	-8.55%
太平人寿保险有限公司太原中心支公司	90546.06	13.75%	18565.22	54.58%
中国人民人寿保险股份有限公司太原中心支公司(虚拟)	50583.93	4.68%	19707.44	-38.03%
农银人寿保险股份有限公司太原中心支公司(虚拟)	11929.78	-19.39%	4965.07	-10.04%
中国人民健康保险股份有限公司太原中心支公司	17873.95	-43.09%	12386.47	23.64%
英大泰和人寿保险股份有限公司太原中心支公司(虚拟)	34105.06	165.75%	2925.50	-13.26%
合众人寿保险股份有限公司太原中心支公司(虚拟)	7857.94	-49.35%	980.16	-17.88%
民生人寿保险股份有限公司太原中心支公司(虚拟)	7774.50	-25.79%	2783.06	-19.80%
阳光人寿保险股份有限公司太原中心支公司(虚拟)	26111.91	-66.58%	6125.02	-32.20%
富德生命人寿保险股份有限公司太原中心支公司	46590.38	-26.22%	3774.78	-48.53%
光大永明人寿保险有限公司太原中心支公司(虚拟)	34839.33	73.70%	1971.34	16.75%
国华人寿保险股份有限公司太原中心支公司(虚拟)	78273.30	-27.22%	1841.68	-45.97%
幸福人寿保险股份有限公司太原中心支公司(虚拟)	28535.25	-46.71%	2714.30	16.86%
泰康养老保险股份有限公司太原中心支公司(虚拟)	16899.70	28.08%	1581.85	24.11%
中信保诚人寿保险有限公司太原中心支公司(虚拟)	13383.33	152.20%	251.67	55.45%
安邦人寿保险股份有限公司太原中心支公司(虚拟)	740.54	-99.63%	1252.39	90.40%
百年人寿保险股份有限公司太原中心支公司(虚拟)	58989.52	17.76%	3708.50	-1.52%
工银安盛人寿保险有限公司太原中心支公司(虚拟)	80295.62	-23.11%	423.36	40.45%

注：众安在线财产保险股份有限公司、中国铁路财产保险自保有限公司、阳光渝融信用保证保险股份有限公司、泰康在线财产保险股份有限公司、易安财产保险股份有限公司、安心财产保险有限责任公司、众惠财产相互保险社在山西未设立机构，相关数据体现其总公司在山西开展业务的情况。

第12篇

科教、文卫、体育和民政

Science, Education, Culture, Public health, Sports and Civil Affairs

资料整理、审核

王翠莲　　刘红芳　　刘俊欢　　常　铁

12-1　2017年规模以上工业企业R&D人员情况(一)
Above scale industrial enterprise R&D personnel situation(1)

指　　标	企业数(个)	R&D人员合计（人）	#1.参加项目人员	2.管理和服务人员	#女性	#研究人员	#1.全时人员	2.非全时人员
总　　计	**383**	**12856**	**12124**	**732**	**2670**	**5258**	**9751**	**3105**
一、按企业规模分组								
大型企业	29	10209	9570	639	2045	4202	7812	2397
中型企业	67	1568	1512	56	458	653	1091	477
小型企业	268	1078	1041	37	167	402	847	231
微型企业	19	1	1			1	1	
二、按登记注册类型分组								
内资企业	363	11113	10386	727	2396	4939	8189	2924
港、澳、台商投资企业	4							
外商投资企业	16	1743	1738	5	274	319	1562	181
三、按国民经济行业分组								
采矿业	31	554	469	85	85	294	210	344
制造业	324	12048	11401	647	2536	4829	9483	2565
电力、燃气及水的生产和供应业	28	254	254		49	135	58	196
四、按隶属关系分组								
中央	33	3400	3143	257	1066	1641	2516	884
地方	350	9456	8981	475	1604	3617	7235	2221

12-1　2017年规模以上工业企业R&D人员情况(二)
Above scale industrial enterprise R&D personnel situation(2)

指　　标	R&D人员折合全时当量合计（人年）	#研究人员	#1.基础研究人员	2.应用研究人员	3.试验发展人员
总　　计	**8800**	**3417**	**13**	**1446**	**7341**
一、按企业规模分组					
大型企业	7264	2774	13	1441	5810
中型企业	1005	430		6	1000
小型企业	531	213			531
微型企业	1	1			1
二、按登记注册类型分组					
内资企业	7059	3099	13	1441	5605
港、澳、台商投资企业					
外商投资企业	1741	318		6	1736
三、按国民经济行业分组					
采矿业	227	120		104	122
制造业	8377	3192	13	1342	7022
电力、燃气及水的生产和供应业	197	105			197
四、按隶属关系分组					
中央	2218	1063		62	2156
地方	6582	2354	13	1384	5185

12-2 2017年规模以上工业企业R&D经费支出(一)
Above scale industrial enterprise R&D spending(1)

单位：万元

指 标	R&D经费内部支出合计	(一)按活动类型分组			(二)按支出用途分组				
		1.基础研究支出	2.应用研究支出	3.试验发展支出	1.经常费支出	#人员劳务费	2.资产性支出	#①土建工程	②仪器设备
总 计	**420913**	**2**	**73609**	**347303**	**364136**	**85632**	**56777**	**4485**	**52292**
一、按企业规模分组									
大型企业	379570	2	73444	306125	325764	72981	53807	4332	49475
中型企业	25360		165	25195	22841	8099	2519	122	2397
小型企业	15940			15940	15489	4544	451	32	420
微型企业	43			43	43	9	0		
二、按登记注册类型分组									
内资企业	381813	2	73444	308368	325255	61336	56558	4485	52073
港、澳、台商投资企业									
外商投资企业	39100		165	38935	38881	24296	219		219
三、按国民经济行业分组									
采矿业	11448		5837	5611	9457	4677	1991	186	1805
制造业	407705	2	67771	339932	352919	79283	54786	4299	50487
电力、燃气及水的生产和供应业	1760			1760	1760	1672			
四、按隶属关系分组									
中央	75883		859	75024	70842	19170	5042	71	4971
地方	345030	2	72750	272278	293295	66462	51735	4414	47321

12-2 2017年规模以上工业企业R&D经费支出(二)
Above scale industrial enterprise R&D spending(2)

单位：万元

指 标	(三)按资金来源分组				R&D经费外部支出	对境内研究机构支出	对境内高等学校支出	对境内企业支出	对境外支出
	1.政府资金	2.企业资金	3.境外资金	4.其他资金					
总 计	**20547**	**397272**		**3094**	**11087**	**4485**	**3032**	**3427**	**143**
一、按企业规模分组									
大型企业	18051	361407		112	5949	2545	2264	997	143
中型企业	991	21939		2431	4836	1939	544	2353	
小型企业	1506	13883		551	301		224	77	
微型企业		43							
二、按登记注册类型分组									
内资企业	20159	358560		3094	11087	4485	3032	3427	143
港、澳、台商投资企业									
外商投资企业	388	38712							
三、按国民经济行业分组									
采矿业		11448			737	346	337	54	
制造业	20547	384064		3094	5785	2201	2415	1026	143
电力、燃气及水的生产和供应业		1760			4565	1938	280	2347	
四、按隶属关系分组									
中央	13040	61746		1098	8144	3906	1330	2908	
地方	7508	335527		1996	2943	579	1701	520	143

12-3 各类学校及各级教育基本情况

Basic situation of various schools and all levels of Education

单位：人

指　标	学校(所)	在校生数	招生数	毕业生数	教职工数	专任教师数
高等教育	**53**	**532822**	**159121**	**155565**	**35241**	**24496**
研究生教育		29004	10506	7886		
普通高等教育	46	444121	128586	122054	34394	24008
成人高等教育	7	59697	20029	25625	847	488
中等职业教育	**48**	**63421**	**21554**	**23130**	**5804**	**4335**
中等技术教育	32	44066	14136	16872	3783	2631
成人中等专业教育	2	9957	4269	3024	1029	875
职业高中教育	14	9398	3149	3234	992	829
技工学校	**30**	**43724**	**13117**	**14479**	**3030**	**2175**
普通中学	**227**	**199250**	**64637**	**62812**	**27434**	**19689**
高中	90	76883	23408	27244	17603	7811
初中	137	122367	41229	35568	9831	11878
小学	**441**	**310437**	**57891**	**45506**	**18727**	**19014**
幼儿园	**724**	**112007**	**35745**	**39541**	**17120**	**9217**
特殊教育	**8**	**1561**	**286**	**235**	**410**	**285**
工读学校	**1**	**424**	**121**	**76**	**73**	**63**

12-4 研究生教育基本情况

Basic information on graduate education

单位：人

指　标	在校生数	招生数	毕业生数
总　计	**29004**	**10506**	**7886**
山西大学	6580	2469	1668
太原科技大学	2015	726	494
中北大学	4096	1422	1029
太原理工大学	6983	2354	1747
山西医科大学	4217	1451	1153
山西财经大学	3674	1512	1385
山西中医药大学	835	309	221
太原师范学院	382	186	121
中国辐射防护研究院	39	14	12
北方自动控制技术研究所	54	20	16
中国日用化学工业研究院	35	12	10
山西省中医药研究院	94	31	30

12-5　普通高等教育基本情况
Basic situation of general higher education

单位：人

指　　标	校数	在校生数	招生数	毕业生数	教职工数	# 专任教师
总　　计	**46**	**444121**	**128586**	**122054**	**34394**	**24008**
山西大学	1	24122	6036	6010	3056	1674
太原科技大学	1	20777	5606	5025	1595	1132
中北大学	1	34421	8669	8295	2660	1818
太原理工大学	1	31102	7774	7774	3500	2138
山西医科大学	1	24238	5532	5626	1899	1392
太原师范学院	1	24255	6406	5936	1643	914
山西财经大学	1	17170	4427	4262	1682	1224
山西中医药大学	1	9831	2747	2556	700	568
太原学院	1	15715	4830	3773	1110	794
山西省财政税务专科学校	1	6519	2198	2053	406	286
山西警察学院	1	5220	1896	1200	495	296
山西艺术职业学院	1	1722	674	471	370	261
山西建筑职业技术学院	1	8981	3187	3217	432	316
山西药科职业学院	1	5766	2071	1875	304	227
山西工程职业技术学院	1	8268	3159	2338	424	346
山西交通职业技术学院	1	8621	3120	2578	351	304
山西应用科技学院	1	13050	3989	2960	718	523
山西戏剧职业学院	1	1031	312	419	271	189
山西财贸职业技术学院	1	5361	1885	2112	223	197
山西林业职业技术学院	1	3726	1314	1587	281	183
山西职业技术学院	1	12932	4922	4464	734	579
山西煤炭职业技术学院	1	3685	1137	2063	342	224
山西金融职业学院	1	3561	1129	1594	245	176
太原城市职业技术学院	1	4780	1720	1915	400	260
山西大学商务学院	1	16442	4527	3830	1182	896
太原理工大学现代科技学院	1	12477	3156	3503	1134	806
中北大学信息商务学院	1	12967	3404	3122	743	625
太原科技大学华科学院	1	3977	1061	1203	134	81
山西医科大学晋祠学院	1	5940	1854	688	597	382
山西财经大学华商学院	1	5874	1789	1491	488	389
山西工商学院	1	16292	3953	4316	1161	814
山西体育职业学院	1	924	345	450	195	140
山西警官职业学院	1	2111	720	741	211	119
山西国际商务职业学院	1	2222	787	1183	139	104
太原旅游职业学院	1	4724	1641	1671	342	268
山西旅游职业学院	1	5108	1803	2051	313	246
山西电力职业技术学院	1	1828	647	694	517	358
太原工业学院	1	15803	4236	3572	802	645
山西老区职业技术学院	1	3172	1030	1093	224	171
山西经贸职业学院	1	7640	2087	2326	434	393
山西轻工职业技术学院	1	3165	1146	1525	172	127
山西青年职业学院	1	4384	1241	1996	266	190
山西传媒学院	1	9411	2158	1954	464	412
太原幼儿师范高等专科学校	1	1466	1466		333	302
山西卫生健康职业学院	1	5768	2246	1822	325	224
山西能源学院	1	6370	2239	2103	377	295
山西省政法管理干部学院		1202	310	617		

12-6 成人高等教育基本情况
The basic situation of Adult higher education

单位：人

指　　标	学校(所)	在校生数	招生数	毕业生数	教职工数	#专任教师
总　　计	**7**	**59697**	**20029**	**25625**	**847**	**488**
太原化学工业集团有限公司职工大学	1	109	55	263	60	42
山西机电职工学院-专科	1	520	73	567	246	137
太原钢铁(集团)有限公司职工钢铁学院	1	26	26		83	45
山西兵器工业职工大学	1	238	187	153	41	34
山西省职工工艺美术学院	1	240	83	99	70	45
山西省广播电视大学	1	1628	690	728	202	101
山西省政法管理干部学院	1				145	84
山西大学		7163	2674	2966		
太原科技大学		4394	1348	1814		
中北大学		8322	2971	3036		
太原理工大学		14683	4384	6930		
山西医科大学		5579	1763	1956		
太原师范学院		2545	728	934		
山西财经大学		9387	3409	2862		
山西中医药大学		1732	678	649		
太原学院		222	55	58		
山西省财政税务专科学校		214	95	112		
山西艺术职业学院		2	2	3		
山西建筑职业技术学院		3	3	15		
山西工程职业技术学院		76	6	41		
山西交通职业技术学院		53	30	13		
山西应用科技学院		32	9	9		
山西戏剧职业学院		136	78	10		
山西煤炭职业技术学院		38	32	39		
太原城市职业技术学院		32	9	22		
山西旅游职业学院		102	47	18		
山西电力职业技术学院		3		7		
太原工业学院		777	202	269		
山西经贸职业学院		12		4		
山西卫生健康职业学院		1046	303	731		
山西能源学院		383	89	1317		

12-7 中等技术教育基本情况

Basic situation of secondary vocational education

单位：人

指　标	学校(所)	在校生数	招生数	毕业生数	教职工数	#专任教师
总 计	**32**	**44066**	**14136**	**16872**	**3783**	**2631**
太原市卫生学校	1	2844	919	973	125	103
太原市财贸学校	1	1659	429	558	102	86
太原市文化艺术学校	1	938	215	233	129	96
太原市体育运动学校	1	479	148	113	78	42
太原生态工程学校	1	444	135	258	189	127
太原市财政金融学校	1	1049	256	349	194	171
太原市交通学校	1	1031	246	428	151	123
太原幼儿师范学校	1	5767	491	2725	333	302
太原铁路技术中等专业学校	1				360	116
山西省现代经贸学校	1	1939	555	802	33	19
山西省大众传媒学校	1	1025	427	45	25	15
山西省四方中等技术学校	1	2020	768		51	32
太原广播电视中等专业学校		320	100	153		
太原学院						
太原旅游职业学院		396	121	134		

12-7　续表 1

单位：人

指　　标	学校(所)	在校生数	招生数	毕业生数	教职工数	# 专任教师
太原幼儿师范高等专科学校		529	529			
山西省中医学校	1	1487	591	363	62	33
山西广播电影电视学校	1	493	350	452	49	34
山西省经贸学校	1	1623	582	593	95	63
山西省司法学校	1	972	494	482	116	75
山西省邮电学校	1				61	27
山西省工贸学校	1	715	60	956	124	109
山西省财政会计学校	1					
山西省贸易学校	1	1899	395	722	134	101
山西省物流技术学校	1	98	19	56	124	89
太原铁路机械学校	1	4081	1458	1306	279	226
山西省工业管理学校	1	2049	707	832	135	104
山西省城乡建设学校	1	839	322	757	101	63
山西省特殊教育中等专业学校	1	349	129	93	90	45
山西税务学校	1				56	38
山西省商务学校	1	878	675	76	184	126
山西省建筑工程技术学校	1	1865	655	821	132	85

12-7 续表2

单位：人

指 标	学校(所)	在校生数	招生数	毕业生数	教职工数	# 专任教师
山西省好艺中等专业学校	1	978	220	624	64	38
山西省应用技术学校	1	257	81	165	86	48
山西省人民武装学校	1					
山西省畜牧兽医学校	1	863	419	554	121	95
山西省农业广播电视学校		582	289	591		
山西艺术职业学院		743	155	110		
山西药科职业学院						
山西交通职业技术学院		61	14	74		
山西应用科技学院						
山西戏剧职业学院		1686	792	188		
山西职业技术学院						
山西工商学院						
山西体育职业学院		620	195	237		
山西国际商务职业学院						
山西老区职业技术学院		33	6	10		
山西煤炭职工联合大学		435	169	15		
山西兵器工业职工大学						
山西省政法管理干部学院		20	20	24		

12-8 成人中等专业教育基本情况
Basic situation of Adult secondary specialized education

单位：人

指 标	学校(所)	在校生数	招生数	毕业生数	教职工数	# 专任教师
总 计	**2**	**9957**	**4269**	**3024**	**1029**	**875**
太原广播电视中等专业学校	1				67	41
山西省农业广播电视学校	1	9772	4084	3024	962	834
山西煤炭职工联合大学		185	185			
* 太原市小店区教师进修学校						
* 太原市迎泽区教师进修学校						
* 太原市杏花岭区教师进修学校						
* 太原市尖草坪区教师进修学校						
* 太原市万柏林区教师进修学校						
* 清徐县教师进修学校						
* 阳曲县教师进修学校						
* 娄烦县教师进修学校						
* 古交市教师进修学校						

注：标“*”学校于2018年改为培训机构。

12-9 职业高中教育基本情况

Basic situation of vocational high school education

单位：人

指　标	学校(所)	在校生数	招生数	毕业生数	教职工数	
						# 专任教师数
总计	**14**	**9398**	**3149**	**3234**	**992**	**829**
太原市第五职业中学校	1	618	169	229	138	111
太原市综合高级中学校	1	612	233	87	149	129
太原市第七职业中学校	1	153	49	85	97	87
清徐县职业教育中心	1	1640	441	529	103	103
太原市杏花岭区中等职业技术学校	1	295	82	146	28	26
太原市第四职业中学校	1	196	40	63	73	63
太原市晋源区高级职业中学	1	35	12	21	19	10
太原市小店区第一职业中学校	1	471	253	138	50	46
阳曲县高级职业中学校	1	652	212	222	72	53
山西大昌汽车专业学校	1	1012	344	388	60	37
太原市尖草坪区职业中学校	1	370	144	110	80	79
古交市职业中学校	1	413	142	140	48	42
太原市立达职业中学校	1	401	174	86	39	24
娄烦县职业中学校	1	252	93	52	36	19
太原市财政金融学校		56	37	126		
太原广播电视中等专业学校		44	22	20		
太原市第九中学校		80		33		
太原市第十六中学校		526	152	247		
太原市第五十六中学校		220	67	80		
太原孤残儿童特殊教育学校		23				
太原市聋人学校		178	49	53		
太原市盲童学校		37	13	11		
太原市长安综合中学校		1114	421	368		

12-10 中学基本情况(一)

Basic situation of middle school(1)

单位：人

指　标	学校(所)	班数(个)			在校生数			招生数		
		合计	高中	初中	合计	高中	初中	合计	高中	初中
总　计	**227**	**4550**	**1689**	**2861**	**199250**	**76883**	**122367**	**64637**	**23408**	**41229**
1.教育部门办	172	3064	1181	1883	134777	55841	78936	44055	17581	26474
地方企业办										
民办	53	1466	508	958	63987	21042	42945	20374	5827	14547
其它部门办	2	20		20	486		486	208		208
2.城区	155	3479	1395	2084	153221	64021	89200	49052	19361	29691
镇区	35	674	213	461	30522	9586	20936	10078	2903	7175
乡村	37	397	81	316	15507	3276	12231	5507	1144	4363
3.小店区	42	1025	377	648	44634	16260	28374	14602	5108	9494
迎泽区	19	613	255	358	28075	12164	15911	8975	3711	5264
杏花岭区	37	730	287	443	31406	13177	18229	9672	3790	5882
尖草坪区	22	334	137	197	13656	6153	7503	4087	1657	2430
万柏林区	25	563	231	332	25736	10704	15032	8326	3193	5133
晋源区	15	289	94	195	12240	4200	8040	4138	1311	2827
清徐县	23	395	138	257	18098	6466	11632	6401	2029	4372
阳曲县	15	224	67	157	9198	2824	6374	3134	906	2228
娄烦县	8	104	27	77	4989	1282	3707	1533	432	1101
古交市	21	273	76	197	11218	3653	7565	3769	1271	2498

12-10 中学基本情况(二)

Basic situation of middle school(2)

单位：人

指　标	毕业生数			教职工数	专任教师			代课教师	兼任教师
	合计	高中	初中		合计	高中	初中		
总　计	**62812**	**27244**	**35568**	**27434**	**19689**	**7811**	**11878**	**239**	**91**
1.教育部门办	43657	19420	24237	17356	14428	5640	8788	236	14
地方企业办									
民办	19008	7824	11184	9960	5210	2171	3039	3	77
其它部门办	147		147	118	51		51		
2.城区	48126	22657	25469	20678	15212	6416	8796	111	78
镇区	9699	3426	6273	3818	2774	990	1784	1	10
乡村	4987	1161	3826	2938	1703	405	1298	127	3
3.小店区	13352	5594	7758	7244	4246	1660	2586		42
迎泽区	8266	4071	4195	3075	2605	1172	1433		
杏花岭区	10457	5047	5410	4751	3378	1429	1949	18	20
尖草坪区	4719	2314	2405	1840	1548	667	881	8	16
万柏林区	8152	3757	4395	3054	2557	989	1568	8	
晋源区	4027	1574	2453	1669	1286	497	789	75	
清徐县	5633	2231	3402	2184	1744	659	1085	119	3
阳曲县	2958	961	1997	1574	846	291	555		
娄烦县	1686	500	1186	642	434	137	297		10
古交市	3562	1195	2367	1401	1045	310	735	11	

注：按教育局资料分类整理。

12-11 小学基本情况

Basic situation of elementary school

单位：人

指 标	学校（所）	班数（个）	在校生数	招生数	毕业生数	教职工数	专任教师	代课教师	兼任教师
总 计	**441**	**8011**	**310437**	**57891**	**45506**	**18727**	**19014**	**591**	**16**
1.教育部门办	415	7132	278981	50732	40646	17041	16585	587	8
地方企业办									
民办	19	776	27237	6416	3979	1439	2160		8
其它部门办	7	103	4219	743	881	247	269	4	
2.城区	269	5773	251318	46809	36016	14376	14534	489	16
镇区	60	955	35683	6968	5316	2298	2201	15	
乡村	112	1283	23436	4114	4174	2053	2279	87	
3.小店区	72	1740	77492	16230	9687	2815	3587		
迎泽区	37	810	34352	5909	5366	2130	2029	75	
杏花岭区	57	1143	48568	8813	7071	2575	2661	123	8
尖草坪区	40	691	24794	4395	3791	1687	1635	63	3
万柏林区	61	1155	51877	9588	7673	4425	3858	4	1
晋源区	45	506	19093	3707	2457	1057	1039	320	4
清徐县	73	813	22019	4054	3606	1547	1645	2	
阳曲县	17	368	8820	1558	1646	636	723		
娄烦县	10	239	6760	1047	1313	443	491	1	
古交市	29	546	16662	2590	2896	1412	1346	3	

注：按教育局资料分类整理。

12-12 幼儿园基本情况

Basic situation of Kindergarten

单位：人

指 标	幼儿园（所）	班数（个）	在园幼儿	教职工数		
				合计	# 专任教师	保育员
总 计	**724**	**4682**	**112007**	**17120**	**9217**	**3040**
1.教育部门办	59	751	17723	1931	1204	238
集体办	309	1081	24823	2729	1768	309
地方企业办	64	541	15886	2626	1370	482
事业单位办	15	123	3494	674	329	122
部队办	3	17	390	127	47	21
民办	266	2077	46826	8657	4287	1816
其它部门办	8	92	2865	376	212	52
2.城区	466	3460	86367	14644	7611	2674
镇区	94	593	14774	1639	988	306
乡村	164	629	10866	837	618	60
3.小店区	141	967	23648	3586	1909	672
迎泽区	78	558	13092	2359	1232	412
杏花岭区	92	659	16309	2893	1530	502
尖草坪区	66	499	12672	1986	1021	348
万柏林区	76	572	15192	2674	1337	513
晋源区	82	362	8074	1164	685	185
清徐县	99	517	10858	1018	700	125
阳曲县	50	140	3169	350	212	67
娄烦县	12	134	2943	348	193	89
古交市	28	274	6050	742	398	127

注：按教育局资料分类整理。

12-13 文化事业情况
Situation of culture

指　标	单 位	2018
影剧院数	个	42
影厅数	个	290
专业及民营艺术表演团体	个	21
# 演职人员	人	1855
博物馆	个	15
图书馆	个	12
图书馆藏书量	万册	732.21
文化宫	个	4
文化馆(包括群众艺术馆)	个	12
少年宫	个	3

12-14 专业表演团体情况
Basic situation of professional performance groups

指　标	演职人数(人)	演出场次(场)	演出收入(万元)	观众人数(万人次)	总支出(万元)	全部职工工资(万元)
总　计	**1303**	**3384**	**7759.81**	**195.01**	**24298.70**	**8659.30**
山西省京剧院	155	292	283.70	15.00	1309.40	820.60
山西省晋剧院	264	534	1515.80	42.72	9815.00	2480.60
山西省歌舞剧院	226	220	1593.80	16.95	2828.50	1351.90
山西省话剧院	156	103	885.80	9.90	1642.10	457.70
山西省曲艺团	45	203	387.40	20.30	523.70	237.70
山西华晋舞剧团	47	116	914.91	3.36	1379.70	414.90
山西华夏之根艺术团	31	133	391.20	10.48	1299.70	286.20
太原市实验晋剧艺术团有限责任公司	46	187	225.00	18.70	773.30	223.10
太原市实验晋剧艺术院有限责任公司	72	157	557.70	32.14	1480.50	380.60
太原市歌舞杂技团	159	820	340.20	6.06	1295.30	1254.50
太原市话剧团	42	72	152.20	1.40	958.00	346.50
太原舞蹈团	60	547	512.10	18.00	993.50	405.00

注：1、专业艺术团体共21个，市5个、省7个，民营9个。演职人员1855人，其中专业1303人，民营552人。

12-15 影剧院及票房收入情况
The situation of theaters and grossed

指 标	影厅数(个)	座位数(座)
总 计	**290**	**36934**
太原影都	10	1186
太原市宽影幕影院	6	827
山西剧院	10	1564
太原市长风剧场	6	998
太原星美影城	4	438
太原横店电影城	9	889
太原中影新影都影城（和信店）	6	1068
太原市奥斯卡国际影城	10	1520
* 太原市尖草坪文化活动中心影城	2	142
太原同至人横店影视电影城	8	1535
太原贵都横店电影城	5	524
太原市金逸影城（北美店）	7	831
太原市金刚里影城	9	742
* 星美国际（金亿）影城	5	438
完美世界	6	787
太原华邦影城（横店铜锣湾店）	7	1239
太原市红星影城	5	551
清徐县宏凯影院	3	278
太原博纳国际影城	10	1621
太原市万达影城	14	2787
太原市大地影院	6	859
太原市恒大影城（绿洲店）	7	1201
阳曲县红全源数字影院	3	210
古交市中影世纪国际影城	3	210
太原市铜锣湾国际影城	14	1231
太原市星美影院西华苑店	7	318
太原市太原 ume 影城	12	1280
太原市九达国际影城	7	925
太原市等艺影院	7	855
太原市全美影院	8	781
太原市阳曲县嘟唛国际影城	3	163
太原市恒大影城（恒大城店）	7	1186
* 解放电影院	6	1201
* 红灯笼汽车影院	1	
欢乐大都会	5	450
保利影城	6	895
金逸影城（万国店）	6	1196
万象影城	8	1653
微影时光影城	2	70
古交柒聚影城	4	499
九达影城（朝阳街店）	10	603
阿里星际影院	16	1183

注：标“*”为停业影院。

12-16 图书出版情况
Situation of Book publication

指　标	图书种数(种)			总印数（万册）	总印张（千印张）	定价总金额（万元）
	合计	新出	重印			
使用《中国标准书号》分类图书合计	**3304**	**1888**	**1416**	**10174**	**989822**	**151111**
A、马克思主义、列宁主义、毛泽东思想	3	2	1	1	229	68
B、哲学	30	25	5	12	1677	580
C、社会科学总论	3	2	1	1	125	40
D、政治、法律	46	43	3	9	2275	791
E、军事	3	1	2	1	144	38
F、经济	128	113	15	38	6517	2953
G、文化、科学、教育、体育	1970	824	1146	9663	912794	121382
H、语言、文字	50	41	9	24	3662	961
I、文学	498	409	89	246	30538	10187
J、艺术	136	108	28	36	6712	2741
K、历史、地理	177	154	23	64	11286	6999
N、自然科学总论	3	3		5	401	142
O、数理科学、化学	4	4			16	6
P、天文学、地球科学	15	5	10	7	630	285
Q、生物科学	2	2		1	91	21
R、医药、卫生	129	60	69	47	9036	2221
S、农业科学	17	8	9	6	483	153
T、工业技术	31	28	3	6	1502	563
U、交通运输	2	1	1		54	16
V、航空、航天	1		1		36	9
X、环境科学	3	3			46	15
Z、综合性图书	53	52	1	7	1568	940

12-17 报纸出版情况
Situation of newspaper publication

指 标	刊期	实际出版期数(期)	平均期印数(份)	总印数(万份)	总印张(千印张)
总计 (48 种)		**7394**	**22929363**	**178994**	**1514913**
太原日报	周七刊	348	51936	1807	36147
太原晚报	周七刊	346	49396	1709	51273
山西工人报	周七刊	344	80000	2752	27520
山西妇女报	周二刊	104	20000	208	4160
山西政协报	周二刊	100	19200	192	1920
山西法制报	周五刊	242	61600	1491	29814
山西经济日报	周七刊	336	45000	1512	30240
山西科技报	周四刊	186	20000	372	7440
山西广播电视报	周一刊	52	20000	104	5200
健康生活报	周五刊	250	24000	600	6000
科学导报	周二刊	92	40000	368	7360
市场信息报	周四刊	189	30000	567	11340
人民摄影	周一刊	52	30000	156	6240
生活晨报	周五刊	239	26779	640	12800
三晋都市报	周六刊	294	17220	506	10125
人民代表报	周三刊	156	103000	1607	32136
老友导报	周二刊	95	56900	541	5406
太原广播电视报	周一刊	52	39000	203	7098
消费时报	周二刊	98	11000	108	2156
山西联通报	周一刊	48	30000	144	720
山西电力报	周二刊				
铁路工程报	周一刊	46	10000	46	460
太钢日报	周六刊	300	10100	303	1515
瓜果蔬菜报	周一刊	50	16000	80	800
集邮报	周一刊	52	5400	28	421
山西商报	周二刊	101	25000	253	2525
德育报	周二刊	100	50000	500	5000
发展导报	周二刊	94	19300	181	5443
山西市场导报	周二刊	96	40000	384	7680
山西青年报	周五刊	260	35000	910	18200
作文周刊	周六刊	288	17500	504	10080
学英语报	周三刊	156	1201596	18745	187449
语文报	周七刊	365	176150	6429	64295
英语周报	周一刊	52	13508394	70244	351218
学习方法报	周一刊	52	5782945	30071	150357
数理报	周五刊	260	189500	4927	24635
学习报	周六刊	312	620851	19371	96853
山西大学报	周一刊	41	6300	26	129
太原理工大学校报	半月刊	19	6000	11	114
山西财经大学报	周一刊	40	3000	12	60
中北大学校报	周一刊	31	10000	31	310
太原科技大学校报	旬刊	24	6000	14	144
山西党校报	旬刊	29	4000	12	58
山西日报	周七刊	365	199908	7297	218899
山西农民报	周二刊	94	39398	370	7407
生活文摘报	周二刊	104	69364	721	14428
山西晚报	周七刊	336	37490	1260	37790
良友周报	周二刊	104	65136	677	13548

12-18 杂志出版情况
Situation of periodical publication

指 标	刊期	实际出版期数(期)	平均期印数(册)	总印数(万册)	总印张数(千印张)
总计(175 种)		**2491**	**1084595**	**2149**	**131188**
山西青年	半月刊	24	4000	10	576
小学生	旬刊	36	3167	11	342
党史文汇	月刊	12	20000	24	960
山西老年	月刊	12	231425	278	15496
山西财税	月刊	12	6325	8	376
山西教育	周刊	48	16000	77	3072
小学语文教学	旬刊	36	28000	101	4677
语文教学通讯	周刊	52	47100	245	14940
晋图学刊	双月刊	6	1500	1	45
教学与管理	旬刊	36	5000	18	990
青少年日记	半月刊	24	15000	36	1114
教育理论与实践	旬刊	36	6000	22	1089
科学之友	月刊	12	3500	4	265
人人健康	半月刊	24	6000	14	982
名作欣赏	旬刊	36	3900	14	1946
山西文学	月刊	12	10033	12	963
火花	半月刊	24	2500	6	372
黄河之声	半月刊	24	1000	2	251
山西画报	旬刊	36	8900	32	2384
技术经济与管理研究	月刊	12	1800	2	214
晋阳学刊	双月刊	6	1500	1	102
经济问题	月刊	12	1534	2	190
语文研究	季刊	4	2500	1	50
会计之友	半月刊	24	8000	19	2381
山西农经	半月刊	24	2000	5	484
编辑之友	月刊	12	3000	4	312
经济师	月刊	12	3500	4	777
新闻采编	双月刊	6	2000	1	60
山西大学学报（哲学社会科学版）	双月刊	6	1900	1	129
黄河	双月刊	6	2000	1	150
理论探索	双月刊	6	2500	2	120
五台山研究	季刊	4	10000	4	202
童话大王	月刊	12	12000	14	714
烹调知识	月刊	12	5200	6	387
山西煤炭	双月刊	6	1800	1	68
山西林业科技	季刊	4	1300	1	26
大众标准化	月刊	12	40000	48	1680
山西水土保持科技	季刊	4	1600	1	24
山西大学学报（自然科学版）	季刊	4	1300	1	75
山西地震	季刊	4	500	0	9
山西医药杂志	半月刊	24	1200	3	251

12-18 续表 1

指 标	刊期	实际出版期数(期)	平均期印数(册)	总印数(万册)	总印张数(千印张)
山西化工	双月刊	6	5500	3	405
山西中医	月刊	12	2000	2	111
山西农业科学	月刊	12	1500	2	136
辐射防护通讯	双月刊	6	700	0.4	13
新型炭材料	双月刊	6	1000	1	45
山西水利	月刊	12	1560	2	83
山西果树	双月刊	6	3500	2	84
机械管理开发	月刊	12	5000	6	954
电子工艺技术	双月刊	6	3000	2	91
火力与指挥控制	月刊	12	2000	2	313
燃料化学学报	月刊	12	1000	1	119
煤化工	双月刊	6	4500	3	119
辐射防护	双月刊	6	1100	1	47
生产力研究	月刊	12	800	1	119
记者观察	旬刊	36	4500	16	1205
种子科技	月刊	12	3000	4	340
山西档案	双月刊	6	3000	2	262
煤炭转化	双月刊	6	500	0.3	19
山西冶金	双月刊	6	4500	3	298
山西科技	双月刊	6	500	0.3	39
政府法制	旬刊	36	16050	58	2866
中国保健营养	旬刊	36	1788	6	448
前进	月刊	12	27500	33	1637
都市	月刊	13	3050	4	198
生活潮	月刊	12	15000	18	1004
长治医学院学报	双月刊	6	1000	1	38
山西水利科技	季刊	4	3000	1	91
电力学报	双月刊	6	1000	1	30
量子光学学报	季刊	4	400	0.2	9
法制博览	旬刊	36	12000	43	2592
山西林业	双月刊	6	2300	1	51
影视圈	双月刊	6	1000	1	60
山西交通科技	双月刊	6	6000	4	249
民间传奇故事	旬刊	36	4500	16	972
日用化学品科学	月刊	12	3000	4	295
健康向导	双月刊	6	5000	3	139
山西电子技术	双月刊	6	3000	2	136
山西医科大学学报	月刊	12	800	1	74
中华风湿病学杂志	月刊	12	2300	3	144
太原理工大学学报	双月刊	6	1500	1	105
山西财经大学学报	月刊	12	2000	2	234
实用骨科杂志	月刊	12	2600	3	232
山西财政税务专科学校学报	双月刊	6	1200	1	45
山西广播电视大学学报	季刊	4	3000	1	104

12-18 续表 2

指 标	刊期	实际出版期数(期)	平均期印数(册)	总印数(万册)	总印张数(千印张)
中共山西省委党校学报	双月刊	6	1500	1	91
中共太原市委党校学报	双月刊	6	700	0.4	26
山西社会主义学院学报	季刊	4	1000	0.4	23
小学教学设计	旬刊	36	23600	85	3942
山西经济管理干部学院学报	季刊	4	1000	0.4	38
山西省政法管理干部学院学报	季刊	4	1500	1	53
山西高等学校社会科学学报	月刊	12	1100	1	108
文物世界	双月刊	6	1500	1	56
太原理工大学学报(社会科学版)	双月刊	6	1000	1	38
护理研究	半月刊	24	1600	4	500
新作文	旬刊	36	49986	180	9069
中外童话故事	旬刊	36	11000	40	1228
中国中西医结合肾病杂志	月刊	12	2500	3	227
山西建筑	旬刊	36	4000	14	2994
实用医学影像杂志	双月刊	6	1400	1	63
新美域	季刊	4	5000	2	150
文史月刊	月刊	12	12430	15	746
母婴世界	月刊	12	5000	6	756
银行家	月刊	12	17642	21	1958
建材技术与应用	双月刊	6	8500	5	187
山西电力	双月刊	6	4000	2	139
华北国土资源	双月刊	6	1000	1	60
实用医技杂志	月刊	12	4300	5	419
临床医药实践	月刊	12	2000	2	149
测试技术学报	双月刊	6	1000	1	45
太原师范学院学报（社会科学版）	双月刊	6	1000	1	47
太原师范学院学报（自然科学版）	季刊	4	1000	0.4	31
中学课程辅导	旬刊	36	5000	18	1814
NBA 特刊	半月刊	24	10000	24	1814
农产品加工	半月刊	24	3500	8	521
山西焦煤科技	月刊	12	2000	2	97
中西医结合心脑血管病杂志	半月刊	24	970	2	289
太原市人民政府公报	半月刊	24	1650	4	196
机械工程与自动化	双月刊	6	4000	2	435
日用化学工业	月刊	12	4000	5	484
太原城市职业技术学院学报	月刊	12	900	1	177
新课程	旬刊	36	8000	29	5443
当代金融家	月刊	12	4000	5	480
校园心理	双月刊	6	6000	4	209
中北大学学报（社会科学版）	双月刊	6	1000	1	45
太原科技大学学报	双月刊	6	1100	1	42
教育	周刊	52	5000	26	1508
中北大学学报（自然科学版）	双月刊	6	1000	1	45

12-18 续表 3

指 标	刊期	实际出版期数(期)	平均期印数(册)	总印数(万册)	总印张数(千印张)
系统科学学报	季刊	4	1000	0.4	43
映像	月刊	12	2000	2	208
食品工程	季刊	4	2000	1	40
当代农机	月刊	12	3500	4	260
农业技术与装备	月刊	12	5000	6	360
中共山西省直机关党校学报	双月刊	6	1000	1	50
文化产业	半月刊	24	2000	5	246
全科护理	旬刊	36	1200	4	435
新晋商	月刊	12	2500	3	240
铸造设备与工艺	双月刊	6	5000	3	236
科学技术哲学研究	双月刊	6	2180	1	132
村委主任	月刊	12	8000	10	423
测试科学与仪器（英文版）	季刊	4	1000	0.4	33
科技创新与生产力	月刊	12	3400	4	306
能源与节能	月刊	12	1000	1	144
高等财经教育研究	季刊	4	1000	0.4	29
现代工业经济和信息化	月刊	18	5000	9	680
基础医学教育	月刊	12	800	1	74
经济与社会发展研究	月刊				
炎黄地理	月刊	12	5000	6	450
科技与创新	半月刊	24	1500	4	418
神州印象	月刊	12	5000	6	420
山西青年职业学院学报	季刊	4	1000	0.4	28
经纬天地	双月刊	6	625	0.4	23
名家名作	双月刊	6	5300	3	331
天工	双月刊	6	5000	3	378
名师在线	旬刊	36	1000	4	268
循证护理	月刊	12	1000	1	132
史志学刊	双月刊	6	1500	1	56
指挥与控制学报	季刊	4	1200	0.5	33
戏友	双月刊	6	2000	1	63
现代职业教育	旬刊	36	4500	16	2449
中国日用化学品	季刊	4	1000	0.4	26
图书情报导刊	月刊	12	300	0.4	23
品牌研究	双月刊	6	300	0.2	13
太原学院学报（社会科学版）	双月刊	6	800	0.5	35
太原学院学报（自然科学版）	季刊	4	1000	0.4	25
武术研究	月刊	12	3000	4	449
山西省人民政府公报	半月刊	24	10000	24	600
对联	月刊	12	14500	17	522
智库时代	周刊	50	300	2	149
山西警察学院学报	季刊	4	600	0.2	19
今日农业	半月刊	24	2980	7	286
区域治理	周刊	50	300	2	149
护理前沿（英文）	季刊	4	1000	0.4	15
销售与管理	月刊	12	1300	2	157
支部建设	旬刊	36	46000	166	7187

12-19 广播、电视主要指标
Main indicators of radio and TV

指　标	单位	省级	市
电视台	座		1
广播电视台	座	1	5
教育电视台	座		1
中短波转播发射台	座	12	1
	千瓦	439	20
电视转播发射台	座	7	7
	千瓦	238	11
有线广播电视传输网络干线总长	公里	8109	8142
* 有线广播电视实际用户	户	66042	576781
* 数字电视实际用户	户	66042	458980
广播人口覆盖率	%		99.97
电视人口覆盖率	%		100.0

注：标"*"指标口径变化。

12-20 电视节目主要情况
Major situation of TV program

指　标	单位	省级	市
节目套数	套	9	10
全年播出节目时间	时、分	59057:00	56072:46
新闻资讯类节目	时、分	6234:32	9820:20
专题服务类节目	时、分	5890:02	17512:14
综艺益智类节目	时、分	5263:39	311:40
影视剧类节目	时、分	28036:11	14422:05
广告类节目	时、分	7683:46	7672:24
其它类节目	时、分	5948:50	6334:00

12-21 广播节目主要情况
Major situation of broadcast program

指　标	单位	省级	市
节目套数	套	7	7
全年播出节目时间	时、分	57670:00	44042:00
新闻资讯类节目	时、分	3912:15	10187:30
专题服务类节目	时、分	27210:10	12416:21
综艺益智类节目	时、分	11328:00	6794:57
广播剧类节目	时、分	1941:30	4731:00
广告类节目	时、分	6958:35	3956:12
其它类节目	时、分	6319:30	5956:00

12-22　卫生机构、床位和人员情况(一)

Situation of health institutions, beds and personnels(1)

指　　标	机构数(个)	床位数(张)	卫生人员(人)					
			合计	卫生技术人员（人）				
				小计	执业医师	职业助理医师	注册护士	药师（士）
总　　计	**3705**	**39917**	**73602**	**61269**	**21728**	**1290**	**29489**	**2599**
一、医院	163	37296	52619	43904	14371	334	22471	2127
综合医院	72	21468	30991	26021	8784	143	13219	1135
中医医院	20	3539	4743	4009	1315	49	1833	425
中西医结合医院	5	1674	2045	1809	607	23	873	76
民族医院								
专科医院	66	10615	14840	12065	3665	119	6546	491
二、基层医疗卫生机构	3490	965	13979	11989	5529	925	4886	279
社区卫生服务中心(站)	297	217	3815	3492	1375	141	1672	129
社区卫生服务中心	55	159	1654	1457	474	54	690	97
社区卫生服务站	242	58	2161	2035	901	87	982	32
卫生院	59	711	806	689	227	132	179	46
街道卫生院	2	10	17	15	6	3	4	2
乡镇卫生院	57	701	789	674	221	129	175	44
中心卫生院	18	223	254	215	59	62	49	12
乡卫生院	39	478	535	459	162	67	126	32
村卫生室	957		1764	468	167	280	21	
门诊部	181	37	2093	1906	912	83	821	32
综合门诊部	17		349	324	167	2	130	5
中医门诊部	26	5	238	196	111	8	65	8
中西医结合门诊部	8		79	79	39	6	34	
专科门诊部	130	32	1427	1307	595	67	592	19
诊所、卫生所、医务室	1996		5501	5434	2848	289	2193	72
诊所	1828		4749	4725	2504	267	1888	52
卫生所、医务室	168		752	709	344	22	305	20
三、专业公共卫生机构	40	1606	5839	4768	1610	28	1973	188
疾病预防控制中心	14		819	637	333	16	18	8
专科疾病防治院(所、站)	1	10	136	106	46		51	2
健康教育所(站、中心)	1		21	11	3		2	
妇幼保健院(所、站)	10	1596	3945	3321	1113	11	1771	172
妇幼保健院	6	1596	3829	3229	1056	6	1751	171
妇幼保健所	3		86	67	44	4	13	1
妇幼保健站	1		30	25	13	1	7	
急救中心(站)	1		178	123	71		33	4
采供血机构	1		264	196	44	1	98	2
卫生监督所(中心)	12		476	374				
计划生育技术服务机构								
四、其他卫生机构	12	50	1165	608	218	3	159	5
疗养院	1	50	57	24	6		12	1
卫生监督检验(监测、检测)所(站)	1		46	46	1			
医学科学研究机构	1		94	80	20			4
医学在职培训机构								
临床检验中心(所、站)	3		451	105	13		9	
统计信息中心								
其他	6		517	353	178	3	138	

12-22 卫生机构、床位和人员情况(二)
Situation of health institutions, beds and personnels(2)

指　　标	卫生人员(人)				其他技术人员(人)	管理人员(人)	工勤技能人员(人)
	卫生技术人员(人)						
	技师(士)	#检验师	其他	#见习医师			
总　　计	**2944**	**2261**	**3219**	**544**	**3341**	**3290**	**4406**
一、医院	2102	1536	2499	503	2567	2582	3566
综合医院	1291	929	1449	370	1332	1433	2205
中医医院	168	125	219	46	223	230	281
中西医结合医院	101	74	129	39	62	64	110
民族医院							
专科医院	542	408	702	48	950	855	970
二、基层医疗卫生机构	180	134	190	33	136	265	293
社区卫生服务中心(站)	89	69	86	17	80	132	111
社区卫生服务中心	75	57	67	15	49	64	84
社区卫生服务站	14	12	19	2	31	68	27
卫生院	26	19	79	11	37	34	46
街道卫生院							2
乡镇卫生院	26	19	79	11	37	34	44
中心卫生院	6	5	27	3	9	12	18
乡卫生院	20	14	52	8	28	22	26
村卫生室							
门诊部	50	37	8		11	94	82
综合门诊部	19	16	1		1	8	16
中医门诊部	2	1	2		1	26	15
中西医结合门诊部							
专科门诊部	29	20	5		9	60	51
诊所、卫生所、医务室	15	9	17	5	8	5	54
诊所	4	1	10	1	3	3	18
卫生所、医务室	11	8	7	4	5	2	36
三、专业公共卫生机构	507	452	462	8	597	288	186
疾病预防控制中心	221	216	41	1	58	79	45
专科疾病防治院(所、站)	7	5			8	19	3
健康教育所(站、中心)			6		7	3	
妇幼保健院(所、站)	234	189	20	7	451	103	70
妇幼保健院	226	181	19	7	448	84	68
妇幼保健所	5	5			2	15	2
妇幼保健站	3	3	1		1	4	
急救中心(站)	2		13		15	7	33
采供血机构	43	42	8		46	5	17
卫生监督所(中心)			374		12	72	18
计划生育技术服务机构							
四、其他卫生机构	155	139	68		41	155	361
疗养院	2	2	3		2	24	7
卫生监督检验(监测、检测)所(站)	45	45					
医学科学研究机构	4	4	52		9	3	2
医学在职培训机构							
临床检验中心(所、站)	78	78	5		1	85	260
统计信息中心							
其他	26	10	8		29	43	92

注：资料来自市卫生计生委。

12-23 律师工作情况
Condition of lawyer working

指 标	单 位	2018	2017
律师事务所	个	272	234
注册律师人员	人	2584	2164
专职律师	人	2373	1997
兼职律师	人	142	125
法律援助律师	人	17	11
公职律师	人	52	31
聘请常年法律顾问的单位	个	2065	1719
民事、经济诉讼代理	件	12232	7047
刑事辩护及代理	件	2727	1651
非诉讼法律事务	件	2507	1675

注：本表中聘请常年法律顾问单位数据仅包括司法局管辖的律师事务所的数据。

12-24 公证和调解工作情况
Condition of notarization and mediation work

指 标	单 位	2018	2017
公证工作			
公证处	个	7	7
公证员（含公证员助理）	人	154	139
办理国内民事公证	件	107939	106326
办理国内经济公证	件	13871	16941
办理涉外公证	件	27450	20430
涉港澳台公证	件	297	224
调解工作			
司法所工作人员	人	148	151
人民调解委员会	个	1872	1923
调解人员	人	8225	9111
调解各类纠纷	件	22864	27106
防止民间纠纷引起自杀	人	6	4
防止民间纠纷转化为刑事案件	件	10	8

12-25 体育后备运动员及教练员项目分布情况

Distribution of sports athletes and coaches

单位：人

项 目	运动员	教练员
合 计	**1642**	**92**
田径	186	9
自行车	80	3
击剑	25	2
举重	96	7
柔道	71	2
国际摔跤	138	4
跆拳道	90	2
拳击	45	1
武术套路	5	3
武术散打	21	1
射击	50	8
射箭	33	2
游泳	265	12
跳水	16	2
乒乓球	76	5
篮球	106	7
网球	34	1
体操	48	3
蹦床	56	3
赛艇	26	2
皮划艇	35	1
足球	50	6
排球	90	6

12-26 等级裁判员项目分布情况

Distribution of grade judges

单位：人

项目	一级以上裁判员合计	#女性	1、国际级裁判员	2、国家级裁判员	3、一级裁判员	二级裁判员
合计	**1256**	**795**	**28**	**141**	**1087**	**2214**
田径	109	89	1	12	96	331
游泳	70	45		10	60	72
跳水	11	3	1	1	9	
自行车	54	17	1	16	37	6
举重	16	11	3	2	11	
射击	80	38	1	4	75	6
射箭	50	22		3	47	
国际摔跤	21	2	1	2	18	3
柔道	15	5	1	7	7	1
跆拳道	36	10	1	3	32	18
拳击	32	4			32	
体操	43	19	6		37	1
蹦床	22	12	5		17	
武术套路	70	28	2	10	58	167
武术散打	15	1	1	1	13	
击剑	12	5		1	11	
足球	46	7		3	43	98
篮球	98	43		8	90	444
排球	29	56	1	6	22	236
沙滩排球	6	2	1	5		0
乒乓球	66	185		10	56	467
网球	72	52	1	13	58	127
羽毛球	74	62		5	69	205
门球	24	13		2	22	
台球	3	1			3	
中国象棋	18	3		1	17	5
国际象棋	20	8		1	19	16
围棋	16	6		3	13	8
健美操	30	24		2	28	3

注：本表口径只包括市属管辖数据，不包含省属管辖数据。

12-26 续表

单位：人

项　目	一级以上裁判员合计	# 女性	1、国际级裁判员	2、国家级裁判员	3、一级裁判员	二级裁判员
体育舞蹈	13	5		2	11	
健美	10	4	1	1	8	
健身气功	8	4		1	7	
跳伞	1	1			1	
拔河	2	1		1	1	
毽球	12	4			12	
健身秧歌	2	2		1	1	
电子竞技	6			1	5	
信鸽	30				30	
航模	9			2	7	
定向	5	1		1	4	

12-27　等级运动员项目分布情况
Distribution of the athletes in class

单位：人

项　目	等级运动员合计	# 女性	1、一级运动员	2、二级运动员
合　计	**2324**	**923**	**578**	**1746**
田径	408	124	13	395
游泳	129	50	22	107
跳水	1		1	
自行车	28	15	19	9
举重	8	6	4	4
射击	64	28	30	34
射箭	25	9	7	18
国际摔跤	59	39	16	43
柔道	23	11	10	13
跆拳道	65	31	38	27
拳击	36	16	15	21
体操	9	8	5	4
蹦床	12	7	7	5
武术套路	90	40	5	85

12-27　续表

项　目	等级运动员合计	# 女性	1、一级运动员	2、二级运动员
武术散打	24	9	7	17
击剑	12	8	3	9
足球	212	51	43	169
篮球	367	132	80	287
排球	400	185	176	224
沙滩排球				
乒乓球	138	62	50	88
网球	90	46		90
羽毛球	29	13		29
手球	6	4		6
门球				
台球				
中国象棋	16	5	3	13
国际象棋	21	5	6	15
围棋	20	4	3	17
健美操	15	9	4	11
体育舞蹈				
健美				
健身气功				
跳伞				
拔河				
毽球				
健身秧歌				
电子竞技				
信鸽				
航模	3		2	1
定向				
橄榄球				
技巧	2	1		2
中国式摔跤	3	1		3
皮划艇	8	3	8	
赛艇	1	1	1	

12-28 体育彩票发行情况
Issue of sports lottery

年 份	全市体育彩票发行额(万元)	全省体育彩票发行额(万元)	全市体育彩票网点数(个)	全市体育彩票发行额在全省占比(%)
2005	8106	38877	354	20.9
2006	12269	55930	376	21.9
2007	12984	50780	392	25.6
2008	27276	92377	409	29.5
2009	22230	80709	470	27.5
2010	26391	82260	475	32.1
2011	35297	96358	520	36.0
2012	34073	101566	520	33.5
2013	50649	156171	530	32.4
2014	60256	189702	580	31.8
2015	66937	208464	594	32.1
2016	72968	232870	634	31.3
2017	107624	349064	678	30.8
2018	103286	430358	483	24.0

12-29 婚姻登记情况
Situation of marriage registration

指 标	结婚登记数(对)	初婚人数(人)	再婚人数(人)			离婚登记数(对)
				#女	恢复结婚(对)	
总 计	**31377**	**50677**	**12077**	**6058**	**2177**	**10897**
市本级	440	854	26	12	5	100
小店区	6203	9694	2712	1338	678	2119
迎泽区	4395	7167	1623	780	263	1480
杏花岭区	4665	7206	2124	1031	258	2022
尖草坪区	2400	3699	1101	583	185	863
万柏林区	4718	7524	1912	917	303	1663
晋源区	1805	2711	899	457	203	667
清徐县	2641	4677	605	341	88	552
阳曲县	1206	1966	446	254	60	358
娄烦县	1231	2083	379	218	100	524
古交市	1673	3096	250	127	34	549

12-30 社会救济、收养对象情况
Social relief and adoption object

指　标	城市居民最低生活保障人数（人）	农村居民最低生活保障人数（人）	城市发放最低保障资金（万元）	农村发放最低保障资金（万元）	农村集中五保供养人数（人）	农村分散五保供养人数(人)	收养类单位数(个)	收养类单位床位数（张）	收养类单位在院人数(人)
总　计	**23480**	**34929**	**16145**	**18457**	**2860**	**893**	**29**	**5745**	**4240**
市本级							6	907	830
小店区	689	589	638	422	65	89	1	200	110
迎泽区	1340	333	1202	231	3	17	1	20	8
杏花岭区	3526	1164	2883	829	26	29	5	601	337
尖草坪区	4605	3419	2744	1948	70	244	1	230	70
万柏林区	2056	1678	1755	1073	23	31	2	90	72
晋源区	1026	5900	496	2898	48	121	1	108	48
清徐县	1211	4079	729	2304	382	153	5	720	382
阳曲县	3649	4003	2259	1951	973	107	1	1269	1080
娄烦县	2662	10382	1627	5189	943		5	1096	976
古交市	2716	3382	1812	1613	327	102	1	504	327

12-31 优抚对象优待抚恤情况
Special preferential treatment to the situation

单位：人、户

指　标	抚恤、补助优抚对象人数	定期定量补助人　数	伤残人数	优待优抚对象户数	优抚对象享受医保人数
总　计	**11268**	**7943**	**3061**	**11225**	**11076**
小店区	1849	1167	665	1832	1832
迎泽区	1046	311	712	1046	1032
杏花岭区	1039	420	588	1039	1008
尖草坪区	847	609	198	845	807
万柏林区	854	435	411	854	846
晋源区	1118	976	120	1096	1096
清徐县	2137	1976	122	2137	2134
阳曲县	1088	961	80	1086	1053
娄烦县	688	599	67	688	666
古交市	602	489	98	602	602

第13篇

县(市、区)经济概况

Basic Economic Statistics of at County Levell (districts, counties and cities)

资料整理、审核

张妙莲

13-1 小店区国民经济主要指标

Main indicators of national economy in Xiaodian District

指　标	单 位	2018
一、基本情况		
行政区域面积	平方公里	295
乡个数	个	2
镇个数	个	1
街道办事处个数	个	7
二、人口与就业		
户籍户数	户	195908
户籍人口	万人	665365
三、综合经济		
(一)地区生产总值	万元	9188828.466
第一产业增加值	万元	82611
第二产业增加值	万元	4576179
第三产业增加值	万元	4530038.466
(二)财政、金融		
一般公共预算收入	万元	303548
一般公共预算支出	万元	407680
四、农业		
(一)生产条件		
耕地面积	公顷	9866.61
设施农业占地(水地)面积	公顷	236.0
耕地灌溉面积	吨	7520
(二)农作物播种面积	公顷	7356.1
粮食作物播种面积	公顷	4204.3
小麦	公顷	46.5
玉米	公顷	363.3
大豆	公顷	1236.6
油料播种面积	公顷	270.9
蔬菜播种面积	公顷	1601.7

13-1　续表 1

指　标	单　位	2018
(三)农产品产量		
粮食总产量	吨	26986.1
其中：小麦	吨	287.1
玉米	吨	3034.6
大豆	吨	3074.4
油料产量		1464.9
园林水果产量	吨	554.5
肉类总产量	吨	4008
其中:猪肉产量	吨	2235
禽蛋产量	吨	4400
奶类产量	吨	42760
蔬菜产量	吨	83850
水产品产量	吨	15
(四)农产品产量		
“三品一标”农产品个数	个	53
“三品一标”农产品基底面积	公顷	1028
五、工业		
规模以上工业企业单位数	个	34
规模以上工业总产值	万元	450320
其中:农产品加工业产值	万元	20179.2
六、交通、通讯与能源		
公路里程	公里	357
七、贸易、外经		
社会消费品零售总额	万元	5240352.7
其中:限上社会消费品零售总额	万元	3104975.7
出口总额	万元	66795
八、固定资产投资		
固定资产投资增速	%	29.7
房地产开发投资	万元	1107361

13-1 续表 2

指　标	单 位	2018
九、教育、科技、文化、卫生		
普通中学	所	42
小学校数	所	72
普通中学专任教师数	人	4246
小学专任教师数	人	3587
普通中学在校学生数	人	44634
小学在校学生数	人	77492
全年专利授权数	件	1884
公共图书馆图书总藏量	千册	136
剧场、影剧院个数	个	9
体育场馆个数	个	12
医疗卫生机构床位数	床	7022
医疗卫生机构技术人员	人	10374
其中:执业（助理）医师	人	4138
十、居民收入		
城镇居民人均可支配收入	元	34889
十一、社会保障		
各种社会福利收养性单位数	个	1
各种社会福利收养性单位床位数	床	200
城镇职工基本养老保险参保人数	人	100606
城乡居民基本养老保险参保人数	人	89006
城乡居民基本医疗保险人数	人	385654
失业保险参保人数	人	55575
城镇居民最低生活保障人数	人	689
农村居民最低生活保障人数	人	589
十二、附记指标		
森林面积	公顷	1247
污水处理厂数	座	3
垃圾处理站数	个	12

13-2　迎泽区国民经济主要指标

Main indicators of national economy in Yingze District

指　标	单　位	2018
一、基本情况		
行政区域面积	平方公里	117
镇个数	个	1
街道办事处个数	个	6
二、人口与就业		
户籍户数	户	160020
户籍人口	万人	540607
三、综合经济		
(一)地区生产总值	万元	7685868
第一产业增加值	万元	1929
第二产业增加值	万元	979059
第三产业增加值	万元	6704880
(二)财政、金融		
一般公共预算收入	万元	200976
一般公共预算支出	万元	255465
四、农业		
(一)生产条件		
耕地面积	公顷	698.98
耕地灌溉面积	公顷	170
(二)农作物播种面积	公顷	127.2
粮食作物播种面积	公顷	120.9
其中:玉米	公顷	24
大豆	公顷	13
油料播种面积	公顷	0.4
蔬菜播种面积	公顷	5.6
(三)农产品产量		

13-2 续表 1

指　标	单 位	2018
粮食总产量	吨	171.8
其中:玉米	吨	48.6
大豆	吨	18.4
油料产量	吨	0.5
园林水果产量	吨	2.1
肉类总产量	吨	167.77
其中:猪肉产量	吨	101.5
禽蛋产量	吨	220
蔬菜产量	吨	364
水产品产量	吨	27
(四)农产品产量		
"三品一标"农产品个数	个	1
"三品一标"农产品基地面积	公顷	60
五、工业		
规模以上工业企业单位数	个	7
规模以上工业总产值	万元	726699
六、交通、通讯与能源		
公路里程	公里	81
七、贸易、外经		
社会消费品零售总额	万元	4094915.1
其中:限上社会消费品零售总额	万元	1948617.4
出口总额	万元	136652
八、固定资产投资		
固定资产投资增速	%	-5.6
房地产开发投资	万元	715853
九、教育、科技、文化、卫生		
普通中学	所	19

13-2 续表 2

指 标	单 位	2018
小学校数	所	37
普通中学专任教师数	人	2605
小学专任教师数	人	2029
普通中学在校学生数	人	28075
小学在校学生数	人	34352
全年专利授权数	件	746
公共图书馆图书总藏量	千册	113
剧场、影剧院个数	个	5
体育场馆个数	个	1
医疗卫生机构床位数	床	9152
医疗卫生机构技术人员	人	14407
其中:执业(助理)医师	人	5029
十、居民收入		
城镇居民人均可支配收入	元	34633
十一、社会保障		
各种社会福利收养性单位数	个	1
各种社会福利收养性单位床位数	床	20
城镇职工养老保险参保人数		65541
城乡居民基本养老保险参保人数	人	27289
城乡居民基本医疗保险参保人数	人	195619
失业保险参保人数	人	30541
城镇居民最低生活保障人数	人	1340
农村居民最低生活保障人数	人	333
十二、附记指标		
森林面积	公顷	1760
垃圾处理站数	个	11

13-3 杏花岭区国民经济主要指标
Main indicators of national economy in Xinghualing District

指　标	单　位	2018
一、基本情况		
行政区域面积	平方公里	170
乡个数	个	2
街道办事处个数	个	10
二、人口与就业		
户籍户数	户	186304
户籍人口	万人	608534
三、综合经济		
(一)地区生产总值	万元	6471094.245
第一产业增加值	万元	5176.9
第二产业增加值	万元	1314686.765
第三产业增加值	万元	5151230.58
(二)财政、金融		
一般公共预算收入	万元	186670
一般公共预算支出	万元	261602
四、农业		
(一)生产条件		
耕地面积	公顷	923.5
设施农业占地面积	公顷	5.0
耕地灌溉面积	公顷	30
(二)农作物播种面积	公顷	504.2
粮食作物播种面积	公顷	453.5
其中:玉米	公顷	75.5
大豆	公顷	67.1
油料播种面积	公顷	3.1

13-3 续表1

指 标	单 位	2018
蔬菜播种面积	公顷	47.6
(三)农产品产量		
粮食总产量	吨	746.2
其中:玉米	吨	132.8
大豆	吨	61.6
油料产量	吨	3.3
园林水果产量	吨	715.2
肉类总产量	吨	1264.18
其中:猪肉产量	吨	1029.23
禽蛋产量	吨	447.49
蔬菜产量	吨	1841
(四)农产品产量		
"三品一标"农产品个数	个	6
"三品一标"农产品基地面积	公顷	120
五、工业及建筑业		
规模以上工业企业单位数	个	21
规模以上工业总产值	万元	393547
六、交通、通讯与能源		
公路里程	公里	141
七、贸易、外经		
社会消费品零售总额	万元	2414672.9
其中:限上社会消费品零售总额	万元	1075112.1
出口总额	万元	193910
八、固定资产投资		
固定资产投资增速	%	26.8
房地产开发投资	万元	725208
九、教育、科技、文化、卫生		

13-3 续表 2

指 标	单 位	2018
普通中学	所	37
小学校数	所	57
普通中学专任教师数	人	3378
小学专任教师数	人	2661
普通中学在校学生数	人	31406
小学在校学生数	人	48568
全年专利授权数	件	495
剧场、影剧院个数	个	4
体育场馆个数	个	3
医疗卫生机构床位数	床	11621
医疗卫生机构技术人员	人	18507
其中:执业(助理)医师	人	6530
十、居民收入		
城镇居民人均可支配收入	元	34583
十一、社会保障		
各种社会福利收养性单位数	个	5
各种社会福利收养性单位床位数	床	601
城镇职工养老保险参保人数	人	69608
城乡居民基本养老保险参保人数	人	37524
城乡居民基本医疗保险参保人数	人	176310
失业保险参保人数	人	37519
城镇居民最低生活保障人数	人	3526
农村居民最低生活保障人数	人	1164
十二、附记指标		
森林面积	公顷	1687
垃圾处理站数	个	15

13-4　尖草坪区国民经济主要指标

Main indicators of national economy in Jiancaoping District

指　　标	单　位	2018
一、基本情况		
行政区域面积	平方公里	285
乡个数	个	3
镇个数	个	2
街道办事处个数	个	9
二、人口与就业		
户籍户数	户	112606
户籍人口	万人	331434
三、综合经济		
(一)地区生产总值	万元	3275626.76
第一产业增加值	万元	34675
第二产业增加值	万元	2054174
第三产业增加值	万元	1186777.76
(二)财政、金融		
一般公共预算收入	万元	135102
一般公共预算支出	万元	207011
四、农业		
(一)生产条件		
耕地面积	公顷	4642.2
设施农业占地面积	公顷	76.7
耕地灌溉面积	公顷	4370
(二)农作物播种面积	公顷	4838.3
粮食作物播种面积	公顷	4127.3
其中:玉米	公顷	3190.6
大豆	公顷	228.2
油料播种面积	公顷	40.3
蔬菜播种面积	公顷	594.1
(三)农产品产量		

13-4 续表 1

指 标	单 位	2018
粮食总产量	吨	14538.7
玉米	吨	12541.2
大豆	吨	473.4
油料产量	吨	54
园林水果产量	吨	22316.6
肉类总产量	吨	3067.7
其中:猪肉产量	吨	2436
禽蛋产量	吨	1472
奶类产量	吨	17788.5
蔬菜产量	吨	42703.9
水产品产量	吨	115
(四)农产品产量		
"三品一标"农产品个数	个	12
"三品一标"农产品基地面积	公顷	737
五、工业及建筑业		
规模以上工业企业单位数	个	55
规模以上工业总产值	万元	9294914
其中:农产品加工业产值	万元	3583.4
六、交通、通讯与能源		
公路里程	公里	205
七、贸易、外经		
社会消费品零售总额	万元	1120684.4
其中:上限社会消费品零售总额	万元	82587.6
出口总额	万元	1153679
八、固定资产投资		
固定资产投资增速	%	47.7
房地产开发投资	万元	446702
九、教育、科技、文化、卫生		

13-4 续表 2

指 标	单 位	2018
普通中学	所	22
小学校数	所	40
普通中学专任教师数	人	1548
小学专任教师数	人	1635
普通中学在校学生数	人	13656
小学在校学生数	人	24794
全年专利授权数	件	814
公共图书馆图书总藏量	千册	134
剧场、影剧院个数	个	5
体育场馆个数	个	6
医疗卫生机构床位数	床	2682
医疗卫生机构技术人员	人	3498
其中:执业(助理)医师	人	1497
十、居民收入		
城镇居民人均可支配收入	元	33746
十一、社会保障		
各种社会福利收养性单位数	个	1
各种社会福利收养性单位床位数	床	230
城镇职工基本养老保险参保人数	人	56256
城乡居民基本养老保险参保人数	人	76559
城乡居民基本医疗保险参保人数	人	204738
失业保险参保人数	人	21623
城镇居民最低生活保障人数	人	4605
农村居民最低生活保障人数	人	3419
十二、附记指标		
森林面积	公顷	4993
污水处理厂数	座	2
垃圾处理站数	个	13

13-5 万柏林区国民经济主要指标
Main indicators of national economy in Wanbailin District

指　标	单 位	2018
一、基本情况		
行政区域面积	平方公里	305
乡个数	个	1
街道办事处个数	个	14
二、人口与就业		
户籍户数	户	171943
户籍人口	万人	577997
三、综合经济		
(一)地区生产总值	万元	4504581
第一产业增加值	万元	2859
第二产业增加值	万元	2443604
第三产业增加值	万元	2058118
(二)财政、金融		
一般公共预算收入	万元	241702
一般公共预算支出	万元	337940
四、农业		
(一)生产条件		
耕地面积	公顷	1727.28
设施农业占地面积	公顷	22.7
耕地灌溉面积	公顷	750
(二)农作物播种面积	公顷	318.4
粮食作物播种面积	公顷	289.1
其中:玉米	公顷	79.6
大豆	公顷	17
蔬菜播种面积	公顷	25.9
(三)农产品产量		

13-5 续表 1

指标	单位	2018
粮食总产量	吨	750
其中:玉米	吨	270
大豆	吨	31
园林水果产量	吨	179.3
肉类总产量	吨	421.92
其中:猪肉产量	吨	380.4
禽蛋产量	吨	229.8
奶类产量	吨	124
蔬菜产量	吨	600.5
水产品产量	吨	13.5
(四)农产品产量		
“三品一标”农产品个数	个	3
“三品一标”农产品基地面积	公顷	130
五、工业及建筑业		
规模以上工业企业单位数	个	19
规模以上工业总产值	万元	3360208
六、交通、通讯与能源		
公路里程	公里	192
七、贸易、外经、旅游		
社会消费品零售总额	万元	2184323.8
其中:上限社会消费品零售总额	万元	1077243.1
出口总额	万元	56677
八、固定资产投资		
固定资产投资增速	%	18.8
房地产开发投资	万元	1533630
九、教育、科技、文化、卫生		
普通中学	所	25

13-5 续表 2

指　标	单 位	2018
小学校数	所	61
普通中学专任教师数	人	2557
小学专任教师数	人	3858
普通中学在校学生数	人	25736
小学在校学生数	人	51877
全年专利授权数	件	1349
公共图书馆图书总藏量	千册	47
剧场、影剧院个数	个	5
体育场馆个数	个	13
医疗卫生机构床位数	床	5006
医疗卫生机构技术人员	人	8890
其中:执业(助理)医师	人	3466
十、居民收入		
城镇居民人均可支配收入	元	33585
十一、社会保障		
各种社会福利收养性单位数	个	2
各种社会福利收养性单位床位数	床	90
城镇职工基本养老保险参保人数	人	51231
城乡居民基本养老保险参保人数	人	61202
城乡居民基本医疗保险参保人数	人	282470
失业保险参保人数	人	31799
城镇居民最低生活保障人数	人	2056
农村居民最低生活保障人数	人	1678
十二、附记指标		
森林面积	公顷	4620
垃圾处理站数	个	28

13-6　晋源区国民经济主要指标

Main indicators of national economy in Jinyuanqu District

指　标	单　位	2018
一、基本情况		
行政区域面积	平方公里	288
镇个数	个	3
街道办事处个数	个	3
二、人口与就业		
户籍户数	户	67408
户籍人口	万人	210668
三、综合经济		
(一)地区生产总值	万元	733574
第一产业增加值	万元	44562
第二产业增加值	万元	265963
第三产业增加值	万元	423049
(二)财政、金融		
一般公共预算收入	万元	151495
一般公共预算支出	万元	253342
四、农业		
(一)生产条件		
耕地面积	公顷	4574.6
设施农业占地面积	公顷	201.2
耕地灌溉面积	公顷	4200
(二)农作物播种面积	公顷	2844.3
粮食作物播种面积	公顷	1338.1
其中:稻谷	公顷	138.4
玉米	公顷	1005.9
大豆	公顷	87
油料播种面积	公顷	504.5
蔬菜播种面积	公顷	967.4
(三)农产品产量		

13-6 续表 1

指　标	单 位	2018
粮食总产量	吨	11024.4
其中:稻谷	吨	907.8
玉米	吨	8819.3
大豆	吨	321.5
油料产量	吨	470.8
园林水果产量	吨	2515.2
肉类总产量	吨	3614.91
其中:猪肉产量	吨	2214
禽蛋产量	吨	6091.5
奶类产量	吨	11981.2
蔬菜产量	吨	70018.1
水产品产量	吨	231
(四)农产品产量		
“三品一标”农产品个数	个	3
“三品一标”农产品基地面积	公顷	400
五、工业及建筑业		
规模以上工业企业单位数	个	20
规模以上工业总产值	万元	189207
其中:农产品加工业产值	万元	7433.2
六、交通、通讯与能源		
公路里程	公里	197
七、贸易、外经、旅游		
社会消费品零售总额	万元	499065.6
其中:上限社会消费品零售总额	万元	468346.6
出口总额	万元	75605
八、固定资产投资		
固定资产投资增速	%	63.5
房地产开发投资	万元	585155
九、教育、科技、文化、卫生		
普通中学	所	15

13-6 续表2

指 标	单 位	2018
小学校数	所	45
普通中学专任教师数	人	1286
小学专任教师数	人	1039
普通中学在校学生数	人	12240
小学在校学生数	人	19093
全年专利授权数	件	119
公共图书馆图书总藏量	千册	32
体育场馆个数	个	2
医疗卫生机构床位数	床	699
医疗卫生机构技术人员	人	1441
其中:执业(助理)医师	人	628
十、居民收入		
城镇居民人均可支配收入	元	34015
十一、社会保障		
各种社会福利收养性单位数	个	1
各种社会福利收养性单位床位数	床	108
城镇职工基本养老保险参保人数	人	21316
城乡居民基本养老保险参保人数	人	83657
城乡居民基本医疗保险参保人数	人	151878
失业保险参保人数	人	10766
城镇居民最低生活保障人数	人	1026
农村居民最低生活保障人数	人	5900
十二、附记指标		
森林面积	公顷	4840
自然保护区面积	公顷	2866.7
污水处理厂数	座	1
垃圾处理站数	个	3

13-7 清徐县国民经济主要指标

Main indicators of national economy in Qingxu county

指　标	单 位	2018
一、基本情况		
行政区域面积	平方公里	609
镇个数	个	5
街道办事处个数	个	4
二、人口与就业		
户籍户数	户	124670
户籍人口	万人	337134
三、综合经济		
(一)地区生产总值	万元	1736571
第一产业增加值	万元	139005
第二产业增加值	万元	1028774
第三产业增加值	万元	568792
(二)财政、金融		
一般公共预算收入	万元	130044
一般公共预算支出	万元	241183
年末金融机构各项存款余额	万元	2575970.83
其中:居民储蓄存款余额	万元	1731722.91
年末金融机构各项贷款余额	万元	1856957.73
四、农业		
(一)生产条件		
耕地面积	公顷	25291.6
设施农业占地面积	公顷	444.0
耕地灌溉面积	公顷	24000
(二)农作物播种面积	公顷	23534.6
粮食作物播种面积	公顷	17631
其中:稻谷	公顷	19.3
玉米	公顷	11814.6
大豆	公顷	20.5
油料播种面积	公顷	42.9
蔬菜播种面积	公顷	0.5
(三)农产品产量		5636.5

13-7　续表 1

指　标	单 位	2018
粮食总产量	吨	107785.1
其中:小麦	吨	119.3
玉米	吨	71064.8
大豆	吨	33.9
油料产量	吨	83.1
棉花产量		1.2
园林水果产量	吨	38599.1
肉类总产量	吨	16675.9
其中:猪肉产量	吨	11006
禽蛋产量	吨	4958
奶类产量	吨	7493
蔬菜产量	吨	308550
水产品产量	吨	1485
(四)农产品产量		
“三品一标”农产品个数	个	56
“三品一标”农产品基地面积	公顷	9613
五、工业及建筑业		
规模以上工业企业单位数	个	57
规模以上工业总产值	万元	2880353
其中:农产品加工业产值	万元	21720.9
六、交通、通讯与能源		
公路里程	公里	532
固定电话用户	户	12282
移动电话用户	户	418700
互联网宽带接入用户	户	90700
七、贸易、外经、旅游		
社会消费品零售总额	万元	678395.7
其中:上限社会消费品零售总额	万元	81112.7
出口总额	万元	17202
八、固定资产投资		
固定资产投资增速	%	48.2
房地产开发投资	万元	11669
九、教育、科技、文化、卫生		
普通中学	所	23

13-7　续表 2

指　　标	单 位	2018
小学校数	所	**73**
普通中学专任教师数	人	1744
小学专任教师数	人	1645
普通中学在校学生数	人	18098
小学在校学生数	人	22019
全年专利授权数	件	91
公共图书馆图书总藏量	千册	121
剧场、影剧院个数	个	1
体育场馆个数	个	1
医疗卫生机构床位数	床	826
医疗卫生机构技术人员	人	1024
其中:执业(助理)医师	人	536
十、居民收入		
居民人均可支配收入	元	22166
城镇居民人均可支配收入	元	32407
农村居民人均可支配收入	元	19143
十一、社会保障		
各种社会福利收养性单位数	个	5
各种社会福利收养性单位床位数	床	720
城镇职工基本养老保险参保人数	人	36150
城乡居民基本养老保险参保人数	人	169736
基本养老保险参保人数	人	285743
其中:城乡居民基本医疗保险参保人数	人	261480
失业保险参保人数	人	17401
城镇居民最低生活保障人数	人	1211
农村居民最低生活保障人数	人	4079
十二、附记指标		
森林面积	公顷	5993
污水处理厂数	座	1

13-8 阳曲县国民经济主要指标

Main indicators of national economy in Yangqu county

指　标	单　位	2018
一、基本情况		
行政区域面积	平方公里	2059
乡个数	个	6
镇个数	个	4
二、人口与就业		
户籍户数	户	63820
户籍人口	万人	152402
三、综合经济		
(一)地区生产总值	万元	457077
第一产业增加值	万元	65771
第二产业增加值	万元	255499
第三产业增加值	万元	135807
(二)财政、金融		
一般公共预算收入	万元	60019
一般公共预算支出	万元	160817
年末金融机构各项存款余额	万元	844976
其中:居民储蓄存款余额	万元	607839
年末金融机构各项贷款余额	万元	420851
其中:农业及支农贷款余额	万元	228674
四、农业		
(一)生产条件		
耕地面积	公顷	28031.26
设施农业占地面积	公顷	336.2
耕地灌溉面积	公顷	4230
(二)农作物播种面积	公顷	24883.5
粮食作物播种面积	公顷	22364.3
其中:玉米	公顷	13816.4
大豆	公顷	728.5
油料播种面积	公顷	115.9
蔬菜播种面积	公顷	1583.8
(三)农产品产量		

13-8 续表 1

指　　标	单 位	2018
粮食总产量	吨	101370.6
其中:玉米	吨	80095.5
大豆	吨	1059.5
油料产量	吨	220.4
园林水果产量	吨	2182.4
肉类总产量	吨	8495.71
其中:猪肉产量	吨	4481.23
禽蛋产量	吨	10200.36
奶类产量	吨	14116.25
蔬菜产量	吨	66889.2
水产品产量	吨	44
(四)农产品产量		
“三品一标”农产品个数	个	33
“三品一标”农产品基地面积	公顷	3500
五、工业及建筑业		
规模以上工业企业单位数	个	27
规模以上工业总产值	万元	952487
其中:农产品加工业产值	万元	31407
六、交通、通讯与能源		
公路里程	公里	741
固定电话用户	户	10368
移动电话用户	户	153120
互联网宽带接入用户	户	29589
七、贸易、外经		
社会消费品零售总额	万元	169571.6
其中:上限社会消费品零售总额	万元	39527.2
出口总额	万元	9010
八、固定资产投资		
固定资产投资增速	%	20.0
房地产开发投资	万元	25361
九、教育、科技、文化、卫生		

13-8　续表 2

指　标	单　位	2018
普通中学	所	15
小学数	所	17
普通中学专任教师数	人	846
小学专任教师数	人	723
普通中学在校学生数	人	9198
小学在校学生数	人	8820
全年专利授权数	件	52
公共图书馆图书总藏量	千册	57
剧场、影剧院个数	个	2
体育场馆个数	个	1
医疗卫生机构床位数	床	1176
医疗卫生机构技术人员	人	911
其中:执业(助理)医师	人	292
十、居民收入		
居民人均可支配收入	元	14500
城镇居民人均可支配收入	元	24698
农村居民人均纯收入	元	9509
十一、社会保障		
各种社会福利收养性单位数	个	1
各种社会福利收养性单位床位数	床	1269
城镇职工基本养老保险参保人数	人	17547
城乡居民本医疗保险参保人数	人	80256
基本医疗保险参保人数		133403
其中:城乡居民基本医疗保险人数		121207
失业保险参保人数	人	7108
城镇居民最低生活保障人数	人	3649
农村居民最低生活保障人数	人	4003
十二、附记指标		
森林面积	公顷	38820
自然保护区面积	公顷	24920
污水处理厂数	座	1

13-9 娄烦县国民经济主要指标

Main indicators of national economy in Loufan county

指　标	单 位	2018
一、基本情况		
行政区域面积	平方公里	1276
乡个数	个	5
镇个数	个	3
二、人口与就业		
户籍户数	户	53137
户籍人口	万人	126057
三、综合经济		
(一)地区生产总值	万元	224124
第一产业增加值	万元	23971
第二产业增加值	万元	91525
第三产业增加值	万元	108628
(二)财政、金融		
一般公共预算收入	万元	37885
一般公共预算支出	万元	185634
年末金融机构各项存款余额	万元	494293
其中:居民储蓄存款余额	万元	359148
年末金融机构各项贷款余额	万元	295121
其中:农业及支农贷款余额	万元	61525
四、农业		
(一)生产条件		
耕地面积	公顷	19423.49
设施农业占地面积	公顷	293.6
耕地灌溉面积	公顷	1170
(二)农作物播种面积	公顷	10174.7
粮食作物播种面积	公顷	8690
其中: 玉米	公顷	1440
大豆	公顷	642.5
油料播种面积	公顷	402

13-9 续表 1

指 标	单 位	2018
蔬菜播种面积	公顷	206.1
(三)农产品产量		
粮食总产量	吨	17943.3
其中:玉米	吨	4190.3
大豆	吨	1078
油料产量	吨	611.6
园林水果产量	吨	1455.2
肉类总产量	吨	2636.1
其中:猪肉产量	吨	1283.5
禽蛋产量	吨	1026
蔬菜产量	吨	10891.4
水产品产量	吨	402
(四)农产品产量		
“三品一标”农产品个数	个	48
“三品一标”农产品基地面积	公顷	2726
五、工业及建筑业		
规模以上工业企业单位数	个	8
规模以上工业总产值	万元	159185
六、交通、通讯与能源		
公路里程	公里	429
固定电话用户	户	5863
移动电话用户	户	97407
互联网宽带接入用户	户	29085
七、贸易、外经		
社会消费品零售总额	万元	52319.9
其中：上限社会消费品零售总额		13673.8
八、固定资产投资		
固定资产投资增速	%	23.5
九、教育、科技、文化、卫生		

13-9 续表 2

指　标	单 位	2018
普通中学	所	8
小学校数	所	10
普通中学专任教师数	人	434
小学专任教师数	人	491
普通中学在校学生数	人	4989
小学在校学生数	人	6760
全年专利授权数	件	13
公共图书馆图书总藏量	千册	52
医疗卫生机构床位数	床	334
医疗卫生机构技术人员	人	377
其中:执业(助理)医师	人	182
十、居民收入		
居民人均可支配收入	元	13021
城镇居民人均可支配收入	元	21232
农村居民人均纯收入	元	7541
十一、社会保障		
各种社会福利收养性单位数	个	5
各种社会福利收养性单位床位数	床	1096
城镇职工基本养老保险参保人数	人	11869
城乡居民本医疗保险参保人数	人	63802
基本医疗保险参保人数	人	113109
其中:城乡居民基本医疗保险人数	人	103730
失业保险参保人数	人	5271
城镇居民最低生活保障人数	人	2662
农村居民最低生活保障人数	人	10382
十二、附记指标		
森林面积	公顷	19980
自然保护区	公顷	50029
污水处理厂数	座	1

13-10 古交市国民经济主要指标

Main indicators of national economy in the city of Gujiao

指 标	单 位	2018
一、基本情况		
行政区域面积	平方公里	1584
乡个数	个	7
镇个数	个	3
街道办事处个数	个	4
二、人口与就业		
户籍户数	户	79487
户籍人口	万人	216967
三、综合经济		
(一)地区生产总值	万元	366075
第一产业增加值	万元	25422
第二产业增加值	万元	157986
第三产业增加值	万元	182667
(二)财政、金融		
一般公共预算收入	万元	93226
一般公共预算支出	万元	176208
年末金融机构各项存款余额	万元	1853733
其中:居民储蓄存款余额	万元	1470397
年末金融机构各项贷款余额	万元	1009724
四、农业		
(一)生产条件		
耕地面积	公顷	20646.37
设施农业占地面积	公顷	108.9
耕地灌溉面积	公顷	780
(二)农作物播种面积	公顷	7943.7
粮食作物播种面积	公顷	6741.9
其中:玉米	公顷	1378
大豆	公顷	1314
油料播种面积	公顷	384
蔬菜播种面积	公顷	417.9
(三)农产品产量		

13-10 续表 1

指　标	单　位	2018
粮食总产量	吨	10967
其中:玉米	吨	3252
大豆	吨	1355
油料产量	吨	495
园林水果产量	吨	209.9
肉类总产量	吨	5036
其中:猪肉产量	吨	2709.6
禽蛋产量	吨	4946
奶类产量	吨	279
蔬菜产量	吨	29614.3
水产品产量	吨	170
(四)农产品产量		
"三品一标"农产品个数	个	37
"三品一标"农产品基地面积	公顷	2031
五、工业及建筑业		
规模以上工业企业单位数	个	14
规模以上工业总产值	万元	462573
六、交通、通讯与能源		
公路里程	公里	724
固定电话用户	户	25552
移动电话用户	户	258170
互联网宽带接入用户	户	41689
七、贸易、外经、旅游		
社会消费品零售总额	万元	573411.9
其中:上限社会消费品零售总额	万元	10847.4
出口总额	万元	8
八、固定资产投资		
固定资产投资增速	%	-15.3
房地产开发投资	万元	28885
九、教育、科技、文化、卫生		

13-10　续表 2

指　　标	单　位	2018
普通中学	所	21
小学数	所	29
普通中学专任教师数	人	1045
小学专任教师数	人	1346
普通中学在校学生数	人	11218
小学在校学生数	人	16662
全年专利授权数	件	26
公共图书馆图书总藏量	千册	57
剧场、影剧院个数	个	3
体育场馆个数	个	2
医疗卫生机构床位数	床	1399
医疗卫生机构技术人员	人	1840
其中:执业(助理)医师	人	720
十、居民收入		
居民人均可支配收入	元	27164
城镇居民人均可支配收入	元	31178
农村居民人均纯收入	元	15963
十一、社会保障		
各种社会福利收养性单位数	个	1
各种社会福利收养性单位床位数	床	504
城镇职工基本养老保险参保人数	人	30010
城乡居民本医疗保险参保人数	人	56556
基本医疗保险参保人数	人	137411
其中:城乡居民基本医疗保险人数	人	112766
失业保险参保人数	人	31542
城镇居民最低生活保障人数	人	2716
农村居民最低生活保障人数	人	3382
十二、附记指标		
森林面积	公顷	27167
污水处理厂数	座	4